江苏高校品牌专业建设工程项目（PPZY2015A085）

高职院校
师资队伍建设
有序培养研究与实践

贾 平 著

南京大学出版社
NANJING UNIVERSITY CHUBANSHE

序

百年大计,教育为本;教育大计,教师为本。《中共中央国务院关于全面深化新时代教师队伍建设改革的意见》将教育和教师工作提到前所未有的政治高度,是国家从宏观上对建设新时代教师队伍的明确要求。

高职院校普遍认识到师资队伍建设是学校发展的根基,重视师资队伍建设,深化一系列制度改革,投入了大量的经费,取得了一定的成效。但是,在师资队伍的整体规划、师资的有序培养以及教师未来发展等方面存在一些不足,使得高职院校师资难以取得良性发展。

针对上述不足,江苏建筑职业技术学院人事部门着力系统解决这个难题。在全省较早成立教师发展中心,架构"二维四梯度"有序培养体系,制定"金泉工程"教师培养方案。通过多年的实践应用,师资队伍建设取得了良好的成效,教师培养实现有序成长。

该校人事处贾平老师主持2013年江苏省高等教育教改研究重点项目"高等职业院校师资队伍有序培养研究与实践",利用工作之余,查阅了大量国内外师资队伍建设的文献资料,结合工作实践总结提炼,形成《高职院校师资队伍建设有序培养研究与实践》。本书对全省乃至全国高职院校的师资培养工作具有深远的实践指导意义。

该书以耗散结构理论为基础,结合江苏建筑职业技术学院师资队伍建设的实践案例,构建"二维四梯度"师资队伍建设有序培养模式,促进高职教师培养系统由无序走向有序。"梯度"是培养路径,也是教师发展的阶段性愿景目标,是实现梯度目标的一整套途径方式,即"串珍珠";"维度"是一整套明确的选拔规则制度,即"诊改机制"。"二维四梯度"有序培养模式根植于学校和教师实际,突出培养的有序性,体现校本位的特征,它是自上而下的促进教师发展的行为,这种行为其实质就是一种制度,制度就是一种稳定持续的行为模式。通过这种稳定持续的行为模式,促进教师具备一个自我发展的稳定预期目标,为教师插上发展的翅膀,最终实现个人与学校发展的统一。

高职院校师资队伍建设是一个大课题,这本论著从精准培养的视角对高职院校管理部门以及院系开展师资队伍建设提供了有益的借鉴和指导,这应该是本书最大的价值。

是为序。

袁洪志

2018、7、16

目　录

绪　论

第一节　研究缘起

一、研究背景

学校的发展依赖于教师的发展,师资队伍建设是高等职业院校发展战略中的重点工作。目前各高职院校普遍重视师资队伍建设工作,制定了一系列师资队伍建设的制度,投入了大量的经费,师资队伍建设取得了一定的成效。但是,也存在一些不足:缺少对师资队伍建设的整体规划,缺少对教师的"有序培养",等等。这种师资建设的"无序"缺少对教师培养的整体性和针对性,难以取得良性发展,制约了高职教育提档升级发展的需要。

《教育部关于全面提高高等职业教育教学质量的若干意见》(教高〔2006〕16号)指出,要"注重教师队伍的'双师'结构,改革人事分配和管理制度,加强专兼结合的专业教学团队建设。文件指出,高等职业院校教师队伍建设要适应人才培养模式改革的需要,按照开放性和职业性的内在要求,根据国家人事分配制度改革的总体部署,改革人事分配和管理制度"。从中我们可以看到,高职院校师资队伍建设首先要满足培养人才的要求,这就对高素质的教师队伍建设提出了看似简单却较为严格的要求。此外,教师队伍建设还要服从于国家整体的改革部署和安排,不能率性而为,要在整体改革的安排框架下进行调整,尤其是人事分配和管理制度。文件还提出"要增加专业教师中具有企业工作经历的教师比例,安排专业教师到企业顶岗实践,积累实际工作经历,提高实践教学能力。同时要大量聘请行业企业的专业人才与能工巧匠到学校担任兼职教师,逐步加大兼职教师的比例,逐步形成实践技能课程主要由具有相应高技能水平的兼职教师讲授的机制。重视教师的职业道德、工作学习经历和科技开发服务能力,引导教师为企业和社区服务"。从文件的这段话中,我们不难看出,高职院校教师队伍将更加开放,也更加多样,既有专职教师,也有兼职教师;既有高校内部培养出来的学术型教师,也有企业和社会培育的专业人才与能工巧匠,这些都对教师教学能力、科研能力等带来了复杂性,也意味着高职院校师资队伍建设面临着新课题,既需要提升教师的专业实践技能,又需要培养提高教师的教学科研能力,高职院校师资队伍建设将不再是过去的单一要求,更多的是要进行精细化管理,要进行整体考虑,分类推进。文件在最后提出:"逐步建立'双师型'教师资格认证体系,研究制订高等职业院校教师任职标准和准入制度。重视中青年教师的培养和教师的继续教育,提高教师的综合素质与教学能力。"重视中青年教师的培养和教师的继续教育,是提高教师综合素质与教学能力的保障。各高职院校对中青年教师的培养可谓是呕心沥血,但整体来看,更多的还是表现出无序的局面。文件中强调"高等职业院校党政领导班子要树立科学的人才观和质量观,把学校的发展重心放到内涵建设、提高质量上来,确保教学工作的中心地位。要从严治教,规范管理,特别是规范办学行为,严格招生管理。建立健全各种规章制度,完善运行机制,维护稳定,保障高等职业教育持续健康发展"。如何制定出较为成熟的高职院校师资队伍建设的创新发展模式,成为当前和今后一个时期高职院校发展的重要方面,在经过示范建设和验收之后,大干快上的粗放式增长、重点专业特色化发展的方式应该转变为后示范时期的精细分类推进的内涵式发展和整体普遍高水平发展的方式,其中的高职院校师资队伍建设成为关键的一环。

2014年国务院印发《关于加快发展现代职业教育的决定》(以下简称《决定》),提出"到2020年,形成适应发展需求、产教深度融合、中职高职衔接、职业教育与普通教育相互沟通,体现终身教育理念,具有中国特色、世界水平的现代职业教育体系"。其中明确要"建设'双师型'教师队伍。完善教师资格标准,实施教师专业标准。健全教师专业技术职务(职称)评聘办法,探索在职业学校设置正高级教师职务(职称)。加强校长培训,实行五年一周期的教师全员培训制度。落实教师企业实践制度。政府要支持学校按照有关规定自主聘请兼职教师。完善企业工程技术人员、高技能人才到职业院校担任专兼职教师的相关政策,兼职教师任教情况应作为其业绩考核评价的重要内容。加强职业技术师范院校建设。推进高水平学校和大中型企业共建'双师型'教师培养培训基地。地方政府要比照普通高中和高等学校,根据职业教育特点核定公办职业院校教职工编制。加强职业教育科研教研队伍建设,提高科研能力和教学研究水平"。该《决定》言简意赅,条理清晰,目标明确。明确了职业教育教师特色鲜明的培养目标,那就是"双师型"教师队伍建设。在国家大力发展职业教育的时代背景下,高职院校需要不断调整思路,整合资源,推进各方面的发展,其中高职院校师资队伍建设是至关重要的一环。

2015年教育部印发《高等职业教育创新发展行动计划(2015—2018年)》(教职成〔2015〕9号)(以下简称《行动计划》),提出开展优质学校建设,持续深化教育教学改革,大幅提升技术创新服务能力,实质性扩大国际交流合作,培养杰出技术技能人才,增强专业教师和毕业生在行业企业的影响力,提升学校对产业发展的贡献度,争创国际先进水平。加强技术技能积累,服务区域、产业发展和国家外交政策需要,紧密结合培养杰出人才和加强教师队伍建设,加强应用技术的传承应用研发能力,提高培养人才的水平和技术服务的附加值。促进文化传承创新与传播,深化文化艺术类职业教育改革,重点培养文化创意人才、基层文化人才,传承创新民族文化与工艺。加强文化创意、影视制作、出版发行等重点文化产业技术技能人才的培养;依托职业教育体系,保护、传承和创新民族传统工艺与非物质文化遗产,培养各民族文艺人才。支持高等职业院校加强民族文化和民间技艺相关专业的建设及人才培养。服务中国制造2025,将专科高等职业院校建设成为区域内技术技能积累的重要资源集聚地,主动适应数字化网络化智能化制造需要,围绕强化工业基础、提升产品质量、发展制造业相关的生产性服务业调整专业,培养人才。支持优质产能"走出去",配合国家"一带一路"倡议,助力优质产能走出去,扩大与"一带一路"沿线国家的职业教育合作。主动发掘和服务"走出去"企业的需求,培养具有国际视野、通晓国际规则的技术技能人才和中国企业海外生产经营需要的本土人才。支持专科高等职业院校将国际先进工艺流程、产品标准、技术标准、服务标准、管理方法等引入教学内容;与积极拓展国际业务的大型企业联合办学,共建国际化人才培养基地;发挥专科高等职业院校专业优势,配合"走出去"企业面向当地员工开展技术技能培训和学历职业教育。《行动计划》指出,高等职业教育创新发展行动计划是今后一个时期高等职业教育战线贯彻2014年全国职业教育工作会议精神和落实全国人大常委会职业教育法执法检查有关要求,深入推进改革发展的路线图,各地要高度重视,优先保证落实。《行动计划》对高等职业教育在完成人才培养、文化传承和社会服务的职能方面提出了更高的要求,对于学校来说,人才是第一资源,是强校之本,人才队伍是推动学校发展的基石,师资队伍的建设水平是完成上述目标的保证。

二、重要意义

从现实来看,我国高职院校师资队伍经过十几年的建设,在数量、质量和结构等方面有了明显改善。然而,不可回避的一个重要事实是,缺少对师资队伍建设的整体规划,缺少对教师的有序培养。这种师资队伍建设的无序思维导致缺少对教师培养工作推进的整体性和针对性状态。这个问题不解决,将影响高职院校师资队伍整体水平向更高层次发展。本研究通过对目前高职院校师资队伍建设存在的问题进行深入探讨,在发现问题的基础上,提出建立适合各校自身特点的师资队伍建设有序培养实现模式与路径,并以具体的高职院校为例进行实证研究,具有重要的实践意义。

加强高职院校师资队伍建设,是提高人才培养质量的关键。《关于加快发展现代职业教育的决定》(国发〔2014〕19 号)指出要深化推进产教融合、校企合作、工学结合,还要推进专业设置与产业需求对接、课程内容与职业标准对接、教学过程与生产过程对接、毕业证书与职业资格证书对接、职业教育与终身学习对接,以此来提高人才培养质量,强化职业教育的技术技能积累作用。高素质、高水平的教师队伍,是保证上述目标实现的关键。这些要求的实现,既需要顶层的制度设计和统一的政策,也需要各高职院校抓紧落实提升人才培养质量的工作。目前在中央层面,大力发展现代职业教育已经完成了顶层的制度设计,需要高职教育加快落实,形成系统性的整体改革布局。

学习型社会建设需要高职院校加强教师队伍建设,从而引领社会整体发展。当前我们已经进入学习型社会,"建设全民学习、终身学习的学习型社会"是党的十八大报告提出的社会建设的重要目标,"人人学习、时时学习、处处学习"需要必要的政策支持和环境依托,也需要相应的平台提供和资源保障。学习型社会中,高职教师也需要强化认识,加强学习,从而能够给予受教育者更加符合时代发展、科学规律、技术需要的知识和技能,高职教育的发展才能得到有力保障,高职教育的可持续才能得以延续。

本研究从高职院校的实际出发,进一步论证了师资队伍建设有序培养的"二维四梯度"模式与路径,划分师资队伍培养的"四梯度",即课程教师培养、骨干教师培养、专业负责人培养和专业带头人培养,通过制定相应的条件、职责和待遇,以"选拔与培养"和"支持与发展"两个维度,实现学校师资队伍建设从"无序"向"有序"发展,实现个人发展与学校发展的统一。本研究通过对高职院校师资队伍建设有序培养的研究与实践,所构建的有序培养的模式与路径,形成的激励、考核、投入、保障等支撑有序培养的机制,将有助于提高高职院校师资队伍建设的水平,有助于实现教师个体发展与学校发展的统一,有助于高等职业院校人才培养水平的提高。优化完善的"二维四梯度"有序培养模式与路径,能够在高职院校产生很好的借鉴作用和推广价值。

第二节　研究逻辑结构

一、研究思路

本研究遵循宏观阐述与微观剖析、理论分析与实践例证相结合的研究思路,对我国目前高职院校师资队伍建设的现状进行调查研究,并将调查结果作为事实依据,分析目前师资队伍建设存在的突出问题,通过借鉴国外发达国家职业教育师资培养的经验,从政策安排和制度设计与具体措施操作两个层面提出构建高职院校师资队伍建设有序培养的实现模式及路径。

本研究将宏观阐述和微观剖析紧密结合。首先,全面梳理 21 世纪以来党中央和国务院有关职业教育发展的各项重要文件,尤其是有关高等职业教育发展的若干政策文件,特别是其中有关教师队伍建设的文件。仔细研读并把握党中央和国务院有关文件的精神,深刻领会其出台背景和时代特征,认真钻研其中有关高职院校师资队伍建设的指示精神,明确了研究的宏观背景以及中央决策部署,从顶层制度设计出发开展具体探索研究。此外,本研究还综合考察了近年来国内外学者在本领域及相关领域的文献,形成分类表述的理论文献研究,尤其注重分析我国教育学者和专家的观点,从而为后续的研究奠定理论话语范畴。本研究还重点分析了其他国家和地区在教师发展、培训方面的经验做法,从国别和地区的发展经验来开阔视野,尤其注重对其他国家和地区高等职业教育层面的教师发展、教育培训等有关高职院校师资队伍建设的经验研究,从而为后续的制度设计提供借鉴和参考。其次,紧密结合当前我国高职教育师资队伍建设的现状调查,围绕有着师资队伍建设成熟经验和典型做法的高职院校进行微观剖析,进行解剖麻雀式的分析研究,尤其注重从个别教师的具体案例分析入手,总结高职院校师资队伍建设中的典型案例,以小见大,见微知著。

本研究将理论分析与实践例证相结合。在有关高职院校师资队伍培养的多样化模式中,本研究重点从教育学、人力资源管理等角度开展理论经验的总结,提出了高职院校师资队伍建设有序培养的模式,对高职院校师资队伍建设中存在的"无序"特征进行归纳,对"无序"存在的客观现实进行原因分析,对"无序"向"有序"转变存在的困难进行深入的研究,对"有序"的特征进行粗略的概括,进而围绕该模式,指出了"有序"培养的校本策略,分析了"有序"推进的路径和方式以及相关的配套措施,形成了较为系统的理论分析框架。在"有序"培养模式理论分析的基础上,本研究重点阐述了江苏建筑职业技术学院正在推进的高职院校师资队伍建设"二维四梯度"的静态发展模式,从进一步优化完善师资队伍建设有序培养的模式与路径出发,划分师资队伍的梯度界限;从具体实际出发,科学合理地确定各梯度相应的条件、职责和待遇,从而实现教师自身发展与学校发展的统一;通过搭建不同梯度教师发展的平台,确定不同梯度教师的培养目标,设计适合不同梯度教师培养的方式与途径;最后阐述了激励、考核与投入等保障措施文件的主要内容。本研究引入耗散结构理论,初步构建了基于耗散结构理论下的"四梯度"教师发展评价体系,为高职院校师资队伍建设的有序培养进行理论总结。伴随着研究的逐步深入,在推进高职院校师资队伍建设有序培养模式研究的过程中,我们不断从中总结,在教师有序培养上,我们力争让"有序"包容"无序"、"无序"包含"有序";让静态的"二维四梯度"模式向动态的"多维多梯度"转变,让"静态"融合"动态"、"动态"蕴含"静态",为高职院校师资队伍建设有序培养提出新的思考方向。

二、基本结构

本研究的基本结构较为鲜明,首先阐释了研究的缘起,分析了当前高职教育发展的政策背景,分析了重要文件的指示精神,说明了本课题研究的重要价值和意义。其次将本研究的基本思路和整体结构概括提出,为整体把握奠定宏观基础。对研究的方法,研究中存在的难点、重点,以及可能的创新之处也简单进行了分析和说明。

　　本研究正文部分共分为八个方面。一是对高职院校师资队伍建设培养研究文献进行综述,分析归纳当前高职院校师资队伍建设培养方面的研究和实践经验,概括归纳文献中的共性结论,分析其中存在的共性问题,总结现有研究的可资借鉴之处。二是对国外发达国家职业教育师资培养进行经验分析,本部分以客观情况描述为主,重点介绍了国外主要发达国家在高职院校师资队伍培养建设等方面的做法,归纳了其中的宝贵经验,为后续展开的高职院校师资队伍建设提供参考和借鉴。三是对国内高职院校师资队伍建设培养基本状况进行详尽的调查分析,本调查从高职院校师资队伍建设的多个方面设计问题,选取典型高职院校开展调查,利用专业分析工具详细分析调查结果,为后续的问题展开提供实际资料支撑。四是对高职院校师资队伍建设有序培养的理论模型建构与路径进行理论分析。通过对耗散结构的认识与理论分析,对其中的词语含义、方法程序等进行阐述,重点分析了耗散结构理论下的教师发展,构建了耗散结构理论下的高职教师发展系统的动力学模型。五是对高职师资队伍建设有序培养的(选拔与培养、支持与发展)两个维度内涵和外延进行研究,从"选拔与培养"的院校主体职权到"支持与发展"的院校主体职责进行全面阐释,分析高职院校的主体职权和职责,为高职院校师资队伍建设的"有序"提供理论依据。六是对高职院校师资队伍培养的"四梯度"内涵和外延进行分析研究。分析了专业课教师(课程教师、骨干教师、专业负责人和专业或学术带头人)和公共基础课教师(课程教师、骨干教师、课程负责人、学术带头人)在四个发展梯度上的基本任职资格条件、职责以及对应享有的待遇。七是对高职院校教师专业发展保障机制进行探讨,包括培训、补充与交流、专业发展、教师评价、淘汰机制等进行理论分析和实例探讨,为推进"二维四梯度"的有序培养模式提供配套保障。八是结合江苏建筑职业技术学院教师队伍建设有序培养过程中的典型个案进行研究,按照"二维"模式,分析了学校开展的"金泉工程"的经验做法,择取了专业课和公共课两类教师在"四梯度"发展上的典型个人,分析了他们在其中的感受和认识。

第三节　研究方法

　　本研究采取多种方法交叉协同进行,包括常见的理论研究与实证分析相结合、定性分析与定量分析相结合的方法,其中穿插历史法、比较法、行动研究和个案研究等教育类课题研究的基本方法。

本研究首先强调问题意识和整体视野，从现状的调查入手，完成调查问卷，分析存在的问题，发现突出的共性问题和有探讨价值的个性问题，寻找问题产生的原因，包括从多个角度、多个层面进行的全方位研究分析，结合当前的研究成果，借鉴国内外教师队伍建设和发展的理论，提出具体的校本政策，同时总结经验，将其形成可资借鉴和大范围推广的理论。在这个过程中，还要注意结合国家教育改革的大政方针和顶层制度设计，具体而言包括国家的教育法律法规、中长期发展纲要和专项文件决定及政策等。在充分把握政策范畴和边界的基础上，以整体视野着手，深入开展问题研究，探讨整体推进的体系建设。

本研究从高职教育师资队伍建设中外发展的历史和现状入手，梳理其中发展的历史脉络，总结现实存在的突出问题，既体现了历史法的具体应用，也运用了比较法的研究方法。不仅对中国高职教育近年来的发展进行历史梳理，而且从其发展的不同历史时期和发展阶段进行比较研究；不仅从国外发达国家高职教育师资队伍建设的介绍入手，而且进行横向之间经验的归纳总结，这当中不仅包含了历史的研究视角，也存在着比较方法的充分应用。

同时在历史和比较的研究过程中还包含了行动研究、个案研究的方法，尤其是其中的行动研究贯穿全文。首先，我们从现实的问题出发，也就是从当前各高职院校共同面临的师资队伍建设问题着手，根据我们自身工作的需要，开展对自身工作的应用研究，这对于实际问题的解决起到了其他方法所不具有的鲜明作用。我们通过对现有的资料进行整理分析，在不断的实施过程中，发现问题和不足，观察分析其中的应用效果，并逐步进行总结归纳，从而实现了学以致用、理论联系实际的具体效果。同时，本研究团队从决策者、执行者到应用对象和观察者都成为本研究的观察对象，这样针对性和实效性也更加突出，当然这种研究不仅能找到具体工作的规律，而且可以上升为理论产出和普遍规律的发现，从而为大范围推广应用提供理论基础和实践例证。遵循行动研究的基本步骤，我们按照PDCA 循环理论，开展了多个环节的研究，这种研究遵循"计划—实施—检查—反馈"的螺旋上升方式，首先明确了问题，从调查研究、个案分析、文献研究和比较研究着手，发现高职院校师资队伍建设中的现象表征，并总结归纳为突出共性问题。并试图从过往的工作体会和认识中，结合理论积累和个案问题，分析所要采取的改进措施和方法，也就是本研究中提出的"有序"培养模式，并具体细化表述，进行具体应用尝试和积极实施，进而通过个案研究的应用，分析"二维四梯度"存在的问题,通过对问题的重新梳理分析,运用数学模型等校验方法开展检查反馈,为下一步研究工作质量的提升奠定基础。

为了展现所提出的"有序"培养的实际效果,在部分章节穿插介绍了研究者工作单位的典型个案,这里的个案既包括主体职权和职责变化的表现,也包括多名教师发展的经验介绍。整体展示了以"二维四梯度"为核心的高职院校师资队伍建设有序培养新模式的实施效果,为普遍问题和个案研究的结合提供了新的应用领域。

此外,本研究还引入了数学模型的建构及其依托理论,重点分析了耗散理论应用于本问题研究的可能性和适用性,分析了其理论应用必需的学理依据。在此基础上,按照所提出的"二维四梯度"有序培养模式的内涵和外延,建构了评价本模式的数学模型,提出了较为系统和科学的评价指标体系,用以验证所提出模式的应用效果,检验该理论的科学性和应用推广的可能性。

第四节　研究重点及可能的创新

一、研究重点

本研究的重点主要集中在如下几个方面:

一是运用人力资源管理理论、职业生涯发展理论、耗散结构理论、系统理论等,构建和完善高等职业教育师资队伍建设有序培养的模式与路径。其中理论的应用主要表现在有关文献分析研究之中,同时在分析所提出的高职院校师资队伍建设有序培养的模式中,对其中的内涵、外延等也充分运用了现有的理论,从而为所提出的创新模式提供理论支撑。高职院校教师队伍建设从管理者角度,需要运用人力资源管理的多种理论来加以研究,从管理者本身和其研究对象来看,需要结合职业生涯发展理论开展。从学校整体发展的宏观视角来看,还需要注意统筹协调、同步推进的系统理论应用研究。此外,本研究引入耗散结构理论,为行动研究提供了开式循环到闭式循环,从平直上升到螺旋迈进的新理论应用。

二是在有序培养的模式与路径下,结合具体案例,科学合理地划分师资队伍的梯度界限,确定各梯度对应的条件、职责和待遇,以实现教师自身发展与学校发展的统一。在这个过程中,我们紧密结合学校正在推进的工作实际,以当前的发展环境和现状特点,从校本需求的角度,提出了短期内的师资队伍建设的整体梯度要求,既要体现高职院校发展的短期要求,也充分考虑了教师队伍的发展需求,还考虑了学校的办学层次、人才培养目标、师资队伍引进的现状以及地域性和行业性特点,科学划分了一定时期内的师资队伍梯度界限,又充分考虑了学校及教师发展的长远性要求,为本模式的"有序"性预留了未来动态调整的空间,科学确定了各梯度教师队伍对应的上岗条件,所承担的职责和应享有的待遇。

三是搭建不同梯度教师发展的平台。根据学校发展战略的整体目标,确定不同梯度教师的培养目标,设计适合不同梯度教师培养的方式与途径。其中的平台建设体现了关键的"支持与发展"一维的高要求,学校作为有序培养的主体,从其主体职权出发进行的"选拔与培养"的要求来看,应当为员工发展搭建工作平台,并为不同需求的教师构建科学合理的培养目标,让其发展有目标、奋斗有方向。学校的支持是为了学校和教师共同的发展,教师的发展反过来也会带动学校和教师个人的价值增长。为不同梯度的教师设置适宜的培养方式和推进路径,既体现了学校发展战略的导向作用,也体现了重视个人价值的理念。

四是制定与此配套的主体文件、支撑文件。通过激励、考核、投入、保障等措施保证有序培养的有效实施。该部分内容是创新模式从宏观视角向微观应用的重要转变,是理论应用于实际的潜在体现,是行动导向环节中的保障措施。我们通过分析,需要提出具体的选拔方式要求、考核评价要求、制度的保障措施、待遇的激励方式等专门规定,进而上升为学校规章文件,为高职院校师资队伍建设提供制度保障,使其成为一个学校师资队伍建设较为成熟和稳定的、能在相当长时间内得到应用并且得到广泛认同的系统创新模式,为高职教育中长期发展提供可以因循的"套路"。

五是构建基于耗散结构理论下的"教师发展有序培养"的评价体系。制度设计的好坏需要制度建立前的评价,需要对制度设计的各要素进行模拟推演,从而避免制度实施后可能存在的缺陷和不足,降低"坏制度"带来的负面影响以及制度变革产生的信任成本和制度叠换的不良累积效应。良好的制度设计保证了实施后的有益效果,不科学、不合理、不可行的制度设计则必然导致不好的恶果。耗散结构理论从最初作为自然科学研究的一种理论,到如今可以应用于广泛的社会科学研究,本身说明了该理论应用功能的强大性,也展现了该理论应用的扩张性特点。运用耗散结构理论,构建评价制度的数学模型,为本研究提出的高职院校师资队伍建设有序培养的新模式进行自我验证,是研究工作科学严谨态度的体现,也是 PDCA 理论闭环中的重要一环。

二、可能的创新之处

本书的可能创新之处主要体现在如下几个方面:

一是构建了高职院校在师资队伍建设上开展有序培养的新模式与路径,划分出了整体师资队伍建设的梯度界限、培养目标,搭建不同梯度的发展平台,以实现个人发展与学校发展的统一,进一步丰富现代人力资源管理的理论与实践。以定性的方式界定了发展的方向、目标和要求,用定量的方式研究了其中的上岗条件、所要完成的工作业绩任务、所对应享受的待遇,其中的待遇既有工资、津贴方面的硬通货,也包括晋升发展、学历提升、学术假期等的软激励。通过构建新型的高职院校师资队伍有序培养的"二维四梯度"新模式,为学校师资队伍建设在职称评审这个抓手之外,另辟了一条新的途径,弱化了过去强调职称评审这个唯一的师资队伍建设管理的指挥棒作用,打通了教师能力和学历、职称等方面的横向联系,为过去的静态管理向动态管理转变提供了新的平台,充分发挥了教师培养和发展的新作用。

二是制定激励、考核、投入等有关支撑有序培养的配套保障文件。为了体现具体的应用和推广价值,本研究将具体的微观领域研究也纳入其中,这些内容是主体模式的支撑,从激励、考核、投入、保障等多个方面,制定了配套的制度,在激励中主要表现为如何推动"有序"培养模式的良好运行,使该制度能成为高职院校师资队伍建设相当长时期内贯穿始终的师资队伍建设主导模式,这需要外在环境的支持,也需要高职院校内部从上到下,从决策者、管理者到执行者和观察者共同的理念认可。在考核上要体现出高职院校二级管理和自主办学的新特点,以职能部门和教学实体的分权协同的制度创新,来保证考核工作的分类推进和持续开展。在投入上,既要考虑硬件的投入支持,还要考虑资金分配上的绩效改革新要求,当然其中还要注意待遇与投入的对接,以明确可以预期的待遇,辅之以感情和事业的期望推进,共同促进学校和教师这两大利益主体发展诉求的满足。

三是构建基于耗散结构理论下的"教师发展有序培养"的教师发展评价指标体系。耗散结构理论有自己应用的明确要求,是对于复杂问题遇到不断变化外界因素的应用理论,是对非平衡状态的开放系统进行持续研究的理论。这个理论从其提出的初期应用范围，目前已经扩展到自然科学和社会科学的各个领域，只要系统内外存在着不同的能量交换，其原先的变化出现新的阈值时可以引起其他关联要素的变化，就可以得到广泛应用，它是一种以系统的眼光、动态的视角、多维的层次分析混沌无序状态向时间、空间或者功能上的有序转变的理论。本研究所提出的高职院校师资队伍建设"二维四梯度"有序培养模式，也需要建构一种系统的模式，包括主体发展、配套支撑等多个文件。"二维"的立体性和"四梯度"的层次性都符合了耗散结构理论应用的前提，本研究所提出的有序培养实质上是针对当前存在的"无序"状态的一种新尝试，同时在新的"有序"模式下，其运行必然受到更多的外界因素影响，这些动态的因素有可能使原先的有序状态复归为混沌无序的状态，这就需要我们运用耗散结构理论来进行系统分析和边界阈值模拟，为达成新的有序状态提供制度预设，为高职院校师资队伍建设"二维四梯度"有序培养新模式的可持续发展提供理论先验。

第一章 | 高职院校师资队伍建设培养研究与实践的 文献综述

第一节　高职院校师资队伍建设培养现状及问题分析

随着人本理念的兴起和国家科教兴国战略的实施,在高职院校师资队伍建设研究方面,国内外许多专家学者进行了卓有成效的研究,但是在新的形势条件下,仍然存在诸多不足,研究方法多为问题研究,对目前师资队伍建设的现状及存在的问题进行分析,缺少对教师培养的整体性和针对性研究。研究的视角多着眼于宏观的整个国家的高职院校师资队伍建设,其研究的主要是国家的宏观政策、机制和投入方面。研究的重点多侧重于理论研究,缺乏实证分析,其理论的阐说缺乏必要的实证支撑。

徐延宇(2009)认为,当前我国高校教师培训中取得的主要成绩包括:培养了一大批骨干教师,建立了培训基地和网络体系,创造了多种类、多层次的培训形式,初步建立了高校教师培训水平提高的保障机制。基本的经验是:重视教育主管部门的集中和统一管理,政府的支持与干预是推动高校教师培训工作的前提。建立和健全了高校教师培训的行政管理组织体系,学校的重视是做好教师培训工作的基础和原动力。但当前仍然存在一些问题:高校发展规模与教师培训间的供求矛盾突出,提高教学科研能力为重的培训与教师多样化发展需求之间的矛盾突出,培训需求与培训经费间的矛盾突出,教师培训的监控评估体系尚未真正建立,高校教师培训未获得应有的地位,未能发挥主导作用等。①

杨富(2013)从专职教师和兼职教师两个方面分析了当前高职院校师资队伍建设存在的问题,专职教师方面的问题主要是:师资总量不足、教育观念转变不畅导致改革进展缓慢,成效不大。高职教育改革的精英主义价值取向,使大多数教师在改革中被边缘化。教师市场意识淡薄、服务能力欠缺。专业带头人在行业的影响力不大,骨干教师服务行业企业的意识不强、能力欠缺。教师合作意识不强,缺乏团队精神。培训形式单一,培训效果难尽如人意。在谈到高职院校在教师培训中所发挥的作用时,他认为大多数高职院校的教师培训基本上采取的是"送出去"、"请进来"。由于高职院校师资培训基地在对教师培训时,缺少对培训需求必要的调研,因而培训的针对性不强。"请进来"主要是请职教方面的专家讲学,主要讲的是政策性、理念性的一些东西,对推动高职院校的改革作用有限。多数高职院校师资培训只追求数量而不注重质量,大多数培训机构重经济效益而轻社会效益,培训内容与教学实际脱节,培训时间短,技能培训难以有实际效果。兼职教师方面的问题主要是:数量不够、质量不高,工作动力相对不足,兼职教师教学效果欠佳。②

关于高职院校师资队伍建设的规划,曾凤玲(2007)认为,大多数高职院校在师资队伍建设上还缺乏长远的目标和规划。究其原因,主要有三个方面:一是因为学校处于初创和发展的初级阶段,学校发展目标和方向还在不断的探索之中,以市场为导向基本上是高职院校决定学科专业的依据,大多数学校还没有形成强势学科和品牌意识,因此对人才引进、培养缺乏长期的目标和规划,救火式的人才引进和培养成为一种较为普遍的现象;二是高职教育师资缺乏,既有某个领域的理论知识又有实际经验的教师很难招聘,同时缺乏对这类人才考核的经验,只好捡到篮里都是菜,有的学校一看是专家,不管什么专业,也不论是否是学校长期发展所需要的专业,都重金引进;三是对高职院校的教学评估要求的一些硬指标,脱离目前高职院校发展的实际,如学历结构、职称结构等在一些发展水平高的学校可以达到,但相当多的学校尚存在达标困难。③

张博(2003)指出,在高职教育发展的初期就有学者提出了高职院校师资队伍建设存在的问题,时至今日虽有所改观,但问题依然存在。例如,没有做好心

① 徐延宇:《高校教师发展——基于美国高等教育的经验》,教育科学出版社 2009 年版,第 230—241 页。
② 杨富:《高职院校师资队伍建设存在的问题及其对策》,《职业时空》2013 年第 2 期。
③ 曾凤玲:《高职院校教师队伍建设存在的问题分析和对策探讨》,《高教探索》2007 年第 1 期。

理准备,紧迫感不强。专职教师结构不合理,青年人偏多。师资来源渠道单一,教师专业搭配不合理。教师知识老化,更新速度与教学要求有距离。"双师型"教师数量少、质量低。①

卞华等(2015)结合工作实际对高职院校在兼职教师管理上存在的问题进行了分析:聘任管理不规范,兼职教师参差不齐;缺少企业支持,兼职教师队伍不稳定;人文关怀不到位,兼职教师缺乏归属感;考评体系不健全,兼职教师积极性不高。②

曾平等(2008)认为,应当努力探索高职院校师资队伍建设的培训体系。目前,我国现有的高等职业教育培训基地和培训中心已不能满足高职教育发展的需要,应增建一批高等职业教育教师培训基地并积极借鉴国外高职师资队伍建设的经验,结合中国的实际情况,在高职师资的引进和培养上下功夫,达到高投入、高产出的目的,以适应高职教育发展的需要。③

胡继专(2014)认为,当前高职院校在师资管理的理念上产生错位,抑制了教师的积极性和创造性。随着高职院校内涵建设的不断深入,一些学校盲目花大力气、花大价钱引进人才,却忽视了对现有人才的打磨和锻造,导致部分专业人才被忽视而纷纷离开本校,造成表面的发展或者硬件形式的发展。在教育教学管理中缺乏有效的激励机制,淡化了对教师潜能的激励和挖掘,缺少对有突出贡献教师的物质和精神上的激励措施,忽视教师最基本的要求,缺少自由、个性、宽松、积极向上的教学和科研环境,使得教师的职责感不强,缺乏应有的对学校发展的思考,进而影响了学校的健康发展。④

郑文开(2012)认为,对高职教师的评价机制不当影响了教师职业教育能力的提高。高职院校教师的职业教育能力应包含专业操作技能和专业理论素养两大块。高职院校教师薪酬的多少,取决于其技术职称的高低,但目前,我国还没有专门的高职教师职称评定政策,大多沿用普通高校教师职称评定的办法,以科研论文的数量和质量作为职称评定的标准。应当建立科学评价体系,做好教师职业生涯规划。根据学校的发展定位及教师岗位的内涵,科学制定教师评价指标。对师德师风、教育教学水平、职业技能素养、科学研究成果等各项指标的评

① 张博:《对高职院校师资队伍现状的分析及建议》,《辽宁教育行政学院学报》2003年第9期。

② 卞华等:《高职院校兼职教师队伍建设存在的问题及对策》,《教育与职业》2015年第1期(中)。

③ 曾平等:《高职院校师资队伍现状及其建设初探》,《武汉船舶职业技术学院学报》2008年第6期。

④ 胡继专:《经济欠发达地区高职院校师资队伍建设探讨》,《山东广播电视大学学报》2014年第2期。

定要客观、公正、合理。引入多元评价主体,根据专业、教学、科研内容,确定教师自身、学生、企业、同行、领导、社会等评价主体的权重和比例。[①]

第二节　高职院校师资队伍建设培养模式研究

一、自我发展视角

一些研究者从教师发展的自我激励、自我教育等方面提出了存在的问题和产生的原因。夏扉(2014)提出了促进教师专业化发展培养的策略,指出岗位实践是教师专业化发展培养的重要基础,终身学习是教师专业化发展培养的重要保证,课题研究是教师专业化发展培养的重要环节,系统进修是教师专业化发展培养的重要形式。[②] 肖兆飞(2014)认为,基于发展视角,高职院校师资队伍建设存在的问题主要有:高职院校师资队伍建设发展规划不够明晰,发展目标不明确,措施不到位,平台搭建不奏效,考评机制不健全,激励导向难以发挥作用。基于自我发展视角,高职院校师资队伍建设策略还包括教师的自我发展:自我规划、自我管理、自我监督与自我评价等。要强化教师自我发展的规划、目标、管理与考评,要注重实效。[③]

二、校本培训视角

另一些研究者从学校角度,尤其是从传统的校本培训入手,分析了高职教师发展存在的问题,简单总结了不同的校本培训模式。代蕊华(2011)认为,校本培训作为教师在职培训的重要方式,其一切培训活动都是围绕促进学校和教师发展而展开的。但校本培训作为我国教师教育体系中的重要组成部分,它的实施必须和我国教师教育的改革步调一致,并且校本培训活动的有效开展需要外部提供基本的保障,如给予学校充分赋权、财政支持、专家支持、社区参与等。具体

---

① 郑文开:《困境与出路:高职院校师资队伍建设中存在问题及解决措施之探讨》,《当代职业教育》2013年第1期。
② 夏扉:《教师专业化发展过程中的职后培养策略》,载何齐宗主编《教师教育与教师发展研究》,中国社会科学出版社2014年版,第24—28页。
③ 肖兆飞:《论高职院校师资队伍的长效机制建设——基于自我发展视角》,《黑河学院学报》2014年第5期。

包括:要密切结合教师的专业工作情境,推进教师校本培训一体化;充分发挥各级政府作用,实现校本培训的规范化、制度化,如增加校本培训经费投入,整合地方培训资源,建立教师专业发展学校,构建学校—培训机构的伙伴关系;积极探索校本培训的运作模式,不断推进制度创新。[①] 张意忠(2014)认为校本培训是高水平大学教师的培养之道,大学校本培训在组织与管理上,应建立组织机构,为大学校本培训提供保证;制定培训目标,为大学校本培训提供方向;健全管理制度,为大学校本培训保驾护航;提供物质条件,为校本培训奠定基础。他提出大学校本培训的途径与方法主要有:开展岗前培训,推行导师制实施传帮带,组建教学团队,开展教学竞赛,开展教学研究,等等。[②] 罗尧(2008)提出构建新型校本培训模式,通过互动式学习、个人反思总结、专家引领升华的过程,激发教师提升自我认识价值,主动改变行为方式,实现自我超越。在高职教师培训中,建立学习型组织,实质是创设一种新型的互动的工作模式,目的在于使参加培训的教师有针对性地对自己的教学过程进行剖析、反思、研究,促进自身的全面发展和提高。同时,激发教师的创造力,使发展成为教师自主的、系统的学习行为,在组织中通过系统思考、团队学习,不断提升创新和自我超越等方面的能力,形成在学习中工作、在工作中学习的氛围。在学习型组织中,通过展示精品课程、校本专题论坛等形式营造轻松的环境,让教师畅所欲言,对课程教学和教师发展等问题进行讨论、沟通,提高教师能力,使教师发展、学校发展和学生发展达到和谐统一。[③] 徐平利(2005)认为,目前高职院校师资校本培训的困境有如下表现:现行人事制度制约了校本培训;现行课程设置制约了校本培训;现行教材内容、授课及评价方式制约了校本培训;实训室和实训基地缺乏有效利用;高职院校缺乏自身的"人才引进和培养计划"。[④]

三、特殊观察视角

除了自我发展和校本培训等传统视角,也有研究者从其他学科中寻找理论进行横向借鉴,另辟蹊径找到了一些特殊的视角。

---

① 代蕊华:《教师专业发展与校本培训》,教育科学出版社 2011 年版,第 203—214 页。
② 张意忠:《校本培训:高水平大学教师培养之道》,载何齐宗主编《教师教育与教师发展研究》,中国社会科学出版社 2014 年版,第 148—156 页。
③ 罗尧:《我国专业化取向的高职教师培训模式探讨》,《职教论坛》2008 年第 6 期(上)。
④ 徐平利:《高职院校师资校本培训困境探源》,《南宁职业技术学院学报》2005 年第 2 期。

　　林浩亮(2014)提出"'高原期'教师专业发展——以教师专业发展学校为平台",他认为"高原期"是所有教师在专业发展过程中必须经历的一个阶段,应当引导教师走出这一时期,可通过建设教师专业发展学校,并以此为平台,采取增强教师专业发展意识、改善教师知识结构、加强合作发展意识、提升教育科研能力、开展多元发展性评价等措施,丰富教师继续教育的形式和内涵。①

　　Shyamal Majumdar 认为,与传递式教学模式中的学习者完全不同,这次的范式转型赋予了学习者以全新的角色。大的教育改革环境迫切地需要新技术的应用以及教师的专业发展,因为我们必须从以教师为中心的教授导向转向以学习者为中心、创建富有交互性及建构性的学习环境。②

　　刘尚励等(2012)提出了建立共享型师资队伍的设想。共享型师资队伍建设的主要途径是由高职院校的教育主管部门或高职院校联盟牵头,在政策导向上、制度上、运行机制上创造有利于共享型教师队伍建设的条件。从不同的高职院校或社会中,每年遴选一部分能力和责任心都强的教师,按照其所擅长的专业课程和高职院校的实际需求,统一分配到不同的高职院校从事教学。高职院校共享型师资队伍建设的方法包括:做好高职院校共享型师资的遴选工作,建立规范的高职院校共享型师资的管理制度,设计科学的高职院校共享型师资的评价机制,建立高职院校共享型师资建设的激励机制。③

　　王奕俊等(2013)认为职教师资人才培养生态环境既包括与职教师资培养直接相关的微观环境,由职前培养、入职和职后发展等环节构成,也包括职教师资培养所处的社会大环境,即宏观环境。④

　　周建松(2012)认为,基于高职教育兼具高教性和职教性的特点,突出职教性、彰显高教性、凸显行业(区域)性是高职院校师资队伍建设的出发点,提高质量是高职院校师资队伍建设的着力点,应着眼于教师队伍建设的基本要求、特殊要求和个性要求三个方面。完善体现教师的高教性与职教性相统一要求的专任教师考核、评价和晋升机制,促进兼职教师的动力机制和保障机制相结合,完善专任教师企业挂职锻炼的保障机制是加强高职院校师资队伍建设的应然

①　林浩亮:《"高原期"教师专业发展——以教师专业发展学校为平台》,《继续教育研究》2014年第1期。
②　Shyamal Majumda:《职业技术教师培训的新范式》,李妍译,载李妍、赵丽、王立科编著《国际视野下的教师发展与教师培养研究:理论建构与实践案例》,华东师范大学出版社2013年版,第125页。
③　刘尚励等:《高职院校共享型师资队伍建设之思考》,《宿州学院学报》2012年第1期。
④　王奕俊、朱莉娜:《职教师资人才培养的生态困境与对策》,《职业技术教育》2013年第19期。

选择。①

徐延宇(2009)认为应当借鉴美国高等教育师资培养的经验,转变观念,从培训转向发展,从管理转向服务。丰富、创新培训的内容和形式,形成综合、全面的高职院校教师培训体系。明确学校在教师培训中的地位和作用,以项目的方式推进教师培训工作。推进教师培训工作的专业化,培养专业的培训师。开展对教师培训的研究,在实践中促进教师培养培训工作的发展。②

第三节　高职院校师资队伍建设培养管理体制研究

一、人力资源管理视角

研究高职院校师资队伍建设,人力资源管理的基础理论是一个研究的基础,很多研究者也从宏观上探讨高职院校教师这一主要人力资源开发与建设取得的成绩和存在的问题。

任程坤等(2014)提出高职院校要进行科学合理的顶层设计。高职院校应制定学校教师队伍素质提高建设规划,对教师的数量、质量、结构、能力分别做出要求,具有可操作性和可实施性。当前高职院校要建设一支以高层次人才、高水平教学科研团队为主导,专业带头人、骨干教师、双师素质教师为主体,专职教师企业实践和兼职教师校内实操并行的师资队伍。在建设过程中,要明确学校教师总体需求量与专业结构、领军人才队伍建设、教师内培外引等目标,突出培养教师的师德师风、教育教学能力、专业实践能力和科研能力。校内外统筹协调、多部门合作加强对师资队伍建设工作的引导与建设。③

赖传珍(2008)认为,高职院校人力资源管理是指通过采取有效开发、合理利用及科学管理等方法,获取高素质人力资源并将其整合到学校各项事业中,以实现高职院校和个人发展目标的过程。从宏观上看,就是高职院校人力资源管理部门所进行的人力资源开发、配置、利用、评价等管理环节,以及对管理环节所进

---

① 周建松:《提高质量:高职院校师资队伍建设的着力点》,《教育研究》2012 年第 1 期。
② 徐延宇:《高校教师发展——基于美国高等教育的经验》,教育科学出版社 2009 年版,第 241—251 页。
③ 任程坤等:《高职院校高效高素质的师资队伍建设问题的研究与探讨》,《黑龙江教育学院学报》2014 年第 7 期。

行的规划、组织、调节和控制等活动;从微观上看,是指对高职院校人力资源进行规划和组织,即在招聘、录用、培训、工资发放、考核评价等人事活动中进行管理和控制。①

刘昌喜(2011)认为,要以人力资源为导向进行高职教师队伍建设。首先,高职院校要打破传统人事工作的思维方法,树立"以人为本"的人力资源管理理念,运用科学化、民主化、法制化的方式方法手段,积极开发与管理好教师资源。其次,要充分发挥人力资源管理的吸纳、激励、开发、维持等功能,从学校发展目标出发,对教师队伍建设与发展进行战略思考和长远规划。最后要建立健全高职教师队伍管理的体制机制,引导教师追求更高层次的人文环境。②

李红贤等(2012)认为,目前职教师资的共享使用存在的主要问题有:校外教师的聘用受到限制,校内教师资源共享渠道不畅。教师资源使用不当包括使用不合理、使用不充分和误用三种情况。解决职教师资共享使用问题的对策包括:健全统筹有力、权责明确的职业教育管理机制。明确各级政府责任,规范学校办学行为。推进集团化办学,使学校和企事业单位联合组成办学主体,以互惠共赢为原则,以各自承担相应责任为基础,建立合作伙伴关系,实现集团内教师资源的无障碍共享。③

黄文伟(2010)提出,高职院校的人力资源管理工作,应着重从以下三个方面进行:一是树立科学的人力资源管理观——人本管理观;二是做好人力资源需求预测和计划制订;三是做好人力资源的使用、管理和可持续发展。具体来讲,应当注重以下几个方面:树立人才强校战略思想,打造人本管理的师资队伍建设路径,制订师资队伍建设的目标与计划,完善师资队伍建设的激励与评价机制。④

骆建建(2013)认为,从管理学的视角来看,高职院校教师归根结底是一种人力资源,这种资源的开发与管理应遵循差异性、开放性、系统性三项原则。在差异性方面,应关注专业带头人、骨干教师、年轻教师等不同群体所处职业生涯的不同阶段;在开放性方面,应注重国际化视野的培养和行业企业资源的运用;在系统性方面,必须把教师资源的开发系统纳入集反馈、控制、激励等于一体的,更

① 赖传珍:《我国高职院校人力资源管理存在的问题及对策研究》,《湖北社会科学》2008 年第 10 期。
② 刘昌喜:《人力资源视野下的高职院校教师队伍建设》,《陕西青年职业学院学报》2011 年第 4 期。
③ 李红贤等:《职业人才培养教师资源使用共享的问题与对策》,《高教论坛》2012 年第 5 期。
④ 黄文伟:《人力资源管理视角下的高职院校师资队伍建设》,《辽宁师范大学学报》2010 年第 5 期。

为宏观的人力资源管理系统。[①]

徐耀生(2013)认为,学校要把教师培养作为师资队伍建设的重要内容,常抓不懈。要根据各院(系部)专业建设调整与发展的需要,综合考虑师资队伍结构、梯队与储备,结合教师个人职业发展规划,合理制订师资培养计划;要根据学院实际制定紧缺专业高层次人才的特殊政策,提高待遇,稳定队伍;要尽快完善教师进修与培训政策,引导教师积极参加岗前培训、国(境)内外研修、专业技能培训、短期项目培训和社会实践活动,建立教师进修与培训长效机制;要根据专业建设需要合理制定博士培养方案,提高教师学历层次。[②]

二、职业生涯生命周期视角

田丽丽等(2005)分析了有关教师职业生涯生命周期的理论及模型,研究教师职业生涯发展理论带来的启示有:开展教师终身教育,开发教师职业生涯,实施教师职业生涯管理。实施教师职业生涯管理可以从以下几个方面采取措施:第一,给每个教师提供自我评估的机会和方法;第二,为教师提供辅导和咨询服务;第三,建立教师职业生涯档案;第四,把学校作为一种学习型的社区组织。[③]

彭移风(2006)认为,高职教师的职业生涯发展包含两个维度:一是时间维度,是指教师首次参加工作开始的一生中所有的工作活动与工作经历按年度顺序串接组成的整个过程;二是领域维度,包括职业理想、知识水平、教育观念、教学监控能力、教学行为与策略以及对教学的心理感受等。高职院校教师职业生涯发展的困境包括:"就业导向"加大了高职院校教师的工作难度,不断调整的专业影响了教师的职业适应和职业能力发展,社会偏见对高职教师的职业声望形成不良影响,教师评价制度滞后形成职业发展困境,科研业绩成为高职教师职称提升的瓶颈,学生管理工作增加了高职教师的心理负担,管理制度的缺失不利于高职教师终生职业生涯发展。[④]

彭友华(2009)认为,青年教师成长过程中容易出现的问题包括:职业理想不够坚定;职业倦怠现象比较普遍;跳槽时有发生,教师流失现象比较严重;自我提高动力不足。在帮助青年教师进行职业生涯规划时,特别要注意做好三个结合:

① 骆建建:《试论高职院校教师资源的开发与管理》,《常州大学学报》2013年第4期。
② 徐耀生:《人才战略视阈下高职院校师资队伍推进工作探索》,《大学教育》2013年第7期。
③ 田丽丽等:《教师职业生涯发展理论及其启示》,《保定师范专科学校学报》2005年第3期。
④ 彭移风:《高职院校教师职业生涯发展困境与出路的思考》,《中国高教研究》2006年第10期。

一是要把学校发展的总体目标与个人职业目标结合起来,根据学校发展的需要来设定自己的专业方向,满足学校和自身双重发展的需要;二是要把个人职业发展终身目标与阶段性目标结合起来,循序渐进,分步实施,逐步趋近终身目标;三是要把可视性目标的实现与隐形的知识能力发展结合起来,着重内涵素质的提高。[①]

第四节　高职院校师资队伍建设培养目标研究
——"双师型"素质教师发展视角

办好高等职业教育,关键是建立一支双师型的教师队伍:既具有较高的思想政治素质和优良的职业道德,又具有有扎实的理论知识和较强的专业实践能力。

一、"双师型"教师队伍建设存在的问题

周志刚、米靖(2013)认为,用"双师素质教师"取代"'双师型'教师",教育主管部门在"双师型"的认识上也在逐步深化,对整个职业教育教师队伍提出了素质要求;不仅针对教师个体,而且考虑到教师队伍的构成;不仅涉及"双证""双能",而且涉及"双层次""双来源"。[②]

李梦卿等(2011)认为,制约"双师型"教师队伍建设的主要因素有:"双师型"教师数量与快速发展的职业教育规模不相适应,"双师型"教师培养培训制度缺失,缺乏规范的"双师型"教师准入制度,现行的教师职务评定制度影响了"双师型"教师队伍建设,职业院校"双师型"教师管理体制机制不健全,激励措施不到位。[③]

王旭善等(2004)认为,"双师型"教师队伍建设经过二十多年的发展,其在高职教育中的地位和作用得到普遍认同,有关"双师型"教师的标准渐趋明确统一,"双师型"教师的表征渐趋一致,"双师型"教师队伍建设的途径呈现多元化发展趋势。虽然取得了一定的成效,但也存在很多问题:有关"双师型"教师队伍建设

---

① 彭友华:《高职院校青年教师职业生涯规划与管理探讨》,《湖南文理学院学报》2009 年第 1 期。

② 周志刚、米靖主编:《职业教育教师培养制度与机制创新》,北京师范大学出版社 2013 年版,第 33 页。

③ 李梦卿、张碧竹:《教育规划纲要背景下的职业院校"双师型"教师队伍建设》,《职业技术教育》2011 年第 4 期。

的认识不到位,缺乏思想动力;传统观念使教师缺乏追求"双师型"素质目标的心理动力;还存在着对"双师型"教师队伍管理不科学,缺乏有效机制;"双师型"教师发展的环境不够宽松制约了队伍的建设。①

二、"双师型"教师队伍建设的途径

张德新等(2005)归纳了"双师型"教师培养六种实现途径:一是证书式。鼓励教师参加职业资格证书的培训与考试,获得相应的职业资格证书。二是校外锻炼式。有计划地安排教师到生产一线去进行专业实践的锻炼。三是校内实践式。有计划地安排教师在校内实验室、实训室进行专业实践的锻炼。四是捆绑式。聘请一批生产和服务一线的能工巧匠,与校内相应专业的教师"捆绑"成一个相应的"双师型"教师群体。五是研发式。鼓励与支持教师走出学校,面向企业、面向生产一线开展科技服务,做好科研成果的转化工作。六是导师式。安排高职称的名师作为青年教师的指导教师,进行一对一的传、帮、带。②

王旭善等(2004)认为,要从提高现有教师的"双师"素质、引进具有"双师"素质的教师队伍、保持提升已有"双师"素质教师的教学和实践能力等三个方面开展工作。其中对提高现有教师"双师"素质实践水平的举措主要有:到国外培训机构进行职业培训,在国内职业技能培训中心培训,在校内实训中心培训。通过产学研结合提高教师实践能力,如轮岗和挂职锻炼、参与普通高校和科研院所的科学技术研究、开展科学研究和技术服务、在社会上兼职、青年教师到生产现场锻炼等。在改善教师队伍、增加"双师型"教师队伍数量上,提出了引进优秀人才的原则:力求实用、突出重点、实事求是。具体的方法包括:招聘选才、推荐选才、登门招才、市场招才。同时提出了保持"双师型"教师理论水平和实践水平与时俱进的途径:产学研结合是"双师型"教师不断提高水平的根本途径,经常开展专业调研是"双师型"教师不断获取专业信息的重要途径,经常参加学术活动是"双师型"教师提高学术水平和体现学术价值的有效途径。③

李梦卿等(2011)认为,应当制定"双师型"教师任职资格认定标准,制定"双师型"教师队伍的职业生涯管理规划,建立"双师型"教师聘任制度,加强"双师型"教师培养培训力度。在"双师型"教师的培养方面采取以下措施:设立专项基

---

①　王旭善等:《双师型教师队伍建设》,中国建筑工业出版社 2004 年版,第 32—44 页。

②　张德新:《高职院校教师"过三关"培养模式初探》,《十堰职业技术学院学报》2005 年第 1 期。

③　王旭善等:《双师型教师队伍建设》,中国建筑工业出版社 2004 年版,第 66—85 页。

金,鼓励优秀教师参加培训;优化职教师资培训基地建设;建立教师到企业实践制度等。①

　　综观本章的文献综述,当前对高职院校师资队伍建设的研究与实践尚需进一步深化和系统化。今后的研究应对高职院校师资队伍建设存在的问题进行多角度、多层面的深度挖掘,重点对具有代表性的案例展开个案研究,并结合国内外先进的职业教育师资培养经验,对高职院校师资队伍建设的理论、发展战略、培养模式、实操性等方面进行研究。

---

① 李梦卿、张碧竹:《教育规划纲要背景下的职业院校"双师型"教师队伍建设》,《职业技术教育》2011年第4期。

第二章｜国外发达国家职业教育师资培养经验分析

第一节　美国社区学院教师专业发展

一、美国社区学院发展概况

（一）美国社区学院的产生

美国的职业教育最为典型的就是社区学院模式，其最初产生的设想始于 1851 年经济发展对应用型高级人才的需求，1862 年《莫雷尔土地赠予法》通过之后，社区学院的发展得到了政策和法律的支持，而第一所社区学院则产生于芝加哥大学校长哈珀的推动。1901 年，Joliet 镇立高中校长 J. Stanley Brown 和芝加哥大学校长 William Rainey Harper 在伊利诺伊州联合创办了美国历史上第一所社区学院——乔利埃特初级学院（Joliet Junior College）。[①]

自初创开始到 20 世纪 30 年代的经济危机期间，美国的社区学院发展还没有非常明确的定位，主要是因为教育理念的转变受制于长期以来的认识禁锢。当时德国的高等教育思想深刻影响着美国的高等教育，认为高等教育就是以研究型学术人才的培养为目的的，这在其他国家的高等教育发展史上都具有相似性，是都会经历的一个认识过程。而事实上，由于学生的基础具有很大差别且入学后产生分化，并不是所有学生都适宜于从事科研工作，学术人才的一个培养目标不能适应多样化的学生学习需求。因此才出现了为适应上述要求，针对那些没有能力进行学术化高等教育的高中后学生而提出的高中后的延伸教育或者学

---

① 李进等：《学校社区联动：美国社区学院的职教视角与我国借鉴》，《上海城市管理》2015 年第 1 期。

术性高等教育的预备教育的新形式——初级学院。这一时期实际上是针对人才培养目标——学术性人才进行的基础升级,其对人才培养仅是做了简单的分段式培养,最终的高等教育目标并没有多大的改变。

(二)美国社区学院定位的确立

20世纪30年代到70年代,美国的社区学院因为客观外在的经济和社会发展需求,促使其明确了自我定位,并且获得了迅速的发展。

20世纪30年代到50年代的学生务实就业的需求催生了社区学院新的定位,当时的经济萧条促使就业成为第一需求,大量的以学术性培养为目标的高等教育毕业生难以适应紧张的就业形势,迫切需要掌握相关的职业技能来满足经济社会发展对就业的要求。而社区学院因为其特有的优点,加之必要的发展基础,获得广大学生的认可,市场的需求促使美国的社区学院开始大范围地扩张发展,这一时期社区学院的学生人数得到大幅提升,在70年代社区学院的在校生人数占到了全美高校在校生人数的25%左右,社区学院成为职业教育发展的代名词也起因于这一阶段的大发展,这一时期,社区学院的定位得到确立,美国民众也高度认可了这种职业教育的形式。

(三)美国社区学院发展渐趋成熟

在经历了半个世纪的扩张发展之后,美国社区学院的外延式发展基本告一段落,内涵式发展的理念对社区学院的发展提出了更高的要求。在这个过程中,经历了多功能的社区学院发展阶段和渐趋成熟的新型社区学院两个阶段。

多功能的社区学院涵盖了职业教育、社区服务、学业补习等多样化的功能,成为综合性的小而全的高等教育类型。在经历了这一阶段的发展过程后,社区学院对培养目标和办学定位逐渐产生了清晰的认识。事实上,美国社区学院自创立之日起,就以就业为根本需求,同时又分化为多种的具体目标,包括为想就业的学生提供的职业教育、为想升入高一层次学习的学生提供的补习教育、为转岗就业增进技能的社区公众提供的社区服务教育等。由于社区学院设立在中小城市,平均25英里就有一所社区学院,方便了当地民众对教育的需求,再加上其灵活的入学方式和教学方法,获得了广泛的认可。

二、美国社区学院的教师发展

(一)美国社区学院教师发展研究溯源

近年来,随着我国院校研究对于高职教师专业发展的重视,国内基于美国经验的高职教师的国际比较研究开始增多,相关内容的国外研究,最早可以追溯到美国 1917 年通过的《国家职业教育法案》(*The National Vocational Education Act of 1917*),又称为《史密斯-休斯法案》(*The Smith-Hughes Act of 1917*),这部美国最早的职业教育法案明确授权联邦政府提供职业教育师资培育经费,开启了美国教师培育经费来源受法律保护的先河。格拉迪斯·阿里·布兰甘所著的《1917—1927 年在史密斯-休斯法案要求下的家政教师培训》一书,以翔实的史料具体阐释了法案出台前后美国家政教师培训活动的开展情况[1],规范了职业技术教育的发展方向,确保了职业教育师资、配备的最低标准。事实上,《史密斯-休斯法案》出台的过程,也是两种不同的职业技术教育哲学观下,教师专业发展理念博弈过程,作为社会达尔文主义经济理论和社会效率的信奉者,大卫·斯尼登(David Snedden)和查尔斯·普罗瑟(Charles Prosser)认为教师从最基本的事实开始,按顺序进行,要有丰富的工业背景;进步主义教育的代表人物约翰·杜威(John Dewey)主张以问题解决奠定知识的基础,教师要有丰富的教育经验[2]。1974 年美国国家总审计局(General Accounting Office,GAO)在对职业教育进行数据分析时发现存在生涯咨询指导教师比例不足的问题[3]。而国家教育协会(NIE)在 1974 年中期报告中指出:几乎在国内所有的地区,包括生涯教育立法、拨款、规划、课程发展、学校与社区合作、教职人员发展等一系列生涯教育活动正在进行。[4] 1981 年 8 月,美国教育部长 Dr. T. H. Bell 特别成立的国家卓越教育委员会(The National Commission on Excellence in Education),负责调查与世界先进国家相互比较下的美国教育质量,历经 18 个月的调查后形成报告《危机中的国家》(*A National at Risk*),建议更有效地培育师资,而且使用各种策略,以提升教师的待遇及专业尊严。1998 年的《柏金斯职业教育法案》

---

[1] Gladys Alee Branegan. Home Economics teacher Training Under the Smith-Hughes Act 1917 to 1927. New York:Teacher College, Columbia University, 1929.

[2] Howard R. D. Gordon. The History and Growth of Vocational Education in America. Illinois: Waveland Press, Inc, 2003, p. 33.

[3] U. S. Department of Education Office of Vocational and Adult Education. Vocational-Technical Education:Major Reforms and Debates 1917 - Present. [2006 - 12 - 8]. http://eric. ed. gov/ ERICWEDPortal/Home. Portal? _ nfpb = true&_ page Lable = RecordDetails&EricxtSearches _ SearchValue _ 0 = ED36995982E-ICEXTSearch _ SearchType - 0 = eric _ accno&objectId - 0900000800142b4d, p. 13,105.

[4] Jack W. Fuller, Terry O. Whealon. Career Education:a lifelong process. Chicago:Nelson-Hall, 1979, p. 17.

(*The Carl D. Perkins Vocational and Technical Education Act Amendments of 1998*),对教师、辅导人员,以及行政人员的专业发展也极为重视。《没有孩子落后法案》(*No Child Left Behind Act of 2001*)要求学校提供教师及校长更多信息以改进教学,确保教师的质量。21世纪科技飞速发展要求现代的工作者具备更高层次的技能水准,美国更加重视技职教育师资的培育与福利待遇。许多职业教育法案对师资的培育、教师的专业发展,甚至师资的待遇、福利,都极为重视,也投注许多经费作为师资培训及提高教师福利、待遇之用。

如今随着社会对毕业生技能水准提升的要求日益殷切,美国大学教师管理的另一个新进展就是很多高校都建立了"教师专业发展中心"(Center for Faculty Professional Development)或"卓越教学中心"(Center for Teaching Excellence),分别为教师提高学术能力提供各种教育与培训机会,或致力于教学改进和教师教学水平提高,通常有以下几项基本职能:促进教育教学探索和创新,促进新的教学技术和教学方法应用,强化教学支持;教学效果评估、学习效果评估、教师发展和学校学术发展调查与研究;举办教学、研究、服务、管理等方面的教师培训;为教师提供校外专业发展机会与资助;促进学术文化建设,促进学术优秀意识树立。

至今为止,美国高校也形成了一套促进高校教师教学发展比较成功的模式和经验。成立于1987年的非营利独立组织全美专业教学标准委员会(National Board for Professional Teaching Standards,NBPTS)开发的生涯与技术教育教师的职业能力标准目前影响力较大。NBPTS围绕着教师应对学生和他们的学习负责;教师应具备所教授学科的知识,并知道如何传授这些知识;教师有责任管理和监督学生学习;教师应系统反思其教学实践并从教学经验中学习;教师应是学习共同体的成员等五个基本观点,开发了清晰的教师职业生涯路径(见图2-1)。

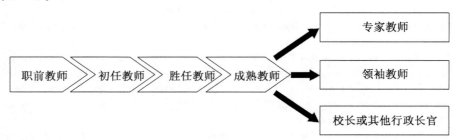

图2-1　美国教师专业发展规划路径

（二）美国社区学院师资

1. 专兼职结合的师资队伍

美国社区学院，尤其是公立的社区学院，在发展初期，基本上仍以专职教师为主，随着学校发展的需要，兼职教师队伍开始扩充。据研究发现，1960 年至 1984 年，美国公立社区学院专职教师比例还稍领先于兼职教师比例，然而兼职教师比例从 1984 年到 2003 年，一直处于稳步上升态势。尤其是到 2003 年，公立社区学院兼职教师的比例已经增加到 67.8%，远远领先于专职教师比例。[①] 2008 年，兼职教师所占比例甚至达到 70%。美国社区学院既重视兼职教师的聘用，也注重其专业发展。兼职教师的年龄主要在 35 岁以下和 65 岁以上。[②] 美国社区学院教师队伍的扩充实际和社区学院开展的教学项目是有很大的关联的，因为其开展了更多样的课程来满足不同生源的需要，因而其对教师队伍也必然采取更为灵活的方式来进行聘用，通过兼职教师可以更好地适应职业教育、社区培训以及补习教育等的需求。在教学分工上，专职教师主要负责基础课程，兼职教师负责专业课程。兼职教师虽然具有丰富的实践经验，却缺少教学经验，所以社区学院会对他们进行专门的教学方法的培训。通过培训，兼职教师成为既有丰富的一线工作经验，又具有教学经验的双师型教育工作者，大大提升了高职教育质量。[③]

2. 美国社区学院教师任职情况

美国社区学院在教师任职的资格上并没有统一的学历要求，但通常需要具有硕士学位，对于专职教师，一般则需要具有博士学位。对于其中的一些实践类型课程，则对学历的要求会适当放宽。美国加州社区学院教师的招聘也基本体现了上述要求，其教师招聘计划由各系制订，学院人力资源部门负责招聘，通常情况下委托第三方独立机构进行筛选，基本保证了招聘的公平性。对所招聘的专职老师，社区学院的要求是一般必须具备硕士以上学位，急需的特殊专业学士学位即可，但是应聘者必须有两年以上与招聘专业相近的实践工作经验。对所招聘的兼职教师，社区学院对学历要求相对较低，一般专业学士以上学位即可，特殊专业不做学位上的要求，但是对教师的职业能力和职业经历有严格要求，应

① 张琳琳：《美国高等职业教育师资管理的特点及对我国的启示》，《哈尔滨师范大学社会科学学报》2013 年第 6 期。
② 张雪彦、郭梦蝶：《论美国社区学院兼职教师专业发展活动》，《高等继续教育学报》2014 年第 2 期。
③ 李清波：《美国社区学院师资建设特色聚焦》，《教育与职业》2014 年第 4 期。

聘教师必须提供六年以上与招聘专业相近的实践工作经历。[①] 一般都是从相关企业中聘用兼职教师,或者是从一些退休或者即将退休人士中聘用,这样既能保证社区学院教育教学的质量,特别能满足实践教学和跟踪先进技术的需要,也能有效弥补专职教师队伍的不足,还能促进社区学院稳定的办学和灵活的教学需要。

3. 美国社区学院教师发展的特色

美国社区学院对教师的发展主要通过教学中心或者类似机构实施,这些是为专兼职教师的专业发展提供帮助的组织,它们通过开发教师专业发展的项目来对教师的专业发展提供支撑,同时进行教学评价来促进教师的专业发展,是一种支撑性的平台。平台的服务包括:为教师提供教学技能和新知识的培训;教学技术手段的培训和帮助;教学情感的提升;测试教学目标的实现程度并加以反馈,帮助改进,等等。

美国社区学院教师专业发展的形式多样,既有课程培训、研讨班、现场实践、教师评估计划,也有教师指导制、同行互助制等,社区学院为教师提供全面的专业发展计划及灵活的选择空间。社区学院为新任教师的培养制订了详细的教师专业发展计划,包括新任教师手册、导师指导制、专题研讨班、培训计划等。新任教师手册的内容包括培训项目、学区教师信息、教学资源、定向培训材料等,目的是促使新任教师迅速适应社区学院教师角色。导师指导制是指社区学院为新任教师在引导期内配备一名导师,促进其专业成长与发展。其他的诸如提供全日制专题研讨,包括课堂管理、教学方法、学生学习效果评价等内容。此外还有同行互助方式,鼓励教师一起探讨问题,如实行工作坊制度,促进教师相互交流学习和分享各自的教学经验,研究问题的解决方法等。[②]

在美国有的州,除传统的课程教学理论培训外,职业教育教师培训内容中有五个富有特色的方面:理解贫穷、劳动法、建立企业专家委员会、表单设计和信息化资源使用。美国的俄亥俄州职业教育新教师培训有一项重要的培训内容,即理解贫穷,目的是让新教师理解贫穷阶层的生活状态、心理与行为特征等。"理解贫穷"被纳入职业教育新教师培训中,培训活动主要包括两个方面:一是观看实录的贫穷家庭的生活、工作视频以及不同群体的评论,二是学习《贫穷的理解框架》这本书。[③] 对于其中的劳动法开展培训教育,主要是为了保障教育对象的

---

① 岳朝晖:《美国加州社区学院师资建设的启示》,《景德镇学院学报》2015 年第 1 期。

② 柴琦:《美国社区学院教师专业发展的制度创新及其启示》,《成人教育》2013 年第 12 期。

③ 徐国庆:《美国职业教育教师培训内容研究——以俄亥俄州为例》,《外国教育研究》2012 年第 6 期。

劳动权益,使授课教师能熟练掌握劳动法有关条款,并能在授课中相对熟练地应用,因为美国社区学院的部分教育对象是接受职业教育的学生,因此必须使其掌握劳动的必要法规,而这种知识首先需要授课教师掌握。建立企业专家委员会已经成为普遍做法,其目的是通过企业专家委员会掌握最新的经济社会发展动向,跟踪前沿的科学技术,协调教师的聘用考核,以及为专业发展和学校发展提供政策参考等。而对教师培训有关专家委员会的知识,其目的主要是:第一,了解企业专家委员会的有关概念。如企业专家委员会、建立企业专家委员会的法律依据、企业专家委员会的类型与功能。第二,建立企业专家委员会,主要内容包括寻找企业专家、如何找到你所需要的企业专家、企业专家委员会建立的过程等。① 有关表单设计和信息化资源使用,主要是为其教学提供技术支撑,这种培训也被称之为教学工艺技能的掌握过程,实用且有针对性。

在职培养方面,美国社区学院非常鼓励教师的专业发展和在职进修。例如,社区学院普遍为在职教师提供短期或者长期的国外访学机会、参与各种课程进修和研讨会交流的机会。还有的社区学院专门设有服务中心,成为青年教师从事教学实践和进行业务咨询的重要场所。此外,每年都设有专业发展日,鼓励教师利用假期接受培训和到企业进行实践活动。②

(三) 美国社区学院教师发展的问题

由于受美国社区学院的功能定位、专兼职教师队伍及学生来源多样化等因素影响,美国社区学院的教师存在较多的发展问题。美国社区学院承担着职业教育、社会培训以及转学教育等多项功能于一体,为了适应社会发展和学生需要,教师需要不断适应新的情况,对教师提高教学能力等带来了很大压力。教师需要不断地对所教授的课程进行重构,难以形成较为固定的教学体系,对教师尤其是兼职教师提出了很高的要求。美国社区学院的学生来源途径广泛,呈现出多样性的特点,技能、背景、种族、年龄、学习目的均呈现极大的差异性,一个教师在同一班级面对的可能是六种甚至更多阅读层次的读者;社会对社区学院教师的期望值又很高,这无形当中给教师增加了很大压力。③ 此外,由于美国联邦及各州政府的财政拨款较少,加之社区学院对学生的收费较低,财务上的问题常常

① 徐国庆:《美国职业教育教师培训内容研究——以俄亥俄州为例》,《外国教育研究》2012 年第 6 期。
② 李清波:《美国社区学院师资建设特色聚焦》,《教育与职业》2014 年第 4 期。
③ 陈仕清:《美国社区学院促进教师专业发展的内部运行机制探究——帕洛玛社区学院个案分析》,《中南林业科技大学学报》(社会科学版)2014 年第 4 期。

困扰社区学院的发展;教师的教学缺乏创新、专业发展没能得到很好的落实。美国社区学院因为财政拨款较少,其教师队伍以兼职为主,这给提升教师的教学能力和质量带来很多问题,如兼职教师的事业心、责任心不强,兼职教师的工作环境差,兼职教师在社区学院享受到的资源有限,等等。[①] 美国社区学院发展的问题在近期的研究中不断被提出,说明美国的社区学院并不是完美的,它也存在各种各样的问题,尤其是教师发展的问题。近期有关美国社区学院师资的研究主要集中在兼职教师方面,不仅因为兼职教师队伍占比较高,已经成为美国社区学院师资的中坚力量,而且已经成为美国社区学院在教师队伍上的特色体现。另有研究提出,美国社区学院的兼职教师存在如下问题:专业发展目标不明确、导向不清晰,关于教师专业发展有效性的研究或内部评估较少,教师参与提升专业发展活动的参与度较低,等等。[②]

第二节　德国职业教育教师发展

一、德国职业教育概述

(一) 德国高等职业教育的产生与发展

德国的职业教育层次包括中等和高等教育,有职业学校、职业学院和专科大学等不同层次。德国的职业教育起源于 20 世纪 60 年代,这和其他经历"二战"各国的情况类似,因为经济发展的客观需要,对相应的技能型人才提出了需求,需要政府教育主管部门以及教育机构加以应对。

1968 年,德国联邦政府通过召开各州总理会议,表决通过《联邦各州专科学校发展协议》,作为指导设立专科学校的凭据,随后有七十多所专科学校成立,它们的目的是培养高级应用型人才。次年,《职业教育法》出台,催生了大量的专科学校。后来,联邦政府又相继出台了很多有关的法律法规,如《强迫职业补习教育法》、《工业法典》、《职业教育促进法》、《企业基本法》、《手工业条例》、《青年劳动保护法》、《培训员资格条例》、《实训教师资格条例》、《职业教育培训法》等,形

---

① 唐加军:《美国社区学院兼职教师聘用及管理研究》,《学理论》2014 年第 26 期(九月中旬刊)。
② 陈仕清:《美国社区学院促进教师专业发展的内部运行机制探究——帕洛玛社区学院个案分析》,《中南林业科技大学学报》(社会科学版)2014 年第 4 期。

成了较为完善系统的法规体系,为德国的职业教育发展提供了充分的法律保障,这在其他国家是不多见的。同时,德国建立了相应的职业教育实施监督的系统,对职业教育进行管理和监督,确保相关法规落到实处,保障职业教育活动的顺利实施。

《(德国)联邦职业教育法》(2005 年中文译本)指出,职业教育包括职业准备教育、职业教育、职业进修教育以及职业改行教育。职业准备教育的目标,是通过传授获取职业行动能力的基础内容,从而进入国家认可的教育职业的职业教育。职业教育旨在针对不断变化的劳动环境,通过规范的教育过程传授符合要求的,进行职业活动必需的职业技术、知识和能力(职业行动能力),它还应使获得必要的职业经验成为可能。职业进修教育应提供保持、适应或扩展职业行动能力及职业升迁的可能性。职业改行教育应传授从事另一职业的能力。[①]

(二)德国高等职业教育的特点

1. 应用型培养目标明确

德国的高职教育分为两类:一类是高等专科学校,它承担的是应用型工程师的培养;另一类是职业学院,培养的目标是一线工作的技术人员。两者培养的目标有所区别,但最终都是培养应用型的高技能人才。这种分类培养的方式,有利于对应企业实际的需要,同时我们也可以看出,前者培养的目标相对后者而言,所强调的不仅仅是动手能力,还需要相当的理论基础,而后者则更多地承担一线的操作应用技能,为熟练型的技术人员。在专业课程的设置上,主要是依据应用性的特点而设立,集中在工程技术、经济服务以及社会工作等领域,课程的时间相对较短,大多是短期的培训课程,同时也有相应的学历教育。

2. 双元制教育模式享誉世界

在德国,大部分职业学校都采用"双元制"模式。目前德国进入"双元制"教育的职业包括工商、手工业、自由职业、农业、公共服务等 5 个大类 93 个行业370 多个职业。[②] 德国的双元制教学模式,就是职业学院为其中一元,企业为另一元。职业学院负责基础知识和专业理论知识的教学,企业进行实践技能的教育培训,在这个过程中,企业的一元占据主导地位,也是学徒工教育的模式。涵盖了两个教育主体:学校和企业;在两个地点开展学习:校园和工厂;两类教师主

---

① 姜大源、刘立新译:《(德国)联邦职业教育法》,《中国职业技术教育》2005 年第 32 期。
② 陈旭彬:《德国职业教育师资队伍建设对广东技工教育的启示》,《职业教育研究》2014 年第 3 期。

体:学校里的理论教师和企业的实训教师。最初这种教学方式是德国中等职业教育的方式,后来延伸到高等职业教育领域,并被广泛展开。这种双元制教学模式,因为其紧密衔接了理论教学和实践教学,使学生切实掌握了相关的理论和技能,并使得技能更加熟练,对技能所依托的理论知识也有了很好的理解和应用检验,使得学习取得了其他教学模式所不具有的效果和效能。一般而言,企业和学校在时间的分配上,比例约为 60%:40%,学生一周中一般 1~2 天用于理论学习,3~4 天在企业顶岗实训。通过理论与实践的整合教学,使学生的理论知识得到充分理解掌握,实践技能则得以融会贯通。

3. 通过补贴促进职业教育双元制的持续开展

德国在曾经的一段时间也出现过双元制发展的艰难时期,20 世纪末,由于金融危机的影响,加之产业升级的要求,在劳动力供给和需求上出现了矛盾局面:一方面,年轻人找不到就业岗位;另一方面,企业提供的培训没有相应的学徒。这使得双方都对双元制产生了怀疑,影响了这一教育模式的持续发展。为此德国政府研究了新的形势和需求特点,制定并通过相应的补贴政策来促进双元制教学模式的开展。一是联邦政府层面的补贴,2008 年 6 月开始,联邦政府启动了联邦培训补贴金政策,对凡是增加或扩充学习位置的企业提供相应的培训补贴。在与学徒签订培训合同后,雇主可立即获得 30% 的培训补贴金,另外,70% 的津贴在学徒期期间发放。此外还有地区层面的培训贷款政策来加以支持,比如在巴伐利亚州,该州银行为中小型企业和自由职业企业提供培训贷款,每个企业最多 50 000 欧元,同时,对每个培训生一次性给予 2 500~5 000 欧元的补助。一些行业部门也出台了补贴政策,汉堡的手工业商会出台政策,手工业企业接受被就业市场歧视的、就业能力不足的青少年可以获得每月 150 欧元的补贴,学生培训毕业后,企业还能拿到 750 欧元的奖金。[①]

二、德国职业教育师资

(一) 职教师资的准入

德国对职教师资强调的是术业有专攻,并且分工明确。

根据德国联邦职业教育研究所的划分,德国职业教育教师可以分成两类:职业学校的教师和企业培训员。职业学校的教师又可以划分为理论课程教师和实

---

① 王启龙、石伟平:《政府促进职业教育校企合作:德国的经验与启示》,《职教通讯》2014 年第 34 期。

践课程教师两个教师队伍。职业学校理论课程教师主要负责专业理论(如金属加工技术、电子工程、医疗保健等)、一般性基础知识(德语、英语、数学、政治、物理等)以及与工作相关的知识;学校实践课教师主要在学校实训地、学校工厂或演示车间等专门场地对学生基本技术和技能操作进行指导。"双元制"系统在企业部分还有专门的指导员从事工作过程训练和培训。企业培训指导员负责学徒的工作岗位培训,并对学生在企业实习的过程和安全负相应的责任。①

各类职业教育教师资格的获得都是不容易的事情,既要经过专业理论的学习,又要有教育相关知识的储备,并且需要通过国家的职业教师资格考试,获得相应证书才算正式的职教教师。比如职业学校里的教师,首先要通过国家的教育考试,也就是参加职业教育师范本科的教育入学考试,进入相关学校后,要有一个主修的专业,还要辅修一个专业。此外,还要掌握教育学以及心理学等课程知识。这一过程一般需要4～5年的学习,学习结束后至少有2年的专业相关经历,通过论文答辩后,参加见习教师资格的国家考试,考试被录用后可以以实习教师的身份到职业学校进行任教。第二阶段:第一次国家统考通过后,进入州政府开办的教师实习学院,度过两年的教学实习期。在这两年里,三分之二的时间在相应的职业学校里由导师带领实习教学,三分之一的时间在实习学院接受更高层次的师范教育,学习掌握教育理论;顺利完成这两年实习教学和师范理论学习任务的实习教师,可以参加国家组织的第二次职业技术教师资格考试,合格者才可获得正式岗位资格证书,去职业学校应聘独立任教。② 第二次国家教师考试,是为了获得终身性的职教师资资格的考试,考试包括笔试和面试的方式,另有展示课程以及答辩等方式。通过后才能获得正式的职教教师身份,此身份是政府终身雇佣的,享受国家公务员的待遇。

企业培训指导员的培训资格由德国联邦法律制定,根据德国《职业教育培训法》和行业培训规范的规定,个人品行和专业能力两方面都符合要求的高级技术工人有资格成为企业培训指导员,具体的资质要求包括与工作领域相关的专业能力和知识、相关培训领域的职业资格证书以及与工作相关的教育理论知识。③企业培训中心的实训教师,学历层次要求虽然低一些,但必须是企业人员,要求有5年以上的工作经历,经过大学教育(1年时间的职业教育学科学习),有"师

---

① 李霄鹏、吴忠魁:《德国职业教育师资专业化发展》,《比较教育研究》2011年第1期。
② 邹吉权:《德国职业教育中的师资类型与专业发展》,《成人教育》2011年第11期。
③ 李霄鹏、吴忠魁:《德国职业教育师资专业化发展》,《比较教育研究》2011年第1期。

傅证",企业兼职实训教师也是由有"师傅证"的工长担任。[1]

(二) 职业教育教师的继续教育

德国职教教师培养体系较为灵活,这体现在培训时间、培训形式和培训内容等三个方面。从培训时间来看,德国对教师接受继续教育的时间有明确的规定:教师可按 4% 的工作时间接受继续教育。从培训形式来看,德国职业课教师的进修形式分为三种:全州集中培训、地区培训和学校内部培训。从培训的内容来看,培训的课程内容比较灵活,并不是严格固定的,而是根据具体的职业需求来设置具体的培训内容。[2]

德国法律规定教师在从业期间,必须不断地接受新技术、新知识、新规范教育和培训,不断提高自身素质,及时传授给学生新的知识、理念、规范、技能。这一阶段培训的类型有两种:一是知识更新型培训,以巩固提高教师的教学能力(主要有对学科带头人、辅导员等的培训;对新教学计划和培训规则的培训;教师针对自己需要自由选择的主题培训)。二是管理型培训,指担任行政职务(校长等)或学科带头人等之后的培训。通过本阶段进修培训,一是提高教师的专业能力和育人能力;二是推动新教学计划、培训规则的执行和实践教学的改革;三是可促进现代化教学技术的使用;四是完成职业教育的社会化任务,促进学生人格的培养。[3]

在德国的职教师资继续教育的过程中,可以看出各方主体都高度重视,教师自身非常注重提升自己的教学能力,既因为其自身职业生涯发展的需要,也是职业教育使命感所引发的内生动力。学校、行业及国家都各自组织相关的培训教育,既因为法律的规定,也是其工作职责所在。其中,学校内的学科带头人则充分发挥了主观能动性,这和其他职能部门实施的继续教育是有所不同的。

---

[1] 王家爱:《德国职业院校教师培养的特点及借鉴——赴德国培训研修报告》,《潍坊高等职业教育》2010 年第 1 期。

[2] 敖鑫、林杰:《德国职教教师教育的特点及其对我国的启示》,《辽宁农业职业技术学院学报》2011 年第5 期。

[3] 费真:《德国职业教育师资培养经验及启示》,《广州职业教育论坛》2012 年第 4 期。

第三节　新加坡职业教育教师发展

一、新加坡职业教育概述

（一）新加坡职业教育的发展

新加坡的高职教育肇始于自治时期,在其后短短的几十年里,形成了特色鲜明的职业技术教育,现有5所理工学院开展高等职业技术教育,分别是新加坡理工学院、南洋理工学院、义安理工学院、淡马锡理工学院、共和理工学院。经历了产生、发展和提高三个阶段,在20世纪60年代,新加坡获得了独立的自治地位,政府开始大力发展工业,迫切需要大量的技术工人,这一时期和其他国家初创职业技术教育一样,也是从初等职业技术教育开始的,同时新加坡也开始着手规划高等职业技术教育。20世纪七八十年代,新加坡的经济发展呈现了两大特点:一是劳动密集型向技术密集型转变,二是自主发展向出口工业发展。因此对职业技术教育提出了更高的要求,初等职业技术教育培育的技术工人已经不能满足经济发展的需要,于是在这一时期高等职业技术教育获得了发展的外在动力。到了20世纪90年代后,技术密集型的产业开始升级换代,高科技、高增加值和集约型产业大量出现,因此需要对应的职业技术教育提档升级。

（二）新加坡职业教育的特点

新加坡虽然仅有5所政府公立职业技术学院,但其影响力却是世界性的。无论是学院管理的外部政策环境,还是内部教学模式,以及产业教学融合发展等,都体现出较为鲜明的特色。

在学院管理上,新加坡政府高度重视,基本建立了较为完备的管理政策体系,如设立了专门的职业教育管理机构对职业教育进行统一规划、协调和管理,通过设立的全国行业技能证书来考评职业技术教育成果,以此推动职业技术教育的标准化建设。此外还高度重视资金支持,在1979年设立了技能发展基金,推进职工技能培训,费用由相应的雇主交纳,以此推进低收入者获得更好的技能。在内部教学上,特别注重与经济发展的对接,无论是课程的设置还是教学的内容,都体现了市场导向和就业导向,以经济的发展调整教学,使开设的专业和教学的科目对接市场需求。

同时提出了著名的"教学工厂"模式,这也是其享誉世界的职教模式的代名词。它是将学校、企业以及培训中心进行三元合一,采取高度仿真的教学环境,是教学做合一的一种平台。这种教学模式经历了四个不同的发展阶段,由初期的合作伙伴关系,发展到后来的学校主导实践教学阶段,再到系统的专业课程开发阶段,一直到目前开展的全面的教学工厂模式阶段。新加坡教学工厂的教学理念,实际上涵盖了专业开发、课程教学、实践环节以及就业准备等多方面的协同。教学工厂的教学理念中既有课程建设的导向要求,即课程生成的市场性、课程实施的灵活性、课程反馈的有效性;又有教学实施上的导向要求,即专业知识、专业技能的市场性,专业知识、专业技能的长期有效性;还有学生学习的导向要求,即学习环境的高度仿真性和学习过程的研究性。[①] 南洋理工大学明确自己的使命是为学生及学员们提供优质的教育与培训,为他们的未来生活与就业做好准备,使他们成为终身学习者,并为新加坡的科技、经济及社会发展作出贡献。南洋理工大学"教学工厂"理念强调由模拟到模仿再到融合,将实际企业环境引入教学环境之中,并将两者融合在一起,在教学环境里营造企业实践环境,并将两者紧密融合,其中项目是不可或缺的重要环节,它使学生能将学到的知识和技能应用于多元化、多层次的工作环境,既不是"三明治"的课程安排,也不是"双元制"的课程安排,也不仅仅是企业实习或者企业项目。"教学工厂"的目的是为学生提供一个更完善和有效的学习环境、过程,鼓励和开发学生的创新能力、团队精神以及提高他们解决实际问题的能力,确保有关培训课程与企业需求挂钩,与时俱进。这也是学员能力开发和教职员专业培训的重要途径,促进与企业的紧密联系,它并不具有固定的模式,是卓越办学的主要手段。

此外还有无界化校园概念,它起因于现实中的问题分析,认为现实中的问题是不分界限、学科和专业的,无法看到工程之间的界线或者学科专业之间的界线。提出无界化校园概念,目的是为了强化学院部门与学系间的团队精神,促进资源与人才的共享,促进不同学系的项目合作及教学活动交流,提供更多综合科技创新与应用的机会,强化师生们的专业能力,强化学院的灵活度与反应能力等。比如在系统能力开发上,将项目分为小型项目、部门项目、系统项目、综合项目。小型项目由个人组成的小组开展工作,是类似技能的组合体。部门项目则

---

① 王旭善等:《高职教育发展战略研究——学习型社会视域中的高职教育》,高等教育出版社 2008 年版,第 139 页。

通过部门或者中心,由相关技能的人组成的组合体开展合作。系统项目则进行特别组合,采取跨部际的多元技能组合方式。而综合项目则由整个学院采取多元学科跨系院的方式进行。

二、新加坡职业教育教师发展

(一) 教师实践技能突出

比如新加坡南洋理工大学在选择专业教师时,注重的是企业工作经历,他们不会将专业教师准入的学历门槛定得过高,不盲目追求名牌大学毕业生和高学历者,即他们的教师不一定毕业于师范院校或名校,也不一定是硕士或博士,只要求本科以上学历,但要有 3 年以上的企业工作经验,而且是专业对口。这些教师有着丰富的实际工作经验,与企业联系密切,不仅能给学校带来合作项目,而且在上课时,能给学生传递在企业做设计、做项目的成功经验,将企业文化、企业技术标准等带入课堂,对人才培养起到重要作用。[1] 新加坡高职师资力量充分注意教师的来源渠道、资格要求、继续教育和培养创新。从多种渠道引进教师,在理论水平上要求达到"理解"、实践水平达到"能做",新加坡教育部每年按照事业发展需要将招聘教师的信息(人数、科目、条件、时间、地点、要求等)在网站和报纸上公布,公开招考,同时面向全世界网罗优秀人才。整个招聘过程宣传力度大、程序性强、把关严。考核分笔试和面试,两试合格者才可以得到教育部的派遣,到南洋理工大学国立教育学院接受专业的师范教育,考核合格取得教师资格证才能担任教师,成为国家公务员。新加坡南洋理工大学国立教育学院(NIE)是全国唯一一所师范学院,全国的教师都由其培养。为使教师胜任教学工作要求,南洋理工大学等学院通常对新引进教师进行为期 3 个月的教学理论、教学方法培训,最终使教师既有项目开发经验又有教学能力,成为真正的"双师型"教师。[2] 新加坡推行的双师型素质教师是真正符合实际需要的双师,熟练掌握技术技能并能通过真实的项目依托开展教学,将学生带入真实的工作环境,同时经过了教师教学理论和方法的培养锻炼,又能熟悉相应的教学技巧,因为新加坡的职业教育是为新加坡培养技术人才而开展的针对性教育,因此让技术专家担任

---

[1] 李宏俭:《中国与新加坡职业教育师资培养之比较——新加坡 NYP 师资培养成功经验的启示》,《职业教育研究》2012 年第 12 期。

[2] 麦秋玲、刘强:《以行业工作经验为准入条件的高职教育师资队伍建设与管理——新加坡职业教育师资管理的启示》,《职业技术教育》2013 年第 8 期。

专职教师同时辅以教学理论要比我们提倡的双师更具有实用性。这种双师型的教师不仅具有丰富的专业技能，同时具备基本的学历要求，因此招募到这些技术专家担任专职教师，对于提升职业技术教育本身的实践教学要求，是非常有针对性的。同时，他们与所在行业和企业有着较长时间的接触，关系密切，且拥有企业员工的特定思维，这比那些进行短期现场锻炼，或者仅仅考取资格证书的理论型教师更有潜力成为优秀的职业技术教育教师。

（二）以项目为依托的教学能力提升

新加坡职业教育教师在为企业进行技术服务的过程中，为学生、企业、学校和社会带来了诸多优势。其一，为学生创造了较好的实践条件，能够快速地将专业知识与企业真实项目结合，在真实的企业环境中培养学生的职业素养和创新能力。其二，为企业节约大量科研成本，推动企业转型升级，提升企业生产的利润空间。其三，为学校带来了源源不断的前沿技术充实到教学内容之中，有利于教材的完善与更新，保持了职业教育技术水平相对于企业的超前性，保证了学校设备的先进性，在不断提高教学质量的同时扩大了职业教育的社会影响力。其四，为社会培养了高规格的技术技能型人才，这些人才推动了社会精神文化和物质文化丰富的进程，是和谐社会和创新型社会构建的有力支撑。[①] 拥有企业工作经验的技术专家应聘为理工学院的专任教师后，并没有脱离企业的工作环境，一方面得益于教学工厂模式的教学理念引导下的课堂教学，也因为技术专家保持着与企业界密切的联系，同时技术专家的人脉关系及完整熟练的技术技能都能使其紧密跟踪最新的前沿科技知识。通过项目开展，能维持其基本的技术技能，并在这个过程中跟踪前沿科技动态，同时可以成为学校和企业之间密切联系的纽带，学生自然在真实而具有前沿地位的科研项目中，可以获得虚拟甚至是高仿真环境所不能比拟的学习优势，学生的动手能力和对接企业的就业需求等都可以实现快速的无缝衔接。南洋理工大学与新加坡三百多家大中型企业有着密切联系，企业为学校提供先进设备、研发资金和实习岗位，供学校教学、研发和培养人才；学校为企业提供专业人才、解决技术难题或设计开发项目和产品，实现"校企双赢"。如学校与 IBM、微软、HP、NEC 公司开展合作，进行电脑系统设计；与航运局合作，制作导航信号系统；与地铁站合作，为地铁设计收费系统

---

① 孟娜：《职教师资队伍培养新路》，《中国培训》2013 年第 7 期。

等。[①] 工教学院的在编教师，每五年必须回到企业接受三个月的新技术培训，同时确保始终有 20% 的教师在实验室或实习工厂搞工业或技术项目开发，各学校每年将总经费的 5% 作为教师培训费用支出。[②]

（三）定期、系统的教师培养和评价

通过教师招聘环节后，教师的培养是新加坡职业教育非常关注的领域。由于从企业招聘的专业人员专业知识和动手能力比较强，而教育理论知识和教学技术相对薄弱，所以在教师入职之初要进行教育基本理论、教学技术等方面的培训，特别培训教师认识学生的特点和把握职业教育规律，每一位教师需要获得教师资格证后才可以进行教学活动。入职之后，每位教师每年规定有固定时间的培训，包括学历培训、带薪岗位培训，等等。比如南洋理工大学在职员职前的引导上就开展了如下计划，第一天开展的节目有：融冰活动、人事政策、学生辅导服务、参观教职员中心和体育设施、职场保健活动、探险活动；第二天开展的节目有：ISO9001、行政政策、参观学系、了解财务系统、电脑信息系统与政策；第三天开展的节目有：NYP 卓越组织之旅、ISO14001、国家发展等。

继续教育对在职教师而言非常重要，除了采取项目教学的依托之外，还通过相应的进修和企业体验性学习，来提升教师的教学能力。[③] "无货架寿命"理念是南洋理工大学师资队伍建设的成功因素之一。南洋理工大学把教师比喻成货架上的商品，提出"无货架寿命"理念，不论你的年龄大小，只要你具备学习能力就可以获得学习机会，在南洋理工大学，年龄不是最重要的，重要的是职员对于学习的态度，只要想提升自己，并且对学院作出贡献，无论年龄、学术造诣有多么不同，即使教师年龄超过 50 岁，有事业发展、学习、培训愿望，学院都会安排培训进修。[④] 南洋理工大学有着完善的考核机制，考核的内容包括工作态度及表现、教学工作表现、非教学工作表现。工作态度及表现包括：奉献精神、工作态度、团队精神、可靠性及进取精神、领导潜能等。教学工作的表现包括：教学能力、教学准备及执行、沟通能力、学生管理、专业及课程开发等。非教学工作表现包括：企

① 麦秋玲、刘强：《以行业工作经验为准入条件的高职教育师资队伍建设与管理——新加坡职业教育师资管理的启示》，《职业技术教育》2013 年第 8 期。
② 王旭善等：《高职教育发展战略研究——学习型社会视域中的高职教育》，高等教育出版社 2008 年版，第 139 页。
③ 孟娜：《职教师资队伍培养新路》，《中国培训》2013 年第 7 期。
④ 李宏俭：《中国与新加坡职业教育师资培养之比较——新加坡 NYP 师资培养成功经验启示》，《职业教育研究》2012 年第 12 期。

业联系及教学外任务、应变能力、资源计划与应用、工作质量等。通过全面的考核及带有针对性的考核,进行教师工作的引导,促进教师加强自我提升,实现职业技术教育的目标。同时也提供教职员能力转向培训,南洋理工大学认为能力转向是一个富有战略性、变革性的创新,从专业领域、学历背景、专业能力与经验、企业或者工业需求等方面进行需求考量分析,搭建培训平台,包括各类课程、项目开发和企业实习,实现教师的能力转向。

第四节　澳大利亚职业教育教师发展

一、澳大利亚 TAFE 职教发展概况

(一) 澳大利亚职业教育发展简介

澳大利亚的职业教育属于起源较早、发展较有特色的西方市场经济国家的特色教育之一,其存在适应了地方经济的发展和当地社会发展的趋势,是一种开放、多样和方便的学习模式。整个国家确立了完整互通的高等职业技术教育体系,不仅同类的各校之间学分互认、文凭互认,而且在不同层次的学校之间,比如在普通高校和高等职业技术院校之间,甚至在本国教育和外国教育之间,也搭建了互相认可的平台,使得这种学习呈现出内部互通的立交桥式的教育格局。首先,国家下大力气开发了相关的教育体系,包括国家职业教育和培训框架体系、国家认证框架体系以及相应的培训包。联邦政府的证书框架统领了全国的高等教育和职业教育,框架将资格证书与学历证书合二为一,并建立了体系内的互通途径,打破了相互间的壁垒,拓展了各类教育发展空间。其次,有关职业教育培训的制度框架,对所有培训机构的注册标准和办学行为进行了国家层面的规范,通过技能委员会制定"培训包"规范教学标准。抓住这两个纲,其他环节由州政府和培训机构实施。通过这些努力,最终形成了世界著名的 TAFE 职业教育模式。[①]

TAFE 是 Technical and Further Education 的简称,意思是技术和继续教育,它是澳大利亚职业教育的主要组成部分,具有代表性。此外还有一些其他的

---

① 顾卫杰:《澳大利亚职业教育师资队伍建设的经验与启示》,《职业教育研究》2014 年第 1 期。

部门提供职业技术教育,比如普通高校的职业教育和私立的高等职业教育培训机构等,但 TAFE 占据了其中的绝对地位。澳大利亚目前共有 TAFE 学院 200 多所,进入澳大利亚 TAFE 学习的学生占 70%,在校生人数约为 130 万。[①]

(二) 澳大利亚职业教育的特点

(1) 专业课程设置灵活。TAFE 在专业和课程设置上注重市场化导向,紧紧瞄准市场需求开设专业和设置课程,这得益于其设置的全国性资格教育体系以及相应的培训包的灵活性,使得专业和课程都能得到学生的认同。

(2) 授课灵活方便。澳大利亚的职业教育教学方式灵活,可以是全日制也可以是业余制,白天、晚上、周末都有相应的课程,甚至授课时间可以和教师商定等。比如南阿德莱德学院,该学院由北区学院、南区学院和边远地区学院三家独立运行的机构共 77 个教学点组成,南阿德莱德学院在其 77 个校区开设超过 800 门课程。学院的校区从阿德雷德市中心穿过市郊,绵延至南澳市区和乡村的北部、东南部和西部,覆盖整个海岸、河流、工业区、农场和葡萄园直到内陆,进入市郊和城区。[②]

(3) 职教师资专业化。澳大利亚的专任职业教育师资主要由大学培养。澳大利亚的大学通常采取"端连法",即先开设三年的专业学位课程,再开设一年的教育专业课程(又叫"教育证书"课)的方式来担负培养专任职业教育师资的职责。采用"端连法"培养专任职业教育师资的最大优点在于避免了学生在大学生涯一开始时就必须埋头学习教育专业课程。对于部分学生来说,"端连法"是最适宜的师资培养途径。近十多年来,师范教育专家们对"端连法"提出了异议,建议应同高等教育学院一样采取"平行法",即教育专业课程和专业学位课程同时开设。[③]

(4) 注重实践教学。TAFE 在教学要求上弱化理论的考核,如果考核不过关,可以采取补习以及面试等方式,以较为简易的方式来考核,从而弱化了对理论的学习。但在实践能力考核上则比较严格,包括通过观察测试、现场实际操作、仿真模拟分析、工件制作等方式,结合"培训包"的教学内容和国家职业资格

①　王旭善等:《高职教育发展战略研究——学习型社会视域中的高职教育》,高等教育出版社 2008 年版,第 129 页。
②　顾卫杰:《澳大利亚职业教育师资队伍建设的经验与启示》,《职业教育研究》2014 年第 1 期。
③　黄日强、邓志军:《澳大利亚职业教育的师资队伍建设》,《河南职业技术师范学院学报》2003 年第 1 期。

的要求,进行权威、严格、公正的评价。这种教学导向对教学内容、教学方法以及教师的实践教学能力与之相适应等方面都提出了明确要求。

二、澳大利亚职业教育师资情况

(一)澳大利亚职业教育教师资格

澳大利亚教师的职业标准由澳洲教育部制定,其目的是通过建立全国性的教师资格标准,使教师有相应的对照,能自我反省和提升,不断完善教学理论和相关技能。标准由三个领域的七项内容组成,分别是:(1)专业知识领域:熟知学生以及了解学生如何学习,熟知教学内容及教学方法,计划及实施教学及学习;(2)专业实践:为学生创设安全的学习环境,测试并提供学生学习的反馈报告,从事专业学习;(3)教学科研活动:与同事、学生及家长或者监护人以及社区进行专业互动。

澳大利亚职教师资采用聘任制。TAFE 学院对教师的任用资格有严格的规定,其专职教师一般不从毕业生中招聘,其最主要的来源是具有实践经验的专业技术人员,其招聘工作由各个学校自己组织进行,并成立由三部分人员所组成的评估小组:一是行业、企业的专业人士;二是政府的行政管理人员;三是学校的专业教师。评估小组对教师任职资格进行全面考核,以保证入职教师的素质符合要求。专职教师从业资格一是具有相关专业大专以上文凭和教师资格证书;二是具有澳大利亚教师认证体系中的四级资格证书;三是具备 3 至 5 年的行业工作经历。[①] 保证教师既具有所授专业的学位证书,又有教育专业的文凭,此外还有行业培训证书,这样的聘用制度,保证了 TAFE 学院的教师既能胜任教学,又能胜任训练,这样就真正满足了高职教育培养具有较强实践技能的应用性人才的办学目标,形成了一支综合素质较高的"双师型"教师队伍。[②]

澳大利亚非常重视对高等职业教育师资的准入,规定所有高等职业学校教师必须获得高等职业教育教师资格证书。该证书要求的能力和素质如下:(1)教学环境的安排和安全性:要求教师树立预先安排教学环境的能力,同时要求教师具备安全意识;(2)实践课程(工作程序教学法)的教学设计和能力:注重培养教师实践课程的教学设计和教学能力,重点是培训教师具备机器设备操作的教学

---

① 党涵:《澳大利亚职教师资培养培训的经验与启示》,《职业技术教育》2012 年第 12 期。

② 谭镜星:《澳大利亚 TAFE 学院对我国师资队伍建设的启示》,《邵阳学院学报》2006 年第 5 期。

能力；（3）课堂教学能力的培养和提升：讨论如何解决发生在课堂中的难题；（4）成绩考核能力的培养和提升：成绩考核的可靠性、成绩考核的灵活性、成绩考核的公正性、成绩考核的有效性；（5）专业教学体系认知的培养和提升：熟悉并掌握政府设定的职业资格体系和教学能力标准，作为专业教学的基础并应用于指导专业教学。[①]

（二）澳大利亚职业教育教师素质的提升

澳大利亚高职师资的发展重点不是过分突出教师的学历和职称，而是鼓励教师紧跟行业技术发展的步伐，并成为终身学习者。起初，在国家培训局下有一个国家师资发展委员会，该委员会负责高职教师培训需求的分析、制定培训方案、为国家制定职教师资建设政策提供建议，同时促进地区间和各高职学校间的师资发展联系、培训工作。1996 年该委员会正式解散，目的是促使各高职学院承担起培训培养其师资力量的重任。澳大利亚教育部也对各职业学院的师资发展进行监控，所有的监控都依据澳大利亚质量培训框架进行，该框架从政府层面对所有高职学院和其他职业教育注册培训机构办学资格、办学原则、质量评估等方面做出了较为具体的规定。[②] 澳大利亚按照教师发展的不同阶段，将其职业生涯划分为四个阶段：毕业生阶段、胜任阶段、高度熟练阶段和领导阶段。这四个阶段代表教师专业知识、专业实践和教研科研活动的不同层次，并且每一个层次都有职业标准要求。四个阶段的划分有助于教师管理及教师职业的健康持续性发展。[③] 各个职业院校的教师每周应当在企业内兼职工作 10 小时，以保证师资队伍的质量，做到学校与企业、行业的深度沟通。此外还要接受国家培训包的培训并考核，教师培训和资格认证的课程设置、标准都涵盖在"培训包"之中。澳大利亚政府对从事教师行业的人群制定了 8 个培训包，分别是小组培训、系列培训授课计划、培训的实施、培训的设计与筹划、培训的评审、考评的准备、考评的实施以及考评的评审。这 8 个培训包的考核分 8 次进行，考核紧跟培训包的进度。[④]

当前 TAFE 中教师持有四级资格的教师比例仅为 60％，但人们对作为职教

---

① 王劲羽：《高职院校教师培训的比较研究——澳大利亚高职教师资格证书培训的研究与探索》，《山东商业职业技术学院学报》2012 年第 5 期。

② 廖波光：《澳大利亚职教师资体系的特点及其对我国高职师资培养的启示》，《广西教育》2011 年第 5 期。

③ 张正平：《澳大利亚教师职业标准与职业教育学院教师准入资质探讨》，《武汉船舶职业技术学院学报》2014 年第 2 期。

④ 党涵：《澳大利亚职教师资培养培训的经验与启示》，《职业技术教育》2012 年第 12 期。

教师,尤其是 TAFE 教师的最低资格还是提出了质疑。他们认为 TAFE 教师应该具有更高的教学技能水平以及促进 TAFE 向更现代化方向发展的能力。对澳大利亚劳动力市场和经济发展趋势的分析表明,能力本位培训的采用、产业界普遍的产品升级和服务标准的提高等对职业教育与培训教师提出了更高的要求,他们所需要掌握的知识和技能已经超过了澳大利亚资格框架的四级标准。如 TAFE 教师应具有更广泛、协调一致的理论和实践基础,具有分析、鉴定信息以解决不可预知的复杂问题的能力,有较好的判断力和责任感,而四级资格所要求的较窄的知识基础和技能应用能力更加适合于简单的工作任务以及传统的教学模式。目前有 15 所学校参与到师资培训中,以学科和理论为基础的高等教育向职教教师传授的是一个完整的知识体系,并且要求更高的资格。①

---

① 　张燕:《澳大利亚职教师资队伍的特点及其面临的挑战》,《天津职业技术师范大学学报》2013 年第 1 期。

第三章｜国内高职院校师资队伍建设培养基本状况调查

第一节　高职教师专业发展水平与特征的比较分析
——基于江苏 7 所示范高职学院人才培养质量年度报告的分析

　　高职院校人才培养质量报告发布已趋制度化、常态化,越来越多的高职院校已把教师专业化作为学校发展的重要价值取向。教师专业发展水平与特征成为当前高等教育界共同关注的热点话题。本研究采用文本分析法,依托人才培养质量年度报告中的数据,分析江苏 7 所示范高职院校教师专业发展的全面性及差异。研究发现,前者可以归纳为:生师比呈逐年缓慢下降趋势,专任教师学位结构趋向高学历化,高级职称晋级缓慢。后者表现为促进高职教师专业发展路向多重。从教师"双师"素质、教师国际化、校外兼职教师、高层次人才、工程实践能力等五个维度入手,解决高层次人才、高水平师资、教学能力、政策环境等四个方面问题。研究还为高职教师专业发展提升给出了路径选择。

一、研究设计

　　教师是提高高职教育质量的重要保证和核心力量。从 2011 年到 2018 年 7 所国家示范高职院校发布的人才培养质量报告(简称《质量报告》)看出,越来越多的学校已把教师专业化作为学校发展的重要价值取向,纷纷加大对教师专业发展的描述笔墨,将其作为提高学生质量水平的主要推手而置于特殊优先的地位。教师专业发展水平如何、存在哪些特征问题以及如何更好地提升教师专业能力,已成为高职院校研究关注的新焦点。国家示范高职院校作为高职教育改革发展的"领头羊",在教师专业发展领域也取得了值得关注的新经验。依托质量报告对教师专业发展进行数据分析,获取解决教师专业发展存在的问题,对提升高职教师专业发展大有裨益。

(一)研究对象和研究内容

本书的研究对象选取的是江苏 7 所示范高职院校《质量报告》。选择示范高职院校出于以下两个原因:其一,人才培养质量报告制度是现代高等教育管理制度的重要组成部分,是高等院校履行社会职责,提高竞争力和质量意识的重要环节;其二,7 所示范高职院校作为江苏省高职教师专业发展实践的"先锋",进行教师专业发展竞争性优势分析,对院校高层决策者确定教师专业发展战略方向、制订战略计划,具有重要参考价值。

笔者以"教师"为关键词分别搜索来自常州信息职业技术学院、江苏建筑职业技术学院、江苏农林职业技术学院、南京工业职业技术学院、江苏工程职业技术学院、苏州工业园区职业技术学院、无锡职业技术学院等 7 所院校(2013、2015、2017、2018 年度)《质量报告》文本,参考澳大利亚和美国相关研究成果,对《质量报告》文本进行以下教师专业发展的 8 个变量的扫描:生师比、专任教师学位结构、专任教师职称结构、教师队伍结构、"双师型"教师、师资队伍建设经费投入、专任教师培训比例及类型、高职教师专业发展存在问题与应对。

(二)研究方法

本研究首先采用文本分析法,全面分析《高等职业教育人才培养质量年报》文本中关于教师专业发展的内容维度;进而采用定量分析方法,深入探析全体文本的差异与共性。

二、研究结果和分析

(一)生师比下降

生师比是衡量高校办学水平是否合格的重要指标,体现高校人力资源利用效率,也从一个侧面反映了高校的办学质量。以 2004 年教育部颁布的高职高专院校人才培养工作水平评估方案规定的生师比优秀标准(数值为不高于 16)看,表 3-1 数据显示,2017 年度除苏州工业园区职业技术学院 1 所院校超过 16 外,其他 6 所学校均属于优秀范围内。从增量比较看,7 所院校生师比均有下降,其中常州信息职业技术学院降低幅度最大,为 2.37。表 3-1 统计显示,2012 年至 2017 年,江苏省 7 所示范高职院校平均生师比呈下降趋势,教师资源配置较合理。

表 3-1　生师比变化趋势统计①

文本序号	2012 年度	2014 年度	2016 年度	2017 年度	增量
1　常州信息职业技术学院	15.28	14.65	16.33	12.91	-2.37
2　江苏建筑职业技术学院	16.71	16.21	16.39	15.63	-1.08
3　江苏农林职业技术学院	—	14.74	15.08	14.08	-0.66
4　南京工业职业技术学院	15.82	15.76	15.67	15.55	-0.27
5　江苏工程职业技术学院	15.57	14.58	14.14	14.12	-1.45
6　苏州工业园区职业技术学院	17.33	17.46	18.69	16.65	-0.68
7　无锡职业技术学院	15.40	15.40	15.01	15.01	-0.39

本表及以下各表根据各校《质量报告》内容自行计算整理。"—"表示未检索到。下同。

(二) 专任教师学位结构总体改善显著

2012 年至 2017 年,根据表 3-2 数据计算,6 所学校专任教师中硕博比例均有不同程度提高,其中常州信息职业技术学院专任教师硕博比例增长最高,增长幅度达 28.82%,苏州工业园区职业技术学院呈负增长。2017 年 7 所学校专任教师硕博比例均值是 70.11%,位于均值以上有 5 所,分别为常州信息职业技术学院、江苏建筑职业技术学院、南京工业职业技术学院、江苏工程职业技术学院、无锡职业技术学院,其中以常州信息职业技术学院专任教师硕博比例最高,达到 77.24%。位于均值以下有 2 所:江苏农林职业技术学院、苏州工业园区职业技术学院,其中苏州工业园区职业技术学院专任教师硕博比例最低,为 45.27%。

---

① http://61.164.87.131/web/rcpy/articleview_sch.aspx? id=315.

表 3-2 专任教师学位结构统计

文本序号	年度	比例（%）			
		博士	硕士	学士	其他
1 常州信息职业技术学院	增长率	4.42	24.4		
	2017	6.10	71.14	19.72	3.04
	2016	4.82	64.15	21.38	9.64
	2014	4.00	49.89	34.95	11.16
	2012	1.68	46.74	42.74	8.84
2 江苏建筑职业技术学院	增长率	1.2	5.84		
	2017	—	—	—	
	2016	4.0	71.00	25.00	
	2014	2.60	45.30	52.10	
	2012	2.8	65.16	32.04	
3 江苏农林职业技术学院	增长率	9.13			
	2017	7.41	58.72	19.64	14.23
	2016	6.88	56.48	22.47	14.17
	2014	6.84	54.42	30.48	8.26
	2012	57		43	
4 南京工业职业技术学院	增长率	7.85			
	2017	—		—	
	2016	76.5		23.5	
	2014	5.28	66.92	27.80	
	2012	3.7	64.95	31.35	
5 江苏工程职业技术学院	增长率	10.48			
	2017	74.53		—	
	2016	74.28		25.72	
	2014	65.84		34.16	
	2012	64.05		35.95	
6 苏州工业园区职业技术学院	增长率	−1.7	−18.93		
	2017	1.99	43.28	53.73	1.00

（续表）

文本序号	年度	比例（%）			
		博士	硕士	学士	其他
	2016	17.5	64.29	18.21	
	2014	4.37	63.76	23.58	8.73
	2012	3.69	62.21	24.88	9.22
7　无锡职业技术学院	增长率	7.52	13.57		
	2017	—	—	—	
	2016	13.8	62.31	22.03	
	2014	9.0	49.60	58.64	
	2012	6.28	48.74	44.95	

（三）专任教师高级职称比例提升显著

根据表 3-3 计算，2012 年至 2014 年，专任教师高级职称总体比例平均下滑 14.61%。其中常州信息职业技术学院、江苏建筑职业技术学院、江苏工程职业技术学院、无锡职业技术学院等 4 所出现负增长，无锡职业技术学院降低最大，降低了 11.79%。苏州工业园区职业技术学院、江苏农林职业技术学院、南京工业职业技术学院等 3 所位于增长行列，南京工业职业技术学院增长最大，增加了 3.27%。2012 年至 2017 年的 5 年间，7 所院校专任教师中高级职称比例平均增长 4.49%，位于均值以上的有 4 所：常州信息职业技术学院、江苏农林职业技术学院、南京工业职业技术学院、苏州工业园区职业技术学院；位于均值以下的有 3 所：江苏建筑职业技术学院、江苏工程职业技术学院、无锡职业技术学院，其中江苏建筑职业技术学院 5 年间负增长，比 2012 年降低了 6.4%。

表 3-3　专任教师高级职称统计（%）

文本序号	2012 年度	2014 年度	2016 年度	2017 年度	2012—2017 增量
1　常州信息职业技术学院	33.89	33.03	37.53	44.51	10.62
2　江苏建筑职业技术学院	41.40	32.70	46.00	35.00	-6.4
3　江苏农林职业技术学院	27.00	30.20	32.79	33.47	6.47
4　南京工业职业技术学院	34.50	37.77	41.91	—	7.41
5　江苏工程职业技术学院	36.46	35.41	37.62	39.86	3.4
6　苏州工业园区职业技术学院	33.18	34.50	39.11	39.30	6.12
7　无锡职业技术学院	33.17	21.38	37.01	—	3.84

（四）教师队伍结构调整优化悄然进行

2012 年至 2017 年，校内专任教师的数量，除苏州工业园区职业技术学院减少外，其他 6 所均增加，其中江苏农林职业技术学院增加最多，增加了 164 人；校外兼职兼课的教师数量，江苏工程职业技术学院、苏州工业园区职业技术学院有所增加，江苏工程职业技术学院增加最多，常州信息职业技术学院、江苏建筑职业技术学院、江苏农林职业技术学院均有所减少，南京工业职业技术学院和无锡职业技术学院数据不全。表明 7 所学校调整教师队伍结构的策略有所不同（见表 3-4）。

表 3-4 教师队伍结构（折算数）统计（人）

文本序号		专兼职教师	校内专任教师	校内兼课	校外兼职教师	校外兼课教师
1 常州信息职业技术学院	2017	1099	492	48	543	16
	2016	1 261	477	206	517	61
	2014	1 306	475	174	573	84
	2012	1 237	475	160	541	61
2 江苏建筑职业技术学院	2017	830	581	17	224	8
	2016	735	580	—	155	—
	2014	879	541	333		
	2012	822	531	291		
3 江苏农林职业技术学院	2017	841	499	65	358	
	2016	936	494	55	387	
	2014	829	351	64	330	84
	2012	706	335	371		
4 南京工业职业技术学院	2017	795	604	—	—	—
	2016	796	575			
	2014	784	511	42	183	48
	2012	763	505	—	225	—
5 江苏工程职业技术学院	2017	818	424	35	335	24
	2016	829	420	38	344	27
	2014	653	401	16	226	10
	2012	580	395	—	152	—

（续表）

文本序号		专兼职教师	校内专任教师	校内兼课	校外兼职教师	校外兼课教师
6 苏州工业园区职业技术学院	2017	324	201	25	57	41
	2016	309	202	11	55	41
	2014	320	229	15	39	37
	2012	320	217	7	69	27
7 无锡职业技术学院	2017	773	582	—	—	—
	2016	大于881	581	大于300		
	2014	764	411	353		
	2012	761	398	363		

（五）"双师型"教师队伍建设总体加强

2012年至2017年,7所学校"双师型"教师比例平均提高6.83%,总体呈上升趋势,除苏州工业园区职业技术学院、无锡职业技术学院"双师型"教师比例降低,其中苏州工业园区职业技术学院降低了8.44个百分点外,其他5所学校"双师型"教师比例均有所提高,江苏建筑职业技术学院增长率为23.24%,位居首位(见表3-5)。

表3-5　"双师型"教师比例统计(%)

文本序号	2012	2014	2016	2017	增量
1 常州信息职业技术学院	78.11	78.11	80.29	87.80	9.69
2 江苏建筑职业技术学院	69.70	88.20	86.80	92.94	23.24
3 江苏农林职业技术学院	80.30	83.20	89.07	89.38	9.08
4 南京工业职业技术学院	79.45	80.04	90.09	90.56	11.11
5 江苏工程职业技术学院	80.00	83.04	82.38	87.50	7.50
6 苏州工业园区职业技术学院	81.57	79.48	71.29	73.13	−8.44
7 无锡职业技术学院	87.33	86.24	82.62	82.99	−4.34

（六）师资队伍建设经费投入总体减少

2016年至2017年,常州信息职业技术学院文本数据不足,无法参加比较,另6所学校师资队伍建设经费投入占办学经费总支出比例平均减少0.39%,除南京工业职业技术学院增加1.03%,无锡职业技术学院投入保持不变外,其他4

所学校均有所减少,尤其是苏州工业园区职业技术学院减少了2.53%(见表3-6)。

表3-6 师资队伍建设经费投入占办学经费总支出比例统计(%)

	文本序号	2012年度	2014年度	2016年度	2017年度	2016—2017增量
1	常州信息职业技术学院	2	3	2.62	—	—
2	江苏建筑职业技术学院	2.03	2.62	2.58	2.26	-0.32
3	江苏农林职业技术学院	—	—	1.37	1.00	-0.37
4	南京工业职业技术学院	—	—	2.94	3.97	1.03
5	江苏工程职业技术学院	0.94	1.00	1.59	1.42	-0.17
6	苏州工业园区职业技术学院	0.72	0.95	3.74	1.21	-2.53
7	无锡职业技术学院	3.10	3.00	2.00	2.00	0

(七)教师培养多重路向

在教师培养制度方面,教师的专业化培养已经成为7所学校教师发展的基本趋势之一。除了以境外进修、国内访问学者、国家级省级培训、网络课程培训、新教师培训为主的"教师教育模式",以学历进修为主的"专业发展持续模式",以专业实践进修为主的"校企联合培养模式"外,7所学校结合各自实际情况,在实践层面上,教师培训出现了多种模式的创新。《质量报告》显示:

常州信息职业技术学院:标准本位。制定通用性教学能力标准及分类性教学能力标准,对青年教师进行教学能力提升培训及测评。根据教学能力标准中的要点,参训教师进行对照检查,客观分析自身在教学中存在的薄弱环节,填写相关表格,明确提出需要提升的内容、希望接受的指导。学院聘请院内外专家开展教师教学能力提升的各类讲座,结合教学能力标准和学员自我剖析情况,以统分结合为原则,通过合适的菜单组合,为每位学员量身定制培训计划。培训结束后,对每位参训教师进行教学设计能力与课堂教学能力的测评。

江苏建筑职业技术学院:"教师专业与个人发展配套模式"。从教师专业发展理论研究出发,实施"二维四梯度"建设,注重师资的有序培养。对课程教师、骨干教师、专业(课程)负责人、专业带头人(学科带头人)进行有序的选拔与培养,逐步形成了"教师专业与个人发展配套模式"。促使教师形成追求卓越的心理氛围,激发教师的工作热情;创设吸引、留住人才的制度和环境,体现教师的价值。

　　江苏农林职业技术学院:基于协同创新机制。以现代农业科技示范园区建设为平台,依托专业优势,将现代工业技术嫁接现代农业,专业教师在农林传统产业转型升级中寻找切入点,将专业知识服务现代农业,在服务现代农业中显身手,出成果,仅农业智能化装备创新一个团队,在核心期刊发表论文 15 篇,申报专利 8 项。

　　南京工业职业技术学院:多层次。对新分配进校的教师第一年跟班听课在岗研修;借助兼职教师培训基地、"双师"型教师培训基地、教师工作站等平台,与企业联合培养"双师"型教师;对学校教师全面进行教学信息化的培训;对骨干教师进行数字化资源建设、信息化教学设计、微课制作培训;对指导学生创新创业的师资进行培训;对专业教师进行职业技能鉴定机构考评员培训。

　　江苏工程职业技术学院:训练指导。利用暑期对教师进行校本教师教学能力专题培训,围绕"如何做一名称职的职业院校教师"和"教学沟通的理论与实践",开展"什么是一门好课,怎样教好一门课"、"课程设计"、"说课"、"示范课观摩"等专题培训和研讨。将信息技术能力和信息化教学能力纳入新教师培训,并以赛带培进行"微课"专题培训。

　　苏州工业园区职业技术学院:四化。以"制度化"为着力点,借助"企业工程师招聘计划"、"企业访问工程师计划"、"校内讲师工程师互转计划"、"校企讲师工程师互聘计划"、"全员海外项目制培训计划"、"教师职业能力培训计划",培养教师的"工程化"、"职业化"和"国际化"背景,与跨国公司开展校企讲师工程师互聘方面的合作,使 40%的核心专业课教师能开设双语课程,打造了一支具有国际化视野的双师队伍。

　　无锡职业技术学院:国际化发展战略。实施教育国际化发展战略,建设对外交流与合作平台。作为中国第一个社区学院国际发展协会(CCID,总部设在美国)成员学校,与其他 CCID 成员学校建立了良好的交流与合作关系,在教师培训方面开展广泛合作,扩大了学校的国际影响。2012 年,经 CCID 董事会授权,无锡职业技术学院牵头组建 CCID 中国分会,以增强亚洲各国高职教育的交流互动。学校坚持以美国社区学院国际发展联盟为对外交流的主要平台,积极拓展对外交流合作渠道,实现与境外优质职业院校互派师资,拓宽师生视野,在更高平台上提升国际合作交流水平。2016 年,专任教师服务"走出去"企业国(境)外指导时间 60 人日,在国(境)外组织担任职务的专任教师 5 人,开发国(境)外认可的行业或专业教学标准 5 个。

三、高职教师专业发展存在问题及应对策略

(一) 高职教师专业发展存在问题

高层次人才、高水平师资、教学能力、政策环境等四个方面是高职学院师资队伍建设急需解决的问题。从高职教师专业发展阶段看：专家教师、领导教师阶段的高层次人才引进困难,阻碍了高水平师资建设的进程。从教师专业发展内容维度看：提高以教学能力为主的专业知识,特别是实践教学能力和服务社会能力是首要任务。从教师专业发展外部环境教师激励方面看：政策环境的改善问题可能是导致人才流失的主要原因(见图 3-1)。

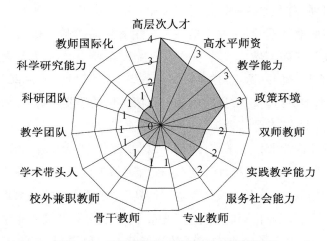

图 3-1　高职教师专业发展存在问题示意

从双师教师、教师国际化、校外兼职教师、高层次人才、工程实践能力等维度入手,积极应对问题。促进教师专业发展是 7 所学校在内外部复杂环境中回应社会挑战,赢得自身发展空间和资源的关键策略性手段之一。继续强化双师教师的建设,尤其是工程实践能力的培养刻不容缓,加大高层次人才的引进,对建设高水平师资队伍至关重要,这种“外引内培”的策略是当前教师专业发展的主要趋势。充分发挥校外兼职教师教学群体的作用也不容忽视。同时加大教师国际化视野的战略,是高职院校应对教育全球化的积极响应(见图 3-2)。

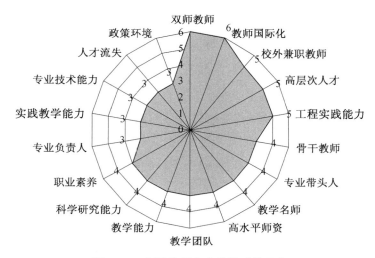

图 3 - 2　高职教师专业发展对策示意

（二）高职教师专业发展的启示和借鉴

经济全球化背景下教师发展面临着新的挑战，高职教育领域要在教育国际化视角下，培养教师的职业素养，提高教师的知识和技能。以上 7 所高职示范院校在促进教师专业发展方面的路径和方法各具特色，值得彼此借鉴。

第一，学校要引导教师对自己的职业生涯根据不同时期不同需求进行合理规划和管理。把对教学、科研等方面的外界要求与教师自主发展的内在需求、愿望相结合，激发教师自主意识和个体内在潜能，自觉主动追求作为教师职业人的人生意义与价值，从而增加教师专业发展的收益。学校需要一套能充分考虑教师的差异性和发展性，变单一标准为多元的价值判断标准，并使不同阶段的教师从中获得具体的自我评价和参照，明确自我发展的路径。

第二，建立以学校为主导、科学研究和专业建设为载体，教师为中心的国际交流机制与制度体系，深入开展与海外高校在科学研究、专业建设、学生联合培养、教师培养培训等多领域合作，逐步形成能够承担国际教学的专业教学团队，全面提升师资队伍的国际化水平。

第三，省级教育管理部门改革师资培训机制，建立一个收集、贮存、使用教师发展主要评估指标数据的信息系统，以此制定教师专业发展标准，改进师资培训课程，提高培训的有效性。

第四，在国家政策层面，制定《高校教师专业标准》，推广高职院校具有特色的教师发展模式和经验互享平台。

第二节　典型院校教师专业发展状况调查与分析
——江苏建筑职业技术学院个案剖析

　　教师专业发展已成为国际教师教育改革的趋势，是当前中国高职教育教学改革实践最为关注的课题，也是未来高职院校发展的核心问题。教育部印发的《高等职业教育创新发展行动计划（2015—2018 年）》明确指出，到 2018 年，专科层次职业教育在校生将达到 1420 万人，接受本科层次职业教育学生也将达到一定规模。高职教育已占整个高等教育规模的 40%[①]，如何培养符合社会发展要求的高素质人才，教师专业水平的高低是直接影响其教育质量的关键因素。高职院校教师专业发展旨在通过对教师专业意识的养成和专业素质的培养来促进教学能力的发展与提升。[②] 伴随着高职教育的发展和变革，高职院校教师专业发展是一个内涵不断获得丰富和充实的过程。自 2008 年成为国家示范高职院校以来，江苏建筑职业技术学院在办学实践中，教师发展由"教师培训"转变为"教师专业发展"，从"经师"转移到"双师"，从学术性知识转向实践性知识，培养模式从"双元"转向"三元"，培训途径从封闭单一转向开放多样，发展评价从学历达标转向自我评价，逐步形成了"二维四梯度"教师有序培养的模式与路径。课题组完成了基于院校层面的教师专业发展状况调查，为学校政策制定者、职业教育研究者和职能部门提供可靠而具有实证意义的信息。本研究依据"选拔与培养"、"支持与发展"两个维度，划分师资队伍培养的"四梯度"，采用聚类分析方法经多阶分层不等概率抽样，对包括不同梯度的课程教师、骨干教师、专业负责人、专业带头人和学科带头人在内的高职院校专任教师 78 人进行了问卷调查。调查内容包括教师的一般信息、教学与专业学术及科学研究、教师培训与专业发展、教师工作状况四个方面。研究的主要问题是现行的高职院校专业发展政策与高职教师专业发展状况之间的关系，由此深入了解和分析高职教师专业发展的现状与存在问题，掌握教师专业发展的需求，教师对工作环境、学校管理、学校教师发展政策的要求和看法。

---

① http://www.moe.gov.cn/jyb_xwfb/s5147/201509/t20150916_208383.html.
② 叶小明：《高职院校教师专业发展的特点与趋势研究》，《中国高教研究》2007 年第 12 期。

一、调查设计与实施

学校现有教职员工 755 人,专任教师 581 人,其中正高职称 56 人、副高职称 258 人,硕士及以上学位教师 495 人;拥有 4 个国家级、省级优秀教学团队,5 名国家级、省级教学名师;3 个省"青蓝工程"科技创新团队,4 个省"六大人才高峰"高层次人才培养学术团队。学校连续 4 次被表彰为江苏省师资队伍建设工作先进高校,是国家高职高专院校师资培训基地、教育部高职高专土建类专业教学指导委员会副主任委员单位。① 根据前期严格科学的抽样,以及后期精确计算出来的各级权重,本研究的 78 个样本数据,能够用以反映本校 581 名专任教师的总体情况。

二、调查结论

（一）教师发展评价

一是教师教龄结构趋向年轻化,学历层次集中于硕士学位,高学位拥有率低,教师晋升高级职称的压力大。从全校范围来看,年龄 35 岁以下 29%,36～40 岁占 20%,41～50 岁占 34%,50 岁以上占 17%。硕士学位教师高达 71%,博士仅为 4%,高学历教师少。讲师占 54%,副教授以上比例为 38%,正高职称占 8%,表明职称结构不合理,教师从讲师职称晋升副教授、副高晋升正高职称因职称结构指标的限制使教师的职称晋升压力增大(见图 3-3 至图 3-5)。

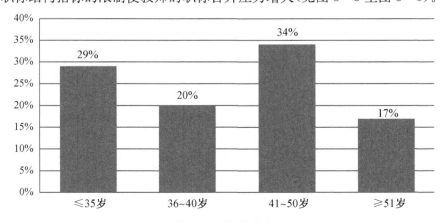

图 3-3　年龄结构

① http://www.jsjzi.edu.cn/s/2/t/752/p/1/c/3157/d/3167/list.htm.

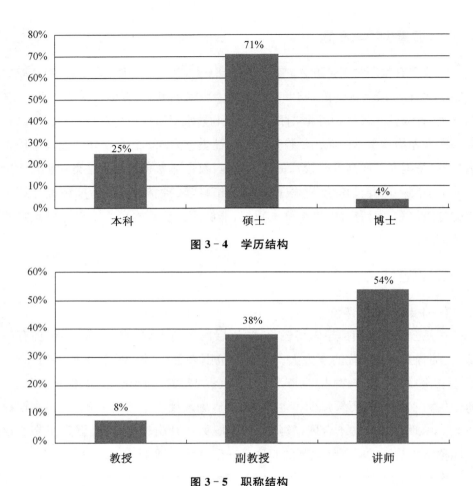

图 3-4　学历结构

图 3-5　职称结构

　　二是教师对自己目前的教学水平满意度比较均衡。4.2%教师表示不太满意，33.8%教师表示中等，56.3%教师表示比较满意，5.6%教师表示非常满意，基本呈现正态分布情形（见图 3-6）。

　　三是教师对教学水平的进一步提升抱有乐观态度。从调查结果看，7.0%教师表示不太好说，55%教师表示比较有信心，38.0%教师表示很有信心（见图 3-7）。

　　四是教师教学反思状况好。从课程结束后，投入多大精力进行课程总结和改进的调查看：31.0%的教师表示投入很大，54.9%的教师表示投入较大，14.1%的教师表示投入一般（见图 3-8）。

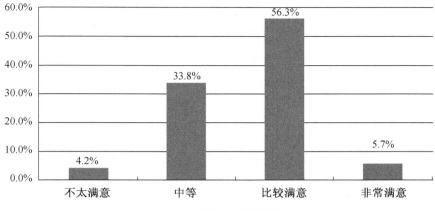

图 3-6 教学水平满意度

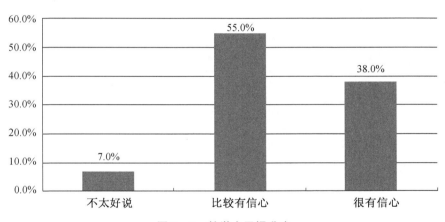

图 3-7 教学水平提升度

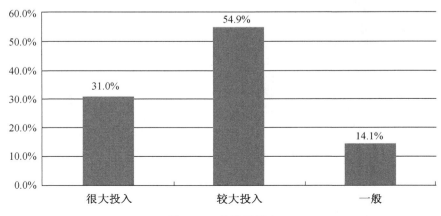

图 3-8 教学反思度

　　五是教师教学工作量大。在本次调查中,排除下现场专业实践、培训、进修等特殊情况,教师目前每周平均教学工作量大约是:少于 10 学时占 14.1％,10～14 学时占 23.9％,15～17 学时占 31.0％,18～20 学时占 9.9％,超过 20 学时占 21.1％(见图 3-9)。62％的教师周学时超过 15 学时;半数以上教师有周工作量超过 20 学时的教学经历。

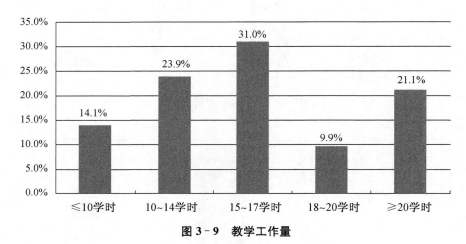

图 3-9　教学工作量

　　六是 74.6％的教师认为周平均工作量不超过 14 学时,最有利于教学效果(见图 3-10)。

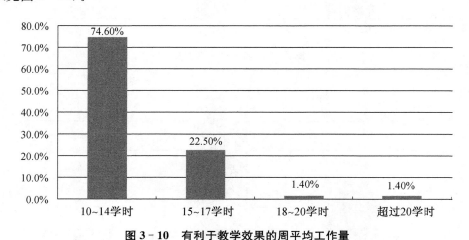

图 3-10　有利于教学效果的周平均工作量

　　七是教师每学期普遍承担课程门次过多。从"教师曾经一学期开设课程最多是几门次"的数据看,开设 1 门的教师有 4.2％,2～3 门的 45.1％,4～5 门的

36.6％,超过 5 门的 14.1％(见图 3－11)。

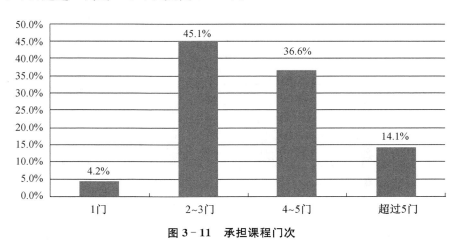

图 3－11 承担课程门次

八是教师心理期望每学期普遍承担课程门次为 1 门~2 门。从"教师觉得每学期承担几门课,最符合实际也最有利于您的教育教学"的角度看:81.7％的教师期望 1 门~2 门,16.9％的教师期望 3 门,1.4％的期望 4 门(见图 3－12)。

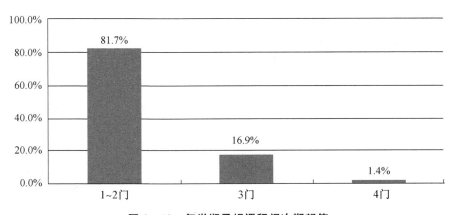

图 3－12 每学期承担课程门次期望值

九是教师对教学能力和水平的提升认同度高。从认为"指导教师对新教师教学能力和水平的提升是否重要"看,11.3％的教师选择不太重要,14.1％的教师选择重要,23.9％的教师选择比较重要,50.7％的教师选择非常重要(见图3－13)。

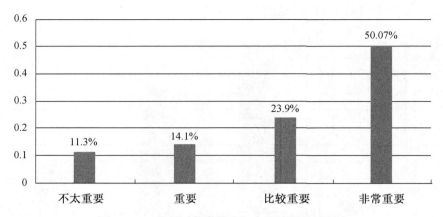

图 3‑13　教师对教学能力和水平的提升认同度

(二) 对指导教师的评价

一是教师认为所在学院普遍重视青年教师的教学成长。94.4％的教师所在学院安排教学指导教师,只有 5.6％的教师所在学院没有安排教学指导教师,这可能只是个别现象(见图 3‑14)。

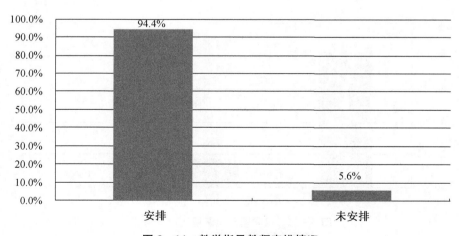

图 3‑14　教学指导教师安排情况

二是指导教师与被指导教师专业对口率为 84.1％。从"指导教师是否和您专业对口"(没有指导教师此项不填)看:有 15.9％的指导教师与被指导教师专业不对口(见图 3‑15)。

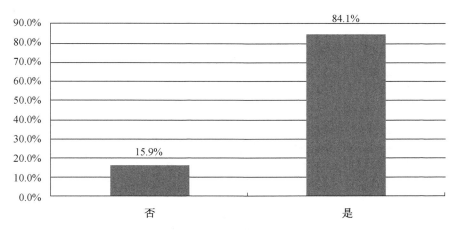

图 3 - 15　指导教师与被指导教师专业对口率

　　三是指导教师与被指导教师教授课程匹配度刚过半。46.4％教师反映指导教师与自己教授不同样课程,53.6％指导教师和自己教授同样课程(见图3 - 16)。

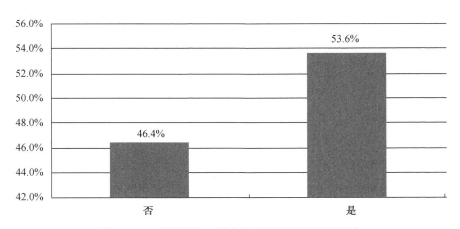

图 3 - 16　指导教师与被指导教师教授课程匹配度

　　四是指导教师指导时间平均不足 1.5 年。指导教师指导时间超过 3 年的为4.4％,3 年的 10.3％,2 年的 17.6％,1 年的 50.1％,少于半年的 13.2％,很少指导为 4.4％。通过权重计算指导教师指导时间平均不足 1.5 年,偏低(见图3 - 17)。

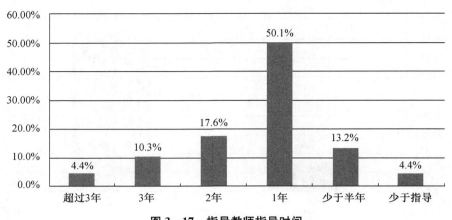

图 3-17　指导教师指导时间

　　五是 75％的教师认为指导教师对提升教学水平帮助作用大(见图 3-18)。

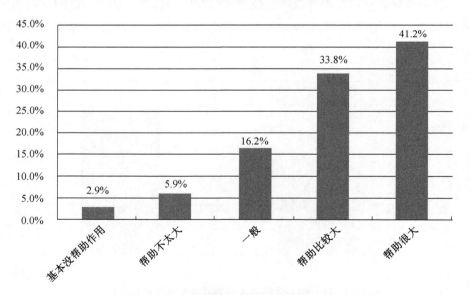

图 3-18　指导教师对提升教学水平帮助度

六是对自己所在学院（部）指导教师给予的教学指导满意度高（见图3-19）。

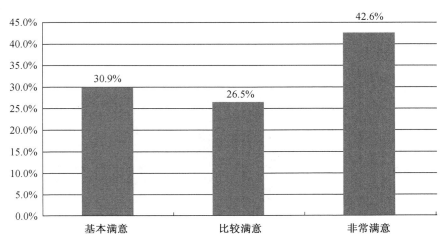

图3-19　指导教师教学指导满意度

（三）对教学科研活动的评价

一是一半以上学院（部、教研室）不定期开展教学研究活动，只有45.4％的受访者选择定期开展该项活动（见图3-20）。

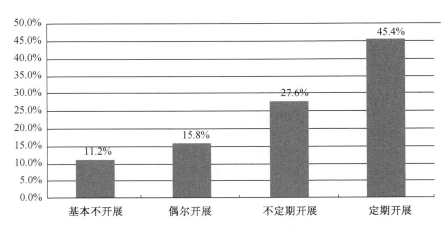

图3-20　开展教学研究活动情况

二是部分学院对青年教师的培养和重视程度不够,根本不重视和不太重视两个选项共占 13.5%(见图 3-21)。

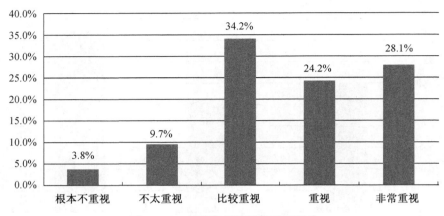

图 3-21 对青年教师培养重视程度

三是 15.8%的二级学院(部)分配课程任务时,不考虑教师的教学能力或倾听教师本人的选课建议(见图 3-22)。

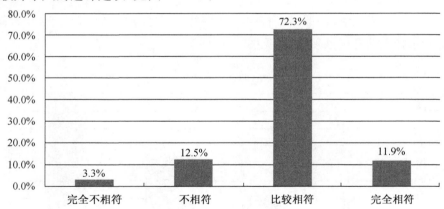

图 3-22 课程任务分配情况

四是认为课程更新慢。从教师所教授的课程类型看:18.3%为新开发的课程,61.9%为固定不变、长期开设的课程,说明课程更新慢(见图3-23)。

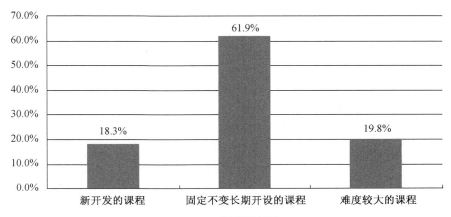

图3-23 课程更新情况

五是不到63%单班教学,难以保证总体教学效果,反证教师数量偏少(见图3-24)。

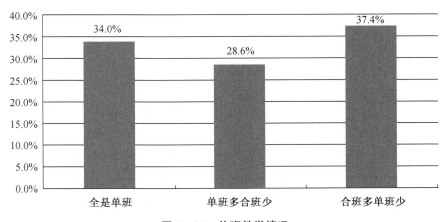

图3-24 单班教学情况

六是72.2%的教师认为单班教学的教学形式更有利于教学水平和教学质量的提升,教学效果好(见图3-25)。

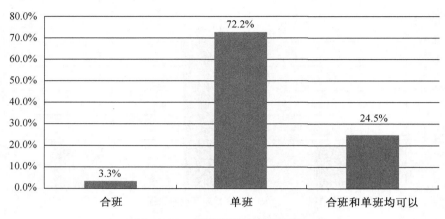

图3-25 单班教学效果反馈情况

(四) 对教学管理的评价

一是82.1%的教师认为,二级学院(部)与加强教学规范相比,能够更加注重教师教学质量(如教学方法、教学内容、教学手段)的提升,说明质量意识还要加强(见图3-26)。

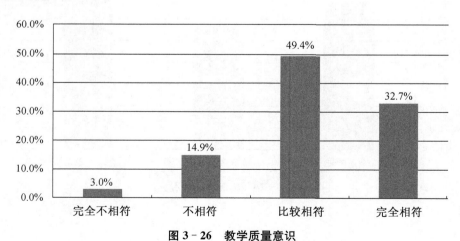

图3-26 教学质量意识

二是15.4％的受访教师对二级学院（部）给本人的教学质量综合评价不认同，说明教学评价体系还不够科学（见图3-27）。

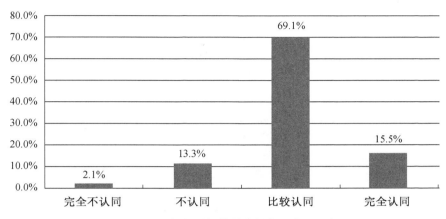

图3-27　教师对教学质量综合评价认同度

三是90％的教师投入在教学工作上的精力超过70％，说明教学工作量偏大（见图3-28）。

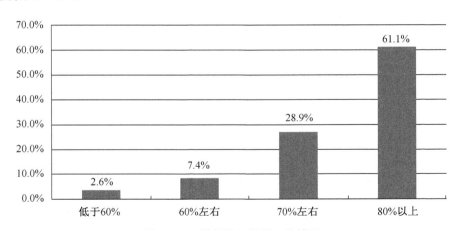

图3-28　教师投入教学工作情况

四是除了教学工作外,56.3％的教师认为班主任工作投入的精力最多,24.3％的教师认为科研投入精力多(见图3-29)。

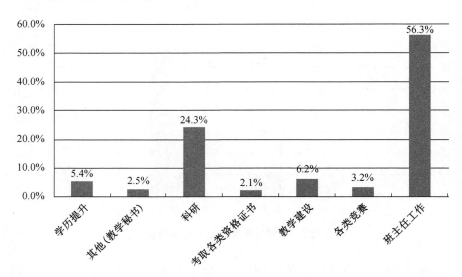

图3-29 教学相关工作投入比例

（五）其他方面的评价

一是44％的教师目前工作时心情不舒畅(见图3-30)。

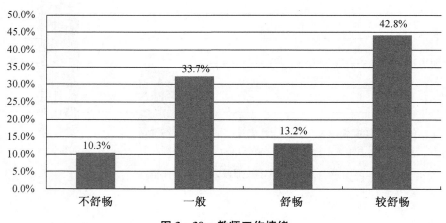

图3-30 教师工作情绪

二是教学工作的压力、科研学术的压力、学生管理的压力、评教考核的压力是教师产生消极情绪的主要来源(见图3-31)。

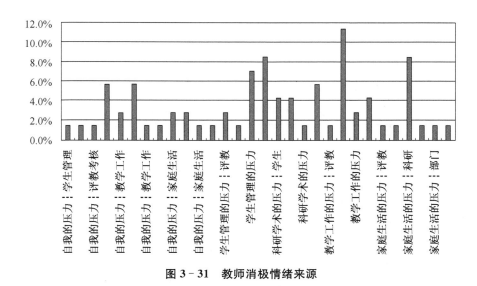

图 3-31 教师消极情绪来源

三是教师对学校在青年教师的重视和培养方面的满意度为 90.1%（见图 3-32）。

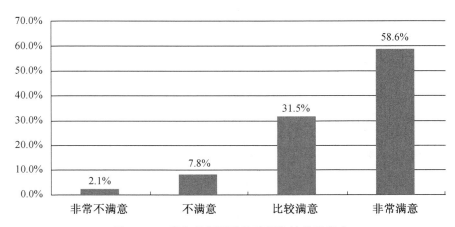

图 3-32 青年教师受学校重视和培养满意度

三、江苏建筑职业技术学院教师发展的质性分析

本研究以江苏建筑职业技术学院责任教师群体为对象，采用问卷调查深度访谈的方法，对当前高职教师关于教师发展的总体现状进行了系统调研，从三个维度系统分析和总结高职院校开展教师发展的总体现状。一是指导教师层面应

在哪些方面改进指导工作？二是二级学院（部）层面在教师培养方面应做哪些改进？三是学校层面应在哪些方面对教师多给予支持？访谈样本包括了23位教师。

（一）参与深度访谈教师的基本信息（如表3－7所示）

表3－7　参与深度访谈教师的基本信息

编号	性别	职称	教龄	学位
1号	男	讲师	10年以上	硕士
2号	男	副教授	10年以上	学士
3号	男	副教授	10年以上	硕士
4号	女	讲师	10年以上	硕士
5号	男	讲师	1年	硕士
6号	女	讲师	1年	博士
7号	男	助教	1年	硕士
8号	女	助教	2年	硕士
9号	女	助教	2年	硕士
10号	女	讲师	2年	博士
11号	男	讲师	2年	博士
12号	女	讲师	3年	硕士
13号	男	助教	3年	硕士
14号	女	讲师	3年	硕士
15号	女	副教授	3年	学士
16号	女	助教	4年	硕士
17号	男	讲师	4年	硕士
18号	女	讲师	4年	硕士
19号	男	讲师	5年	硕士
20号	女	助教	5年	硕士
21号	女	讲师	5年	硕士
22号	女	讲师	6～10年	硕士
23号	男	讲师	6～10年	硕士

(二) 调查结论

1. 指导教师应在哪些方面改进指导工作

(1) 希望给予教学能力提升和学生管理方面更多的指导

1 号:希望指导教师在专业知识、课堂教学方法、课堂教学组织方面给予更多的指导。5 号:我希望指导教师有带班主任的经验,在教学能力和学生管理方面都能给予我指导。6 号:我感到与学生沟通有障碍,想知道现在的学生学习之外喜欢什么,目前学情是怎样的状况,如何因材施教。8 号、9 号:希望手把手指导具体的教学方法,针对具体的教学内容,多给一些教学方法的指导。9 号:如果指导教师能像导师带研究生一样,对新教师进行 3～5 年较长时间指导,从教学、科研和学生管理方面指导,效果会更好。

(2) 希望与指导教师经常沟通

访谈中的教师表述了这一希望。10 号、15 号:青年教师要多听指导教师的课,取长补短,在教学实践中学习提高。11 号、12 号、14 号:希望指导教师多听青年教师的课,了解青年教师的不足,多交流,提出有针对性的意见和建议,师道传承。21 号:指导教师应多听青年教师的课,从课堂中提出问题,并给予指导。22 号:应该多交流备课经验。

(3) 希望指导教师给予教科研指导

访谈中相当一部分受访者都提到了需要指导教科研的愿望。4 号:通过帮带式进行教科研的指导,能够取得很好的效果,带着我们介入教科研项目,而不是仅仅提供资料。6 号:带领青年教师一起做实际项目。16 号、23 号:多指导项目如何申报。18 号:希望指导教师能够从教科研方面帮助青年教师,特别希望指导教师能够在课程开发方面给予指导,或者将我纳入课程建设的团队中,通过参与科研,提升我的教科研能力。19 号:少安排课,在科研方面给予青年教师支持。

(4) 目前指导教师尽职尽责

访谈中教师们表达了类似的观点。1 号、13 号:学校应该给指导老师一定的激励和奖励。6 号:我的指导教师很尽责。15 号、20 号:还不错。16 号:我的指导教师亲力亲为,给我提供了莫大的帮助。17 号:我的指导教师是一位很严谨的教师,给我提出的问题都很中肯,让我学到了很多。18 号:我的指导老师很好、很细心。19 号:指导教师已经做得很好了。23 号:觉得指导教师挺好的。

(5) 希望长时间的指导

访谈中许多教师表达了希望指导教师给予长期指导的要求。13 号:应该更加深入和常态化,不能仅仅满足于岗前培训那一段时间。17号:我希望这个指导是一个长时间的指导,而不是岗前培训结束了就跟着结束。学校要及时督导培训的效果。20号:应当适当延长培训时间,特别是指导教师深入课堂指导的时间要长一些。

(6)针对性配备指导教师

很多教师都表示配备指导教师要考虑专业对口。2号、16号:新老师和指导老师最好能上同一门课,这样能在教学内容、课堂教学组织等方面进行深入具体的指导。5号:必须配备专业指导教师。10号:多给予培养方案、职教特点的指导。20号:多给予专业提升方面的指导。22号:加强专业知识应用的指导。23号:指导教师应在专业建设、教材建设等方面进行多方面的指导。

2. 二级学院(部)层面在青年教师培养和指导方面应做哪些改进

(1)建立教学共同体

访谈中不少教师谈到学院应给青年教师安排适量的教学任务,这样有利于青年教师很好地备课和总结。3号:忙于上课的话,根本没有时间去总结改进,教学质量不太容易提升。9号、22号:希望给青年教师一个成长的过程,先安排青年教师听课学习、去企业专业实践,之后再安排上课。12号、23号:建立教学共同体,定期开展提升教学质量的交流共享活动,谈谈实际的东西,具体到教学内容、教学方法、课堂教学组织和公开课。13号:对于需要丰富实践经验的课程,没有实践经历,有时候比较难驾驭,最好在上课前安排青年教师去企业进行深入的专业实践。新教师实践经验有限,安排的课程最好不需要太多实践经验。17号:二级学院要适当减少青年教师特别是新入职教师的授课量,不妨先精通讲授一到两门课,再增加数量,不要每学期都安排新课。18号、30号:少安排一些课时,多安排集体备课,多组织公开教学。

(2)减少青年教师学生管理工作的负担

访谈中教师感到学生管理工作负担重。2号:青年教师的时间和精力用在学生管理工作上很多,没有时间提升自我,要减轻青年教师学生管理方面的部分工作,使青年教师有更多精力投入到教学与科研工作中去。3号:减少对青年教师班主任考核(早晚自习、早操的考核),减少二级学院例会的数量。6号、21号:学生管理工作比较繁杂,占据了我大部分的时间,没有充裕的时间去企业专业实践、钻研教学和科研,希望二级学院把青年教师从繁忙的学生管理工作中解放出来,减轻班主任的压力,不要把学生管理的全部责任都推给我们。7号:二级学院在学生管理工作上要明确辅导员和班主任的职责分工,减少青年教师学生管理的事务性工作,让青年教师有更多的时间钻研教学,站稳讲台。

（3）青年教师的发展诉求与学院教师发展现实存在落差

5 号:在考核和荣誉上要公开、公平,学校和二级学院的一些考评制度应该按年龄与职称分层分级,不要一刀切。11 号:学校和国家的政策应该与教师个体发展的方向更好地结合,实现学校发展和教师个体发展的统一。12 号:要多听取青年教师的意见,多些关心照顾,口号喊得很响,缺少具体措施和政策激励,没有真正把关心青年教师工作落到实处。13 号:应从青年教师的发展出发,为青年教师的长远发展制定可行而且可持续的路线,目前在二级学院,青年教师基本上没有发言权,只能按照领导的安排去做一些比较烦琐没有技术含量的事情,青年教师上课的门数往往比老教师多,教学上投入的精力多,还要随时做领导安排的一些额外工作,而且这些工作出了成绩,往往也不能体现青年教师的荣誉。17 号:应该将重心放在如何提升青年教师的教学、科研水平上。职称压力太大,课又很多,希望多给青年教师的发展创设机会。

（4）加大对青年教师教科研的支持力度

2 号:多给青年教师提供去企业专业实践的机会,在教科研项目上向青年教师倾斜,定期开展专业最新知识技能的培训。7 号、8 号:希望学校加大投入,给青年教师更多的参与科研的机会。11 号:要开阔青年教师的视野,多多安排青年教师去企业专业实践,提供青年教师外出参加学术会议、职业技术培训的机会,多组织到兄弟院校参观,安排教师到境外研修。12 号:为高学历、科研能力强的老师提供科研平台和服务。19 号:希望老教师能带领青年教师做一些教科研方面的研究。26 号:重视和加强对青年教师科研能力的培养,引导青年教师的发展方向。

（5）加强教师的"双师"素质培养

2 号:专业课教师的专业实践经历和能力是专业课教学的基础,学校要统筹安排教学任务,让专业教师经常深入企业一线,了解新技术新材料和新的管理方法。9 号:专业课教师如果没有专业实践经历,就不能胜任教学,新教师进校后,最好在上课前安排青年教师去企业进行深入的专业实践。11 号:学校要搭建校企合作的平台,安排高学历的教师比如博士去企业专业实践,通过和企业合作研发开展研究,提高教师的专业水平,实现校企双赢。21 号:专业教师应多去企业现场学习,多参与工程项目。

3. 学校层面对青年教师在哪些方面应多给予支持

（1）减小教师职称晋升的压力

1号：要有侧重，才能专心付出，才能取得成果，职称晋升评价体系要有侧重，在晋升的名额指标上多向上级主管部门争取，目前学校晋升副教授的教师多，名额少，教师的压力很大。8号：向青年教师倾斜，减少青年教师学生管理等方面的压力。9号：看了学校的职称晋升量化指标发现，要完成教学、教科研、学生管理工作，要有获奖等，感到压力很大，研究员系列的量化指标却相对合理，教师为了职称晋升，围绕各项指标忙得团团转，结果教学、科研没有一项能搞得好。16号：要激励青年教师提高教学、科研等方面的能力，但在职称晋升时不要施加太大压力。

（2）提供更多的青年教师专项教科研项目

2号：学校应组织新、老教师进行教学共同体活动，老教师有丰富的教学经验，相互分享教学经验、交流带班主任过程中遇到的问题和解决的办法。青年教师有活力，只要有机会，做事情的动力是很大的，所以建议学校从政策上支持青年教师，在教科研项目申报上给青年教师更多的机会。3号：教师应该把主要精力放在教学和研究上，但目前教师在学生管理方面投入的精力较多，希望学校给教师提供更多的去企业专业实践、去高校做访问学者、去境外研修的机会，拓宽教师的视野。9号：在教科研、教学竞赛等方面，希望可以给青年教师更多的锻炼机会。

（3）提供宽松均衡的发展机会

7号：新教师的教育教学能力和专业实践能力是最根本的能力，希望能多安排老师参加相关的培训和安排去企业实践，不要让新教师带很多课，要关心新教师的成长，给教师自我发展的时间和环境。10号：学校重视建筑大类等工科专业的发展，给予这些专业的教师较多的发展机会，其他的专业，如人文社科和基础类教师的发展机会相对较少，学校要给予这些专业的教师均衡发展的机会。18号：学校教师发展中心做了很多工作，青年教师有了很多学习和发展的机会，点赞！但还要给青年教师提供更多的外出参加学术会议、挂职锻炼、教育技术培训等机会，给予提升学历和境外深造的教师更宽松的环境、条件，加大力度支持教师外出进修。

（4）学校要关注教师的身心健康

访谈中只有2位教师对此问题有所涉及：4号：我们有积极向上的生活态

度,需要丰富的业余生活,比如参加体育活动,然而工作、职称晋升等压力太大了,很少有时间参加体育活动。8 号:教师课余生活比较单调。

四、对策建议

(一)学校制定的教师发展政策,需要一个系统性和差异性的制度安排

高等职业教育作为高等教育发展中的一个类型,具有高等性和职业性的双重属性,高职教师的专业发展取决于学历层次和专业技术水平,因此提升引进人才的学历层次和专业技术资质是高职教师专业发展的基础。当前,高职院校公开招聘的人才,一种是从学校到学校的硕士、博士,这一部分占了大多数;一种是来自生产一线、科研院所的有工作经历的工程技术人员。学校制定的教师发展的政策中,需要一个系统性和差异性的制度安排。重点培养前者的专业实践能力和教育教学能力,重点培养后者的教育教学能力、科研开发能力和技术服务能力。学校的师资培养政策要使教师生涯发展的自身实际需求及时而正确地反映在师资培养的结构目标、规模、途径的动态变化上,体现系统性、差异性和与时俱进。

(二)学校制定的教师发展政策,要体现学校和教师自身发展的统一

学校的发展依赖于教师的发展,教师发展是提升师资队伍水平的基础,教师的发展是教师个体成长的需要,有着巨大的内在发展潜力。要使师资队伍建设得到快速发展,一个科学合理、有效的教师发展体系能够对师资队伍的建设和发展起着推动作用。在这个体系中,将学校师资发展的愿景目标和教师发展的内在追求目标相结合,形成教师发展的过程目标、促进方式与保障措施,这样能够有效地促进教师的专业发展,实现学校发展和教师自身发展的统一。

(三)学校要创设事业留人、待遇留人、感情留人的环境

教师发展是教师与组织(学校)相互影响、相互作用的过程,存在依存、协同发展的关系,教师发展受到学校文化、学校组织内部物质支持的影响,存在选择和保留的变化。因此学校要创设事业留人、待遇留人、感情留人的环境,在教师专业发展上提供支持和保障,创设良好的生活和工作条件,营造宽松的工作环境和人文环境,统筹管理人力资源,减轻教师的工作压力,保障人力资源的可持续发展。

第三节　台湾地区技职教育教师发展

一、台湾地区的职业教育概况

台湾地区的职业技术教育发展较为迅速,发展特征显著,职业技术教育成为台湾地区经济发展的重要支撑。在台湾,该类教育又被称为技职教育,包括初中高三个层次和公立民办两种类型,提供专科、本科、研究生三种学历教育,由台湾地区的技职管理部门进行统筹管理。

(一) 发展历程简介

台湾地区的技职教育始于20世纪40年代,至50年代中期,为发展的第一阶段,也被称之为初创阶段。这一时期,是台湾地区经济恢复时期,职业教育的发展主要是初级和中等职业教育,其中高中和职业学校的比例约为3∶2。到70年代中期,这20年是台湾地区技职教育向上一层次发展的过渡时期,这一时期经济开始进入提档升级的快速发展阶段,对劳动者技能有了新的要求,原先的初级职业教育不能满足需要,开始停办初级的职业教育而大力发展中级的职业教育。这一时期,职业教育、推广教育与普通教育形式并存。随着经济发展和新技术的出现,以及教育需求的变化,迫切需要技职教育转变办学方式、提升培养的学历层次等来满足经济发展的需要,因此这一时期之后,台湾地区的技职教育出现了新的变化:专科、本科、研究生,学历的多层次化出现,打通了技职教育内部的学历提升通道,另外学习美国社区学院的办学方式,开设了为社区服务的新的教学项目等。

(二) 技职教育的特点

(1) 渐趋成熟的技职教育体系

台湾地区的技职教育发展从无到有,从小到大,从地区到全球影响,其技职教育体系逐渐走向成熟。台湾地区的技职管理部门,下设"综合企划科"、"学校经营科"、"产学合作发展科"、"教学品质及发展科"。"产学合作发展科"负责5项业务,除了产学合作、构建技职教育体系课程,还包括技职再造方案,包括强化教师实务教学能力、引进产业资源协同教学、落实学生校外实习课程;此外,还负责私立技术学院整体发展奖励补助以及师资相关事宜。

（2）私立性质的技职教育占据绝对多数

截至 2014 年 11 月 30 日，台湾地区共有技职教育类学校 91 所，其中归属教育主管部门的技职教育学校 88 所，另有 2 所归属其他管理部门。在教育管理部门管辖的 88 所技职教育学校中，目前主要是两类，一是科技大学 57 所，二是专科学校 14 所。在科技大学中，公立性质学校有 14 所，私立性质学校有 43 所。技术学院中仅有 2 所为公立性质，其余皆为私立性质。专科学校有 4 所公办，其余皆为私立性质。① 从上述数据来看，私立性质的技职教育几乎占据了近八成，这种特点是其他地区所不具备的。

（3）社会合作办学成为主要方式

台湾地区的技职教育私立性质学校占绝大多数，这主要归因于教育经费的短缺，通过鼓励私人资本进入教育领域来弥补教育经费的不足。1955 年，颁布了《私立学校奖助办法》，以低息贷款或者免费以及奖励补助等多种方式推动技职教育的民办活动。现在每年台湾地区还根据评鉴，分别给予技职教育院校不同的奖助额度，这也成为引导各技职教育院校办学的重要政策手段，通过财政拨款以奖助名义给予各校，促使各校办出特色、办出水平来提升办学实力，各校也对本年度获得的奖助额度和排名进行大力宣传，以此彰显本校的办学实力。

重视实践教学、国际化办学和人文精神教育。台湾地区的技职教育重点突出了动手能力的培养，一般都是将课程进行"三七开"，三分为理论教学，七分为实践教学，以此加强学生动手能力的培养。国际化的办学特点也比较突出，教师多数具有海外博士留学经历，生源则是面向台湾、大陆地区，东南亚国家及地区。教师与其他高校的学术交流很频繁，通过交流提升了教师的教学与研究品质，学生的比赛紧盯国际大赛开展相关活动。各校还非常重视人文精神教育，通过开设通识教育来进行人文历史的教育。此外，各校都有自己的独特办学理念来彰显其人文精神，如朝阳科技大学提出的"三双"理念，即双 A［升级化（Advance）和特色化（Advantace）］、双 B［顾客导向（Business）和全力以赴（Best-Effort）］、双 C［合作（Cooperation）和伙伴（Companion）］；台湾建国科技大学提出的"愿力"、"实力"、"学力"、"活力"、"优质"、"杰出"；致理技术学院的"诚信精勤"校训，等等，都无不融入了人文精神的培育。而且各校都将相应的校训或办学理念加以彰显，通过雕塑、校园小品、处处可见的深度宣传等来提升对理念的认同，进行

---

① http://tve.uch.edu.tw/台湾地区技职教育网站，访问时间：2015－6－27。

潜移默化的教育。

二、台湾地区的职业教育师资

（一）技职教育师资基本规定

按照台湾地区《技专校院提升师资素质实施要点》的规定，教师数量需满足相应要求，以当年度 3 月 15 日为计算基准。所要求的生师比主要有如下指标：全校生师比、日间学制生师比、全校研究生生师比、专任师资结构等。其中对专任教师的认定和计算做了相应要求。专任教师指经资格审定且有支给专任教师薪资之教师，其资格认定情形分为 13 种，另有兼职教师认定的 4 种情形。对于全校生师比：科技大学应在 32 以下；技术学院与专科学校应在 35 以下。但设立或改制满 3 年后之技术学院应在 32 以下。日间学制生师比应在 25 以下。依补习及进修教育法规定设有进修学院、进修专校之学校，于加计进修学院、进修专校之学生数后，全校生师比应在 40 以下。设有硕士班或博士班（包括在职专班）之学校，全校生师比应在 32 以下。全校研究生生师比应低于 12。而对于职称相对较高的专任助理教授以上师资结构基准则依学校类型规定，其中科技大学：设立或改名时应达 40％以上；设立或改名满 3 年应达 45％以上；设立或改名满 5 年应达 50％以上；设立或改名满 10 年应达 60％以上；设立或改名满 15 年应达 70％以上。①

按照台湾地区适用于各级学校校长、依大学法聘任之大学研究人员及专业技术人员、幼儿园园长（主任）及教师的《教师进修研究奖励办法》，对公立及已立案之私立学校编制内，按月支给待遇，并对依法取得教师资格之教师在其他学校或机构，修读与职务有关之学分、学位或从事与职务有关之研习、专题研究等活动进行统一规定，具体方式包括全时进修与研究、部分办公时间进修与研究、休假进修与研究、公余进修与研究等四种类型。目的是为了提高教师素质，同时通过法令的统一规定，也有助于强制性推进教师素质提升，并同时保障进修与研究教师的福利待遇。比如全时进修与研究是指：服务学校或主管教育行政机关基于教学或业务需要，主动荐送或指派教师，在一定期间内，经办妥请假手续，并保留职务与照支薪给而参加之进修、研究。部分办公时间进修、研究：系指服务学

---

① 《台湾地区技术及职业教育法规选辑》，http://www.edu.tw/pages/detail.aspx? Node＝1320＆Page ＝18014＆Index＝5＆WID＝560d2ade－378e－4cb6－8cb4－c2ce2b227759。访问时间：2015－6－28。

校或主管教育行政机关基于教学或业务需要,主动荐送、指派或同意教师,利用其授课之余仍应留校服务时间,经办妥请假手续而参加之进修、研究。休假进修、研究:系指公立专科以上学校依规定核准教师休假而从事学术性之进修、研究。公余进修、研究:系指服务学校基于教学或业务需要,主动荐送、指派或同意教师,利用假期、周末或夜间参加之进修、研究。此外还有留职停薪进修、研究,系指服务学校或主管教育行政机关基于教学或业务需要,同意教师在一定期间内保留职务与停止支薪而参加之进修、研究。教师参加进修、研究,所定补助进修、研究费用,依下列规定办理:教师经服务学校或主管教育行政机关基于教学或业务需要,主动荐送或指派参加进修、研究者,给予全额补助。教师经服务学校同意,参加与教学或业务有关之进修、研究,得由服务学校视经费预算,给予半数以下之补助。同时,对进修研究后的工作和违约情形进行了统一规定。①

(二)典型技职教育院校教师发展做法

1. 台湾科技大学

该校针对教师升等进行了相关规定,包括制定了《教师聘任及升等审查办法第 7 条规定摘录》(含本校应用科技类教师以研发成果报告送审教师资格审查基准)、《台湾科技大学教师以研发成果报告升等作业要点》、《本校教师以研发成果报告升等外审委员遴选要点》、《本校办理教师专门著作外审作业注意事项》、《本校教师以研发成果报告升等审查参考内容》(校内评审使用)等校内规章,开展了多元化的升等活动。此外还对提升教师素质进行了详细的规定,如《本校教授休假研究办法》、《本校教师出岛访学、研究或进修处理要点》、《本校新进教师培育办法》、《本校教职员岛内进行作业要点》、《本校绩优员工选拔奖励要点》、《本校教师杰出及优良服务奖设置办法》等,促进新教师和在职教师提升专业素质,服务学校发展。在该校《新进教师培育办法》中,新进教师于到职三年内,得依规定提出至岛外顶尖大学或研究机构进行研究之计划,研究期限为一至三年,经本校组成之遴选委员会审查通过后,应于次学期起出岛研究。教师出岛研究期间不占该单位之员额,且以不占用空间为原则。此外,有关访学研究规定为:本校专任教师连续服务二年以上者,得申请出岛讲学、研究或进修,其资格如下:(1)讲学:须具有审查合格之助理教授以上资格者。(2)研究、进修:须具有审查合格

---

① 《台湾地区技术及职业教育法规选辑》,http://www.edu.tw/pages/detail.aspx? Node＝1320&Page ＝18014&Index＝5&WID＝560d2ade－378e－4cb6－8cb4－c2ce2b227759。访问时间:2015－6－28。

之讲师以上资格者,且年龄在六十岁以下。可以发现台湾科技大学在有关教师的发展上给予了更加详尽的安排,保障了有序进行人事管理和教师素质提升。①

2. 台湾建国科技大学

该校制定了有关教师进修和奖励补助办法,来促进校务发展,适度鼓励表现绩优教师进修。其进修指的是在岛内外研究所修读学位,适用的对象仅限于编制内、按月支付薪酬的教师。进修方式包括两种:岛内博士班进修,包括全时间进修和部分时间进修,修业期限 7 年。岛外博士班进修,包括全时间进修和部分时间进修,修业年限 4 年。教师申请进修需符合相应条件:(1)申请是在本校连续服务满 2 年以上,成绩优良且品德无不良记录者;(2)申请博士班进修之研究领域,须为本校发展所需之专长领域,并须提出进修计划,获得学校同意;(3)前次进修返校服务期限已届满。其中留职部分留薪进修者,返校服务年限为实际进修年数的 1.5 倍时间,部分时间进修者或者留职停薪进修者,返校服务年数等同于实际进修年数。② 此外,台湾建国科技大学还出台了《建国科技大学职员工在职进修及短期研习办法》、《建国科技大学教师参加短期研习进修奖助办法》以及人事室推进实施的《建国科技大学推动教职员工礼貌运动实施计划》等具有特色的培训及管理办法,以此促进教师素质的提升。

3. 明志科技大学

该校除了常规的师资管理、进修访学等规定之外,还开展了丰富多彩的教师提升职能的活动,近年来通过讲座课程、工作坊、研习营、交流会等开展相关活动。如 2014 年开展的活动就有如下系列:教育心理系列课程——后设认知取向的创造力教学;小型教学讲座(Ⅱ)——当教材上了云端:面对网络时代的学子,我们准备好了吗;小型教学讲座(Ⅲ)——问题导向学习;教师社群自主学习;教育心理系列课程——课堂传授真功夫:课程设计、发展到评量的理论与实务。此外还有:2012 教师职能研习营—确保学生学习成效;教师职能研习营——轻松写英文论文;教师职能讲座——著作权与创用 CC 教育资源;2011 教师职能工作坊——师生互动的艺术;优良教师与新进教师—教学经验分享会,等等,形式多

---

① 台湾科技大学人事室网站:http://opfp. ntust. edu. tw/files/11 - 1097 - 5128. php. 访问时间:2015 - 6 - 28。
② 台湾建国科技大学人事室网站:http://personnel. ctu. edu. tw/files/15 - 1008 - 3983,c609 - 1. php. 访问时间:2015 - 6 - 28。

样,主讲专家来自台湾岛内外知名大学以及本校著名学者。①

4. 台北科技大学

该校制定了《台北科技大学教师进修、研究及讲学要点》、《台北科技大学教授休假研究实施要点》、《台北科技大学职员进修处理要点》等有关教职员工提升专业素质的管理办法。此外,该校还开展了教师评鉴活动,针对讲师以上专任教师每三年办理一次教师评鉴,促进教学科研的发展。教师应就下列事项接受评鉴:(1)教学成效:包括教学准备、教学实施、课后辅导、教学成果、教务行政配合及学生问卷反应等项目。(2)研究成效:包括专门著作、学术论文、研究计划、学术荣誉、专利、技转、产学合作(建教合作)以及其他具体成果等项目。(3)辅导及服务成效:包括兼任校内行政主管职务;担任导师、社团、代表队教练或指导老师;参与系所内相关服务工作;参与校内相关服务工作;参与校外相关服务工作等项目。②

---

① 明志科技大学人事室网站:http://star. mcut. edu. tw/files/11 - 1022 - 3761. php. 访问时间:2015 - 6 - 28。

② 台北科技大学人事室网站:http://per. ntut. edu. tw/files/11 - 1012 - 6660. php. 访问时间:2015 - 6 - 28。

第四章 | 高职教师专业发展的耗散结构认识与理论分析

　　比利时布鲁塞尔学派的带头人普里戈金（Prigogine）和他的"布鲁塞尔学派"经过二十多年的努力于 20 世纪 60 年代共同开创了耗散结构论（Dissipative Structure）[①]，它的诞生引发了一场对自然界复杂系统的非线性动力学系统研究。与后来诞生的协同论、突变论被学术界称为复杂科学"新三论"（控制论、信息论、系统论，简称"老三论"），之后分形几何、混沌等理论的问世，一并对传统的科学思维带来了强大的冲击。耗散结构论的产生和发展，对于人们的世界观和方法论产生了革命性的、深远的影响，整体论和系统论的研究方法奠定了探索复杂性的科学基础。耗散结构理论把化学、物理或热力学的研究对象作为一个系统来研究其变化行为，这是一种十分值得借鉴的研究方法，并被广泛地用来分析工程、经济、社会领域的复杂问题，成功地指导各个领域的科学研究，取得了许多令人瞩目的成果。特别是在对系统的深入研究中得出的一系列关于系统非平衡、开放与有序、非线性作用等结论对非线性系统理论的贡献是卓著的。普里戈金指出"耗散结构"是一个远离平衡的开放系统（不论其是力学的、物理的、化学的、生物的系统，还是社会的、经济的系统），通过不断地与外界交换物质和能量，在外界条件变化达到一定阈值时，就可能从原先的无序状态转变为一种在时空上或功能上有序的状态。[②] 即一个开放系统在到达远离平衡态的非线性区间时，一旦系统的某个参量变化到一定的阈值，系统就有可能从原先的稳定状态进

---

① 黄时进：《耗散结构理论在科学传播实践中的应用——基于上海浦东新区的实证研究》，《系统科学学报》2014 年第 3 期。

② 普里戈金：《从存在到演化》，曾庆宏等译，上海科学技术出版社 1986 年版。

入不稳定状态,即"非平衡相变",在这种状态中达到一种新的有序状态,即通过"涨落"发生"突变"从而"有序",在远离平衡区的非线性系统中产生一种稳定化的自组织结构。为阐述系统或热力学系统从无序到有序演化的非线性理论,耗散结构理论提出的概念有:两类有序结构[①],即,平衡结构、非平衡结构;开放性与系统有序演化;非平衡态是有序之源;非线性作用是有序的动力;分叉与选择[②];随机涨落是有序的契机[③]等。

　　金问森等指出应用耗散结构理论对包括医学教育在内的高等教育研究具有重要的指导意义,主张应定期组织教师培训,邀请核医学及相关学科的专家共同授课,不要仅局限于核医学专业知识的提高,也应注重相关学科知识的更新[④]。

　　为此,本研究试图采用"耗散结构论"的思维方式进行教师发展特性的探索性研究。

第一节　耗散结构理论研究现状综述

一、关于耗散结构的理论溯源

　　用不同于经典理论的思维方式来考察世界,在许多领域取得了令人瞩目的成果,现代系统思维有其广泛的适普性。国内不少学者对耗散结构理论在高校及其相关方面的应用做过研究。凌四立以学科群及其系统为研究对象,以学术团队为核心,分析了学科群系统的结构、功能和自组织关系,认为学校的发展状况、学术团队、学科群的发展战略、物质技术基础、文化氛围、学校所处的环境(微观环境)是学科群系统的扰动因素,而学术团队组成人员的数量、质量及其工作效率、研究经费及其投向方向以及实验设备的技术特征及其技术进步方向是学科群系统演进过程中的序参量。讨论了如何选择学术带头人和学术团队的建设过程。[⑤] 学者黄永军对自组织理论从自组织的视角分析了大学的性质、目的、大

---

① 魏宏森、曾国屏:《系统论——系统科学哲学》,清华大学出版社1995年版。

② 苗东升:《系统科学原理》,中国人民大学出版社1990年版。

③ 张文焕、刘光霞、苏连义:《控制论·信息论·系统论与现代管理》,中国人民大学出版社1991年版。

④ 金问森、万梅、易启毅、肖林林:《从耗散结构理论中探讨改善我国核医学教育的对策》,《南京医科大学学报》(社会科学版)2015年第1期。

⑤ 凌四立:《大学学科群系统演进中的学术团队及其治理研究》,中南大学博士学位论文,2006年。

学的相变和激励问题,描述了大学改革的自组织趋向,给出了大学管理的自组织范式,分析了大学获取负熵的自组织思路。① 黄永军认为,高等学校作为一个复杂系统,其改革与管理成效的提高有赖于基于这种复杂性系统的管理理论的指导,进而提出自组织范式可以为此提供理论指导。② 米展运用自组织理论,分析了高校发展的自组织机制。指出高校具备耗散结构形成的基本条件,具有自组织功能,认为政府的高教政策是高校自组织的主要控制参量,高校内部管理和思想政治工作是非线性机制的重要组成部分。③

杨金田和沈诒成认为,在任何一所高校内部都存在着熵增加(即混乱度增大)的自发趋势,这不利于提高办学效益和教育质量。优化高校管理的关键在于确认负熵流的生成因素并适当控制负熵流的输入,以抵消正熵的增加,从而确保高校不断地走向更高层次的有序状态。④ 王静等从自组织理论的角度,对高等院校如何向研究型大学发展进行了初步探讨。认为,高等院校向研究型大学方向发生结构跃迁的重要条件是深化高等院校与社会环境之间持续的物质、能量、信息交换。提高高等院校的职能发挥度,将导致政府及社会对高等院校的需求增长和促进高等院校自身的竞争与协调。⑤ 曹云亮、王璐认为,耗散结构论为解读美国高等教育发展提供支撑,通过分析美国高等教育的发展,指出,合理的高等教育结构是其发展的决定性因素,为美国高等教育的飞速发展奠定了良好的基础;认为,要想使高等教育得到快速发展,必须建立一个合理的高等教育结构体系。只有建立多元、合理、灵活、高效的内外部管理体制、专业设置和投资体制,形成一个有力的教育支持环境,才能在其他条件的协同下,把教育搞上去。⑥ 吴福儿运用耗散结构理论,分析了高校师资队伍的耗散结构机制。指出高校师资队伍具备耗散结构形成的基本条件,具有耗散结构功能。认为,地方性高校师资队伍通过与环境充分交换各要素,降低系统内部的熵增,使之达到有序结构,完善师资队伍建设工作。⑦ 李春花、杨柏冬等从耗散结构论和超循环论等自组

---

① 黄永军:《自组织管理原理与大学发展之道》,北京师范大学博士学位论文,2002年。
② 黄永军:《高等学校管理需要自组织范式》,《国家教育行政学院学报》2003年第3期。
③ 米展:《高校发展的自组织机制初探》,《江苏高教》2002年第1期。
④ 杨金田、沈诒成:《高校管理中的耗散结构原理及其应用》,《湖州职业技术学院学报》2003年第4期。
⑤ 王静、叶长森、李文洪:《自组织理论对研究型大学形成与发展的启示》,《天津大学学报》(社会科学版)2003年第2期。
⑥ 曹云亮、王璐:《耗散结构论:解读美国高等教育发展的金钥匙》,《辽宁教育研究》2003年第1期。
⑦ 吴福:《基于耗散结构理论的地方性高校师资队伍建设研究》,《高等农业教育》2003年第8期。

织管理的角度总结了高校教师具有的三个特征:开放——高校教师的本质特性;民主——高校教师的协调方式;创新——高校教师的内在追求。指出,基于对开放是高等院校教师的本质特性的认识,就不应以各种形式堵塞开放渠道,而应千方百计与外界沟通,以利于知识信息的输入;基于民主是高等院校教师的协调方式的把握,就不应再维持原有的僵化的行政管理模式,甚至是改换形式的专制,而应以平等互补的民主方式加以引导;基于对创新是高等院校教师的内在追求的深刻领悟,就不应再以高高在上领导者的角色自居,而应真心实意地做好"服务"的工作。① 赵峰认为,科研团队是指高等院校中以科研梯队、学术研究中心、课题组等为代表的教师科研型群体组织,具有一定的自发性。是高校开展科研活动的基础力量,有巨大的内在潜力,是培养和造就高校学术带头人、学术骨干的沃土,并对教师队伍的成长起着带头和推动作用。② 邬小撑认为,学术团队是为实现某一个学术目标而相互协作的个体组成的群体,具备管理学分析中团队的特征、目标、信任、沟通、领导等,分析了当前研究型高校或研究机构中妨碍学术团队构建的因素,探讨了学术团队构建的基本条件和思路。③

二、关于教师专业化的研究

教师专业化包括教师职业专业化和教师个体专业化两个方面。培格曼《最新国际教师百科全书》指出"教师专业化是职业专业化的一种类型,是指教师个人成为教学专业的成员并且在教学中具有越来越成熟的作用这样一个转变过程"④。从这一概念可看出,教师专业化还强调教师作为专业人员的成长和发展历程。近年来的教师专业化研究越来越倾向于"教师专业化本质上是个体成长的历程,教师不断接受新知识、增长专业能力的过程"⑤。目前对教师专业成长研究的焦点问题主要集中在两方面:一是教师实际经历的专业成长的过程、阶段和具体内容,二是教师专业成长的促进方式与保障措施。⑥ 也就是说研究侧重在教师专业发展的一般基本问题研究,包括发展的方面、阶段特点、关键期的表现等,另外就是提供何种外在的环境和条件促进教师的专业发展。总体上这些

①　李春花、杨柏冬:《从自组织理论看高校教师的特点》,《辽宁教育学院学报》2002 年第 5 期。

②　赵峰:《高绩效科研团队建设的思考》,《桂林电子工业学院学报》2003 年第 2 期。

③　邬小撑:《关于构建学术团队的思考》,《高等农业教育》2003 年第 2 期。

④　邓金·培格曼:《最新国际教师百科全书》,学苑出版社 1989 年版,第 553 页。

⑤　教育部师范教育司:《教师专业化的理论与实践》,人民教育出版社 2003 年版,第 22—26 页。

⑥　教育部师范教育司:《教师专业化的理论与实践》,人民教育出版社 2003 年版,第 22—26 页。

研究都还停留在对教师专业发展一些基本的表层问题研究,没有把教师和教师专业作为单独的研究主体剥离抽取出来进行深入精细的研究,特别是对环境、文化等外部因素对教师专业成长影响的研究还比较薄弱。反映在教师专业发展的取径上,研究大多是教师专业发展理智取向和实践—反思取向范式下的微观层面的理论研究,关注教师成长的内部因素的发展和相互影响,而对外部环境因素与教师作为专业主体的发展和互动影响的生态取向研究较少。[1]

对教师专业成长问题的关注缘起于 20 世纪 60 年代西方国家对教师质量的关注。20 世纪 80 年代以来,各国对教师专业化的探索达到空前的高度。就美国而言,1980 年 6 月 16 日《时代周刊》的《危急！教师不会教》(Help! Teacher can't Teach),拉开了以提高教师素质、促进教师专业发展为核心的教师教育改革的序幕。20 世纪 90 年代中期以来,我国在法律上确认了教师的专业地位,随后又建立了教师资格证书制度。这表明我国教育界开始关注旨在提高教师内在素质的教师专业发展问题,认识到教师专业成长是提高教育质量的关键所在。同时也表现在学界在这一时期开始关注对教师专业发展的研究,产生了大量的研究成果。

随着教育生态学的兴起和发展,出现了教育生态、文化生态、学校生态以及围绕教育的小区、家庭、学校、课堂中现实问题的微观生态学研究,但就教师教育领域的生态学探讨还很少。具体到"成长的生态环境研究",有 6 篇期刊网文章,基本上是关于人才成长的生态环境研究,如邓彤的《创设适宜学生成长的生态环境》、万钢的《创造有利于人才成长的生态环境》等,以"教师专业成长的生态环境"词条为篇名的硕博学位论文还没有看到,但比较相近的研究有罗婷的《大学教师发展的生态环境研究》[2]、蔡传明的《中学体育教师成长的学校生态环境研究》[3]。在一些相继出版的专著中,王洁的《教师的生态环境》,郑葳的《学习共同体——文化生态学习环境的理想架构》,薛烨、朱家雄的《生态视野下的学前教育》等也都从不同方面启动了对教育问题的生态取向研究。

在多数文献的阅读中还发现,许多研究虽然都是从生态视角去研究教师,也运用了生态学原理和概念去诠释、解读,但大多是停留在感知经验层面的叙述,缺乏系统理论的指导和理论构架下的分析,由于缺乏深入的调研和访谈,同时受

① 宋改敏、陈向明：《教师专业成长研究的生态学转向》,《现代教育管理》2009 年第 7 期。
② 罗婷：《大学教师发展的生态环境研究》,江西师范大学博士学位论文,2006 年。
③ 蔡传明：《中学体育教师成长的学校生态环境研究》,福建师范大学博士学位论文,2007 年。

生态学原理和概念的机械框定,流于简单的套用和照搬照抄,生态学化的研究特征突出,反而弱化了对教师或教师专业这一重心问题的研究,导致了对问题的描述、生态学意义的阐释与解释力度不够。因此克服这种生态学化的机械研究倾向,拥有对教师专业发展的生态学视野,需要理解生态学取向的意蕴,需要通过教师专业发展取径上的转向,在教师专业发展的实践中实现生态学意义上的转向。

生态指的是生命体生存和发展的状态,其本质上揭示了生命体之间以及生命体与无机世界的复杂的相互关联。生态系统是一个开放的变化的系统,它明确地将有机体与它们生存的环境视为一个不可分割的自然整体,它强调在系统中没有等级差别,系统成员相互包容、互相依存、互相制约,任何部分发生改变,其他部分都受到影响。它强调一切有生命的物体都是某个整体中的一部分,因而要全面整体地把握对象,避免出现零散和冒进的思维。[①] 高职校本教师生态发展是指处于生态系统的高职教师及教育工作者理性思考学校发展问题,遵循系统、整体和可持续发展模式,根据高职教师专业学术性、师范性和职业性的属性特点,进行教育教学、科研、社会服务实践和创新活动所产生的绿色和谐的动量以及由此引发的生态发展效应。狭义指遵循自然生态法则实现教师个人自身素质提升或高职教育事业的发展。[②]

20 世纪 40 年代美国堪萨斯大学的巴克和赖特主持的"密德斯特心理学现场研究所"将生态学移植到教育领域。美国哥伦比亚大学师范学院院长克雷明于 1976 年首先提出"教育生态学"这一术语。教育生态学理论中,教育、教学是人与人、人与环境相互影响、相互作用的过程,其中教师作为教育教学工作的主体,其生存和工作状态非常复杂,处在一个自然、社会和规范环境多维镶嵌的复合环境之中,教师在专业发展中会遇到许多纷繁复杂的情境,只有正确处理好与周围环境的关系,做到与环境协同进化,才能够实现可持续发展。[③]

---

① 汉斯·萨克塞:《生态哲学》,文韬、佩云译,东方出版社 1991 年版。
② 游美琴、胡长和:《简析高职教师专业"校本生态发展"》,《职教论坛》2014 年第 17 期。
③ 游美琴、胡长和:《简析高职教师专业"校本生态发展"》,《职教论坛》2014 年第 17 期。

第二节　高职教师专业"校本生态发展"内涵与系统分析

一、高职教师专业"校本生态发展"的内涵

从历史的角度来看,教师专业发展源于教师专业化,是教师个体提升专业能力的过程,经历了从国家本位到学校本位的历程。高职校本即高职学校本位,是以高职学校为基地,以建构学习共同体为载体,高职学校自由支配各种教育资源,为学生、教师、学校和区域社会的生态发展谋福祉,并为持续发展的结果负责。即高职学校运用专业权力,自主配置教师专业发展所需要的资源,为教师提供专业服务。[①]

高职校本教师专业发展生态化是一种理念,倡导的是一种在系统观、整体观、联系观、和谐观、均衡观指导下的教师专业发展,一种以生态可持续发展观推进下的教师专业发展,其目标是要在教育生态系统内形成一个和谐、均衡、有序、包容的子系统。在这个子系统中,每一个教师都参与探索和创造,它强调教师专业发展要以教师为中心,以教师的全面发展、终生发展和持续发展为主线的发展理念,其基本特征是彰显个性,注重持续发展,强调和谐包容,突出多元价值,重视内在文化的培养和全面发展,并在整个教育发展中建立起一种人与人、人与自然、人与社会和谐发展的新秩序。[②]

高职教师生态发展是高职教育生态力的驱动源,体现高职教育可持续发展能力和软实力。生态发展作为一种具有强劲驱动力的综合体,包括生态意识能力(和谐、文明和持续意识)、生态思维能力、生态恢复能力和生态创新能力。这四种能力涉及了生态系统中人类实践活动的不同发展阶段,同时它们之间又是相辅相成、协同作用的关系,成为生态成长力不可分割的部分。

---

① 罗婷:《大学教师发展的生态环境研究》,江西师范大学博士学位论文,2006 年。
② 游美琴、胡长和:《简析高职教师专业"校本生态发展"》,《职教论坛》2014 年第 17 期。

二、高职教师专业"校本生态发展"系统分析

(一) 高职校本教师专业发展生态系统含义和特征

生态系统理论发展心理学中,美国著名心理学家布朗芬·布伦纳提出的个体发展模型,强调发展个体嵌套于相互影响的一系列环境系统之中,在这些系统中,系统与个体相互作用并影响着个体发展。高职校本教师专业生态发展系统,指的是教师作为生态主体嵌套于相互影响的学校物质、组织和文化等多层级、多元维度发展并相互作用的具有物质循环、能量流动、信息传递功能的统一体中,就其类别而言属人工生态系统,是自然生态系统与人类社会的经济系统复合而成的复杂生态系统。在高职校本教师专业发展生态系统中,以教师为生态主体,以教师"职能"为物质基础,以教师的"内生态"生理、心理和行为生态环境发展为前提,与其相关的教师"外生态"环境中的组织环境、校园环境、人文环境、校企合作环境和家庭环境等构成校本教师专业发展生态系统,整个发展过程与内外环境密不可分,与环境之间存在相互依存、动态平衡、协同发展等多元关系,具有泛生态性。

高职教师发展具有能量耗散性、职业应用性、社会实践性等附含高职教育的特征,但其基本特征有复杂性、开放性、动态性、持续性、和谐性、稳定性。

复杂性是教师专业发展的基本特点。教师专业发展是人的发展过程,它不仅受教师个体内生态的诸多因素,包括个人生活背景、教育观念、发展动机等个人特质的直接影响,也受到与之相关的环境,如学校文化导向、学校组织内部支持等"背景性"因素影响。教师的发展过程还涉及教师个体、教师团队、教育管理者和学生等群体,同时在教师专业发展生态系统中,是个体与群体交互的过程,同样存在既竞争又合作互惠、偏利与偏害等多种生态关系,彼此之间通过"利益生态链"形成复杂的关系网络。[①]

动态性是教师专业发展的常态,是实现系统自我进化的基本条件。在生态理论中,任何组织的存在本身就是与外界环境相适应的结果,是不断变化的进化过程,包括变异、选择和保留。高职教师专业发展生态系统首先面临课程改革、教学方法创新、教育技术更新换代以及区域社会发展变化等组织"变异"情况,因此必须选择和教学改革方向一致、教育理念更新并与人才培养目标相适应的发展方向,从而获得保留存在的机会。其次是系统内部的物质流动看上去平静如

---

① 游美琴、胡长和:《简析高职教师专业"校本生态发展"》,《职教论坛》2014 年第 17 期。

水,实际上在悄悄地做出选择发生进化,对系统整体而言,教师发展是学校从上至下所有机构部门和全体人员共同努力与相互协调的最终结果,是一种动态的平衡关系。①

稳定性是组织结构的"惯性"状态。系统对环境的适应能力受到了组织结构惯性的压力,因为一旦结构改变会导致亚单位之间的资源重新分配,所以部分亚单位是极力抗拒再组织的,但动态性要求系统通过变异而演进时,其稳定性对发展会产生制约,如要实现教师专业发展就涉及改变传统的"一统化"培训模式,改变课堂教学行为、评价体系甚至转变对于教师角色的认识和定位,都会增加系统不稳定的风险,因此教师专业发展一般呈现出稳定的整体状态;另外做出正确决策的局限性也会导致教师专业发展呈现稳定性。对于教育系统来说,内外部环境是相当复杂和变化莫测的,组织管理者面临如何做出正确决策的困扰,通常很难制定一种决策对每个个体和组织群体都合理,所以组织决策者更倾向于选择限制性的调整和适应。②

(二)高职校本教师专业发展生态系统结构和功能

高职校本教师专业发展生态系统,是微观层面的教育生态系统。由于教师专业发展是生成性、突然性、非线性量的积累和实现自我超越的过程,因此在生态视域下,高职校本教师专业发展生态系统是多层级、多维度的耗散结构。即其系统在外界条件发生变化达到一定阈值时,量变可能引起质变,系统通过不断地与外界交换能量与物质,就可能从原来的无序状态转变为一种时间、空间或功能的有序状态,从而实现系统的演进。也就是教师与环境之间不断进行着物质、能量和信息的交换,在此过程中教师不断汲取营养,使系统不断发展,外界环境为教师的发展提供物质条件和智力支持,以满足教师物质需求和精神需求,教师不断从外界获得新信息,保持大脑的活跃性和创造性,从而实现教师专业的持续发展。美国著名生态学家奥德姆指出"在巨大的生态系统中,物质循环和能量流动的相互作用建立了自校稳态"③,当外界条件变化达到某一特定阈值时,就会发生涨落,形成有序状态,促进自身的发展。就教师专业发展而言,教师个体正是在与外界的物质、信息和能量的交流之中,在自身的实践过程中不断自我反思,丰富自身的体验,拓宽、加深自己的文化底蕴,以此来实现自我发展、自我更新和

---

① 游美琴、胡长和:《简析高职教师专业"校本生态发展"》,《职教论坛》2014 年第 17 期。
② 游美琴、胡长和:《简析高职教师专业"校本生态发展"》,《职教论坛》2014 年第 17 期。
③ 郑师章:《普通生态学——原理、方法和应用》,复旦大学出版社 1994 年版,第 46 页。

自我完善。①

（三）高职校本教师专业发展生态系统运行机制

教师专业发展生态系统作为教育生态系统的一个子系统，由于其开放性的特点，需要不断与外部环境进行物质、能量、信息交换来维持平衡稳定状态，以推动系统整体进化演变，因此其能量和信息的流动机制遵循在"外生态"的激活和推进下，实践教师"内生态"的进化，到完成"教师专业生态系统"发展的过程。这里的"外生态"指的是对高职教师专业生态发展的外部支持环境系统，包括学校组织环境、人文环境、校企合作环境、家庭环境和校园环境等。"内生态"指的是教师的生理、心理和行为状态，教师的生理发展是心理和行为发展的物质基础，是人全面发展的前提。对于高职教师来说，主要是在制度、资源、文化产生的能量流动和信息交替对教师内生态的发展起到激活与推动的作用，从而推进教师专业发展，即职业素养，包括知识、能力、人格、意识等的演进，最终实现"教师生命系统"多层级和多维度的生态发展过程。②

第三节　运用耗散结构概念的方法程序

吴彤按照耗散结构理论的基本思想建立了运用耗散结构概念的方法程序。耗散结构理论的方法论就是分析我们所要研究的对象是否满足出现耗散结构的那些基本条件。这些基本条件以及如何满足这些条件的判据是③：

（1）体系开放。体系将来要建立一个活的有序结构，因此必须与外界有不断的物质、能量和信息交换。判断体系的开放性比较容易，因为只要知道体系有无输入和输出即可。

（2）体系开放的外界输入达到一定阈值。体系出现耗散结构的条件是当这种输入达到一定阈值，体系才可能向耗散结构转化，这个阈值可以通过试探性尝试找到。因此具有可操作性。但是不同体系这个阈值的量和性都是不同的，此处应该具体问题具体分析，这也表现了各种耗散结构的所谓"个性"。

（3）体系外界输入平权化，即体系外部输入不能针对体系的特定部分。这

---

① 游美琴、胡长和：《简析高职教师专业"校本生态发展"》，《职教论坛》2014 年第 17 期。
② 游美琴、胡长和：《简析高职教师专业"校本生态发展"》，《职教论坛》2014 年第 17 期。
③ 吴彤：《耗散结构理论的自组织方法论研究》，《科学技术与辩证法》1998 年第 6 期。

是判断体系是否自组织达到耗散结构的条件。判断这个条件是否被满足的办法，是针对输入做必要的分析，例如体系的各个部分是否平均地得到输入的能量和物质，等等。

（4）体系应该远离平衡态。判断这个条件是否满足的方法，是研究体系的各个组成部分是否均匀一致；体系的各个部分之间的差异越大，体系离开平衡态就越远。

（5）体系是一非线性体系。如果体系是一个线性体系，那它根本被排除了出现耗散结构的可能性。只有非线性体系才能演化成为有序的耗散结构系统。判断一个体系是否非线性，也与上述条件类似，就是要研究体系的组成部分构成是要素还是元素，即组成部分不仅在数量上而且在性质上要相互独立且有相当的差异。另外组成体系的独立要素数量必须大于等于三。例如，老子就很早领悟到了这种数量达到三的威力。他说：道生一，一生二，二生三，三生万物。

（6）涨落。只有涨落无法分析。涨落是耗散结构出现的触发器，但是何时出现涨落却是不可预测的。我们只能大致地对涨落出现的阶段及其意义做一描述。涨落如果出现在体系刚刚偏离平衡态的近平衡态区，那么对体系演化成为耗散结构是无建设性意义的；只有涨落出现在体系远离平衡态的区域时，才能够起到建立耗散结构触发器的作用。

（7）非稳定性。涨落表现了体系的非稳定性的一个因素逐渐地远离平衡，也表现了体系的非稳定性的一个方面；非线性反映了体系内部的非稳定性。外界输入的渐增激励着非稳定性，当这种输入达到一定阈值时，意味着体系的稳定性已经达到临界状态，再稍稍越过一点点儿，体系立刻就会跃迁到新的有序状态。另外，如果体系存在着广义的"流"和"力"，那么体系必定存在着一定程度的非稳定性。但不好定量地判断是多少和多大。我们可以按照控制论的"黑箱"方法，而无须判断和分析体系的非稳定性。只要控制外部控制参量的阈值即可。当然，体系可以建立数学模型进行描述和解析的，应该运用数学的稳定性分析方法去加以解决。

第四节　教师专业发展的耗散结构判定

一、教师专业发展是复杂的开放系统

系统开放是耗散结构得以形成、维持和发展的首要条件。开放系统之所以能够形成耗散结构，主要是因为开放系统能够与外界进行熵的交换。系统的熵变 ds 由 des 和 dis 两部分组成，即 ds＝des＋dis。其中 des 是系统与外界相交换的熵，dis 是系统内部产生的熵。只要这个负熵流（des＜0）足够强，就能够在抵消了系统的熵增加（dis＞0）之后，使系统的总熵（ds）减小，从而使系统进入相对有序的状态，形成耗散结构。可见，要形成一个有序结构，必须尽力克服熵的增加，这就要求系统必须开放，与外在环境进行物质、能量和信息的交换，从外界获得负熵流来降低自己的熵值。

（一）作为耗散结构的教育系统

把教育作为一种重要的社会现象加以研究，这在古今中外，早已有之。然而，把教育作为一种系统来研究，揭示其系统特征及演化机制，至少在我国，还是 70 年代以后的事情。而把教育作为一种耗散结构来研究，恐怕尚不多见。但是，研究由人组成的系统，最关键的就是要抓住其作为一种耗散结构的特征[①]。学校是整个教育系统的基础，是一个特殊的、复杂的组织。国内外学者应用复杂科学的原理和方法，将学校作为一个有机的、自组织的系统，对不同层次学校的复杂性进行分析。在高等教育层面，探讨自组织管理的原理与高校发展的有关问题，分析了高校这一开放系统中存在的非线性机制，认为高校具备耗散结构形成的基本条件，具有自组织功能。[②]

教育是以人为中心的系统。与一般社会系统不同的是，它以具有专门化的知识技能的教育者和不够成熟的受教育者为核心要素，以后者的全面而健康的发展为其系统目标。教育活动的主体无疑是教师，教师的素质、工作态度等主体因素，在教育系统的变革和发展中具有举足轻重的地位。离开了教师的主动创造精神，任何教育改革只能最终归于失败。但由于受教育者在教育活动中是独

[①]　颜泽贤、张铁明：《教育系统论》，河南教育出版社 1991 年版，第 12 页。

[②]　王强：《教育复杂性研究进展》，《开放教育研究》2003 年第 4 期。

特的能动的客体,是具有丰富的个性、情感和多种多样需求的人,这就使得一切为受教育者服务,一切为了受教育者的实际发展,成了教育系统中的金科玉律和实施有效教育的最高原则之一。尽管社会的利益和需要对教育的发展目标规模、方向、内容等都有着巨大的规定作用,但社会的利益和需要的最终实现是离不开受教育者的实际发展的。因为,受教育者正是联系教育与社会的重要中介。

那么,教育究竟是种什么样的系统呢?它是一种主要为了实现受教育者的社会化,而由具有专门的知识、技能的教育者同不够成熟的作为潜在社会成员的受教育者,以一定的教育设施和文化信息为中介,按一定的方式组成的具有特定社会功能的耗散结构系统。

作为耗散结构的系统,教育必须通过开放,与其他社会系统建立起相互支持的反馈联系,才能有效地消除自身内部的无组织力量,维持其正常的有序状态。我国目前的教育体制,基本上还是计划指令指导下的比较僵化的体制,在教育与社会之间缺少相互协调的适应机制,表现为教育与社会相互脱节,教育不能根据社会需求及时调整其结构、目标、课程设置,等等,培养出社会急需的各种专门人才,去有力地促进社会的发展;社会则不能及时地向教育提供政治、经济、教育人员等各种足够的、持续的、有效的支持。实行教育开放,早已成了世界教育发展的一大趋势。教育的开放,首先,教育活动本身要与社会各界的其他活动密切结合,反映社会各界的实际教育需求,其活动产品——文化科技和各种专门人才能够及时地进入社会,成为社会各界持续发展的推动力。其次,教育要成为全社会的事业,要注意输入各种有用的社会文化信息,主动地争取社会各界的多种支持。从宏观上看,教育的开放,主要指整个教育系统面向社会各界乃至其他国家的学术界和部分企业界开放,即教育的社会化和国际化。比如,实行学校、家庭和社会三者的联盟,促进学校、企业和科研院所的结合,等等。从微观上看,教育的开放主要指各学校间、师生间、教师与教师以及学生与学生之间的相互开放,等等。显然,教育的开放实际上是教育系统内部各子系统之间,以及教育与其他社会系统之间相互协调、共同发展的问题,是作为耗散结构的教育系统发展的基本前提之一。

由于教育系统的各子系统之间及其与其他社会系统之间存在着复杂的非线性相互作用,使得教育的发展,无论在其发展目标、规模、速度,还是其结构、方式,等等,都可以表现出某种渐变过程的中断和曲折性。考虑到教育对于个人和社会发展的极端重要性,提高评估教育政策的前馈水平就具有十分重要的意义了。也就是要根据教育系统本身的规律，及对社会教育需求状况及其变化趋势的科学预测，在其还未发生偏离之前，把那些可预测的偏差及时地消灭于未然。教育系统是一种非平衡系统，它的结构、规模、功能，等等，无一不处在动态变化之中。若其各种重要的状态变量处于长久不变的超稳定状态，则只能意味着教育系统本身的僵化。教育管理者的重要任务，就是要使社会发展的实际教育需求及时而正确地反映在教育的结构、目标、规模和功能的动态变化上，使教育能够有效地适应和促进社会的发展。

教育生态（Education Ecology）是将教育与生态环境相联系，从生态学的视角，运用生态学的原理和方法研究各种教育问题。教育生态可以视为社会生态的一个独立的子系统，有着独有的功能和结构；同时教育生态又是一个开放的系统，与社会生态不断进行着物质和能量的交换。教育生态是一种耗散结构系统，其远离平衡态的开放性和各要素之间的非线性作用使得无论从内部构造，还是从外部联系来看，教育生态都是一个名副其实的复杂系统。[①]

（二）高等教育作为一种开放系统

高等教育作为一种开放系统，自产生以来就自主地、有选择地与环境发生着互动。它不断从政治、经济、科学技术、文化等社会环境中得到人、财、物的支持，又不断地为社会提供专门人才、科技成果和直接服务，与外界物质、信息和能量的交换，一定程度上抵消了高教系统内部的熵增，保证了系统处于相对有序的状态。[②] 按教育生态学的观点来看，教育生态系统的平衡与失衡主要表现在教育生态系统的输入输出以及结构和功能上。从输入输出的角度看，教育资源的供应与投入往往不足，而社会对高教系统输出的期望值却保持居高不下，系统的输入和输出经常处于失衡状态。

（三）高职教育系统是开放的复杂巨系统

高职教育是以高职院校为主要组分的系统，同时高职教育又是国家教育大系统的子系统。[③] 按照系统科学的观点，如果元素或子系统数量极大，成千上万，甚至更多，则为巨系统。在巨系统中，如果组分种类繁多（十几、上百、上千或更多），并有层次结构，它们之间的关联方式又很复杂（如非线性、不确定性、动态

---

① 范国睿：《教育生态学》，人民教育出版社 2000 年版，第 22—28 页。
② 刘淑华、颜晓丽：《论高等教育系统中的无序和有序——基于耗散结构理论的视角》，《黑龙江高教研究》2006 年第 1 期。
③ 高文杰：《复杂性科学视域下的高职教育系统认知与管理策略》，《教育学术月刊》2011 年第 11 期。

性等),这就是复杂巨系统。如果复杂巨系统又是开放的,则称为开放的复杂巨系统。从系统论的观点看,高职教育系统是一个开放的复杂巨系统。高职教育系统又同经济系统、社会文化、政治系统等存在着人流、物流、信息流和能量流等的交流。同时,系统的每个组分是一个复杂系统,就拿高职院校来说,包括学生、教师、专业设置、教材及设备、培养目标、实验实训基地等组分;学生来源包括普通高中、中专、职业高中、技工学校的毕业生和在职人员,教师是由专职教师和兼职教师构成等,这些都决定了高职院校本身也是复杂系统。

(四)学校是个特殊复杂的巨系统[①]

系统科学将任何研究对象都看成与外界有联系、受环境制约的开放系统(物理学中孤立系统的性质是趋向于熵最大值的平衡态)。按照系统中子系统的个数多少、子系统相互之间作用的复杂情况,将系统分成简单系统、简单巨系统、复杂巨系统、特殊复杂巨系统(社会系统)。不同类的系统有不同的研究处理方法。简单系统不仅包含子系统的个数少,而且子系统相互作用简单,采用牛顿力学的方法就能解决它们的演化问题。简单巨系统包含子系统数目众多,但子系统之间相互作用简单,如理想气体,晶体、化学反应等,研究这类系统可以应用物理学、化学中提出来的耗散结构理论、协同论理论等。复杂巨系统中子系统数目不但多,而且相互作用也复杂,各子系统之间的关联分层次,但是由于它们与简单巨系统都具有子系统数目多这一共同特点,因此只要对复杂巨系统的相互作用适当假定,也可以应用与简单巨系统同样的方法进行讨论;同时,简单巨系统演化中所呈现出来的特点和规律,也可以用来讨论复杂巨系统和特殊复杂巨系统。

学校是个特殊复杂的巨系统,它的子系统包括建筑物、各类设备、资金、人员。其中人是最主要的,分析学校系统主要是分析人员的组成和特点,管理学校也主要是管理人。学校中人员可以分成学生、教师、管理人员、后勤服务人员几类。从系统科学角度来看,它们之间的相互作用是分层次的,子系统组成系统时具有一定的层次结构。学生组成班级,班级组成年级,年级再形成全校的学生子系统,教师除了按授课的安排与不同班级的学生发生联系外,相互之间按学科组成教研组,有的学校还存在年级组,最后形成全校教师队伍;行政管理人员和后勤服务人员则按部门形成不同子系统,教职员工之间由于毕业学校、居住地点、兴趣爱好、利害关系等的区别,又在上述层次结构基础上形成若干有所重叠的新

---

① 姜璐:《系统科学与学校管理》,《中小学管理》1990 年第 2 期。

的子系统。整个看来,学校是一个极其复杂的网络式连接的复杂巨系统。各个子系统之间相互交叉、互相重叠,而且经常变动,这造成系统演化的极其丰富的特点。按照系统科学的方法,分清系统内子系统之间的联系,随时掌握变化的情况,有目的地建立某些联系、切断某些联系,这在学校管理中是首先要进行的工作。

在所有这些联系中,我们要着重研究教师子系统的联系,教师从事的劳动是脑力劳动,是技术劳动,因此教师子系统的管理也要从这一特点出发。以前的各种管理科学的理论、方法,大都是以生产为中心的,是以工人为管理对象的,学校的管理工作可以借鉴这些理论、方法,但一定要改进,要适合脑力劳动的特点。

二、体系开放的外界输入达到一定阈值

体系出现耗散结构的条件是当这种输入达到一定阈值,体系才可能向耗散结构转化,这个阈值可以通过试探性尝试找到,因此具有可操作性。但是不同体系这个阈值的量和性都是不同的,此处应该具体问题具体分析,这也表现了各种耗散结构的所谓"个性"。

生态系统在适度"生态阈值"和"容量"内,具有自我调节的机能,如果外界压力在可承受的限度内,系统可以自然恢复,但如果无节制地超过该生态系统时,它的自我调节能力便会降低,甚至消失,最后导致生态系统衰退,引发生态危机。由于我国高职教育时间尚短,其校本教师专业发展存在着盲从性、导向的偏离性、系统的不平衡性和管理的割裂性等问题,有引发生态危机的隐患。教师的生态危机主要表现为教师发展中的生理方面亚健康现象;心理方面情感衰竭,表现为无能感、失败感、缺乏热忱与理想,抗拒改变;行为上表现为人际关系的疏离、退缩,工作能力降低等;在价值形态中表现为职业认同感低,缺乏幸福感。[①] 新浪教育 2005 年教师生存状况调查报告显示:超过 80% 的被调查教师反映压力较大,近 30% 的被调查教师存在严重的职业倦怠,近 90% 的被调查教师存在一定的职业倦怠,40% 的被调查教师心理健康状况不佳,20% 的被调查教师生理健康状况不佳,超过 60% 的被调查教师对工作不满意。其结论是教师的生存状况堪忧,存在教师专业生态发展危机隐患。报告中分析关键原因:所做工作得不到客观、公正的评价和回报,规章、制度和要求不合理,过于僵化的考核与评比,工作得不到领导的理解和支持,被动适应各项改革,工作缺乏成就感等。该报告虽

---

① 文丽萍:《教师发展生态危机的成因透析———一种生态学视角》,《湖南科技学院学报》2008 年第 5 期。

然出自 2005 年,且不具有对每个学校的针对性,但反映的情况及分析的原因使作为置身于教学和教学管理一线多年的教师感同身受。[①]

教师专业发展的生态危机的根源,主要是由学校管理带来的人际生态的异化。异化的人际关系首先表现为过度的竞争和对抗关系。良性的竞争环境有利于推动校内有限资源的合理流动,相反则会导致教师对教学道路的畏惧或宿命论。如果学校管理模式对竞争与控制过度强调,结果导致教师之间缺乏交流与合作,学校的信息流动性差,教师之间缺乏应有的合作机制和良好的合作平台,致使每位教师都很努力很辛苦,但教学效率却不高。如果学校的管理模式封闭、僵化,管理层官僚独断,学校的领导始终以领导者自居,不尊重教师的人格,作风独断粗暴,处理问题失之公正,不能客观评价教师的工作,领导与教师之间产生对抗的关系。长此以往,教师的情绪就会波动起伏,产生孤独、愤懑、压抑、沮丧等不良心理体验,进而产生各种心理障碍,导致职业倦怠。其次表现为学校组织文化中的"花盆效应"。在研究中发现,"多达 45％ 的教师说自己在学校里与其他教师没有接触,另有 32％ 的教师说自己与其他教师只有过偶尔联系"[②]。每位教师在学校组织中其实是"单干户"和"孤独的个体",从而变得缄默,甚至"失语"。这种缄默的组织文化往往不利于或阻止教师探讨、反思和批判他人教育教学实践中的问题,也使得教师不喜欢谈论自己的教学困境。这样教师便处于一个孤立系统之中,缺乏与外界的交流,内部熵值会不断增加,从而导致系统发展的停滞或灭亡。[③]

三、体系外界输入平权化

即体系外部输入不能针对体系的特定部分,这是判断体系是否自组织达到耗散结构的条件。判断这个条件是否被满足的办法,是针对输入做必要的分析,例如体系的各个部分是否平均地得到输入的能量和物质,等等。

"高等教育—经济"系统间及其他系统的互动离不开人才流动。不管是人才流动接受者还是人才流动实施者,都是系统与外界进行的物质或能量交换,即使系统保持一个开放状态。理论和实践都证明,实行对外开放,这是建立耗散结构

---

① 游美琴、胡长和:《简析高职教师专业"校本生态发展"》,《职教论坛》2014 年第 17 期。
② Fred C. Lunenburg, Allan C. Ornstein:《教育管理学理论与实践》,孙志军等译,中国轻工业出版社 2003 年版。
③ 游美琴、胡长和:《简析高职教师专业"校本生态发展"》,《职教论坛》2014 年第 17 期。

的教育经济模式的先决条件,只有扩大开放,加强与外界的人才流动,才能在远离平衡态的开放系统之间形成作用和谐的、稳定有序的耗散结构的经济模式。[①]

通过人才流动,加强系统同外界的经济交往活动,可以达到增加负熵的目的,从而使系统的总熵趋于零,而使系统处于一个稳定的低熵平衡态。人才所掌握知识的溢出效应会节约大量的经济资源,最大限度地发挥作用。

四、体系应该远离平衡态

判断这个条件是否满足的方法,是研究体系的各个组成部分是否均匀一致;体系的各个部分之间的差异越大,体系离开平衡态就越远。

从封闭到开放,从平衡到不平衡。[②] 过去,我们的社会是接近于封闭的,作为这个社会的一个组成单元也几乎是封闭的。在这个封闭系统内,各事物之间的关系,各高校之间的关系,高校与研究单位、企业之间的关系是处在平衡状态的;在校内,各学科、各专业之间的关系,各系之间的关系,各教师之间的关系也都处在平衡状态。人们的心理也处于平衡状态。可是现在不同了。我们对外实行了开放政策,引入了竞争机制;高校内部也引入了竞争机制。"大锅饭"已被否定,"铁饭碗"也被打破。这种巨变促使高校各个方面从原来平衡状态变成不平衡状态,尤其是人们的心理状态也失去了平衡,感到不适应,有失落感、无所适从感、压力感。学校内也呈现出纷杂无序的景象:领导面临的问题大部分均涉及钱的问题,经费不足,为钱而困惑;教师不安心教学和研究工作,有的想出国,有的想经商办公司,有的却一筹莫展……总之,原来的平衡被破坏,存在新的亟待解决的问题:面对开放和竞争教师如何发展? 学校如何依靠自身的力量逐步改善教师的物资生活条件,稳定教师队伍,把教学和科研搞好,并求得自身发展?

五、体系是一非线性体系

如果体系是一个线性体系,那它根本被排除了出现耗散结构的可能性。只有非线性体系才能演化为有序的耗散结构系统。判断一个体系是否非线性,也与上述条件类似,就是要研究体系的组成部分构成是要素还是元素,即组成部分不仅在数量上而且在性质上要相互独立且有相当的差异。另外,组成体系的独

---

① 苗红:《"高等教育—经济"复合系统的复杂性及其协调发展研究》,天津大学博士学位论文,2004 年。
② 上海高校软科学联合研究中心编:《首届高校软科学学术研讨会论文集》,上海交通大学出版社 1989 年版,第 231 页。

立要素数量必须大于等于三。例如,老子就很早领悟到了这种数量达到三的威力。他说:道生一,一生二,二生三,三生万物。

六、涨落

只有涨落无法分析。涨落是耗散结构出现的触发器,但是何时出现涨落却是不可预测的。我们只能大致地对涨落出现的阶段及其意义做一描述。涨落如果出现在体系刚刚偏离平衡态的近平衡态区,那么对体系演化为耗散结构是无建设性意义的;只有涨落出现在体系远离平衡态的区域时,才能够起到成为耗散结构触发器的作用。

从热力学角度看,一个孤立系统,尽管初始时在各个部位的热力学参量可能具有不同的值,但这些参量会随时间变化最终达到一种不变状态(或叫定态),这种定态就称为平衡态,它有两个重要特征:一是状态参量不再随时间变化,二是在定态系统内部不存在物理量的宏观流动。凡不具备以上任一特征的状态都叫非平衡态。显然,系统的状态参量是随时间变化而不断变化的,本质上是一个非平衡系统。从空间角度看,由于文化、历史、观念形态、自然环境等因素,使得系统处于低量级的非平衡态,分布不平衡,这种非均衡发展激起势差,由势差引起竞争和涨落,并相应地形成动态的流和力;从时间角度看,各子系统发展速度不平衡,也同样存在着势差。因此,在外部环境驱动下,有规则的波动和随机扰动会出现各种各样的涨落,输入不同量级的负熵流,这些局域负熵流的积分即为总熵,它来自系统的非平衡特征。[①]

在计划体制下,我国高等教育系统的管理体制、政策方针长时期处于近平衡态,高等教育系统融资渠道单一,学校没有自主招生权,毕业生按照计划分配给各个经济部门。由于国家的过多干预,从一定意义上说,使高等教育系统变成一种他组织系统而非自组织系统,已经失去了自我创新、自我发展的机制。因此,这种计划体制使系统内部不存在势能差,而这意味着此系统必然是一个低功能系统。

高等教育系统的物质能量信息分布越来越不平衡。随着教育经济体制改革的进行、多种所有制形式及竞争机制的引入,我国高等教育系统逐步形成了国家举办为主、社会各界积极参与举办的格局,打破了政府包揽办学的格局;通过高等教育机构的投资体制改革,建立了以财政拨款为主、其他多渠道筹措教育经费

---

① 苗红:《"高等教育—经济"复合系统的复杂性及其协调发展研究》,天津大学博士学位论文,2004年。

为辅的体制；通过高等教育管理体制的改革，改变了政府直接行政管理，形成了运用立法、拨款、信息、服务、政策指导为主的间接管理和宏观管理，为高校依法自主管理提供了条件。加之我国地域辽阔，地区之间在经济、教育、文化等方面存在较大的差异，各地区高校所处的环境条件、校内经济实力、师资队伍状况、思想观念也不尽相同，这必然使高等教育向多样化差异化发展。[①]

在计划经济体制下，我们曾经追求维持一个低水平的平均分布的平衡结构，思维定式也是局限在统计平均分布的平衡态，致使系统长期沉陷在死寂的静平衡区里，毫无生机。党的十一届三中全会使我们能够摒弃由旧的传统观念筑成的凝固了的静态平衡，认识到系统的非平衡本质特征，系统内各子系统发展不平衡，子系统内的各组元也不平衡，增长并非同时出现在所有地方，它以不同的强度首先出现在一些增长极或增长中心上。然后通过不同的渠道向外扩散，并对整个系统产生不同的极性影响（东部沿海率先发展，然后向内地扩散并帮扶西部地区的发展就是例证）。按照这一规律，我们在经济领域里制定新的产业政策、调整产业结构、抓住主导产业，发展有特色的优势产业、重点产业；在科技教育领域提倡创新精神，重视学科带头人，奖励有突出贡献的人才；在人口演化中实行计划生育，提高人口素质。正是这一系列的改革，促使该系统远离平衡态，形成耗散结构，从混沌向有序发展。[②]

七、非稳定性

涨落表现了体系的非稳定性的一个因素，逐渐地远离平衡也表现了体系的非稳定性的一个方面；非线性反映了体系内部的非稳定性。外界输入的渐增激励着非稳定性，当这种输入达到一定阈值时，意味着体系的稳定性已经达到临界状态，再稍稍越过一点点儿，体系立刻就会跃迁到新的有序状态。另外，如果体系存在着广义的"流"和"力"，那么体系必定存在着一定程度的非稳定性。但不好定量地判断是多少和多大。我们可以按照控制论的"黑箱"方法，而无须判断和分析体系的非稳定性。只要控制外部控制参量的阈值即可。当然，体系可以建立数学模型进行描述和解析的，应该运用数学的稳定性分析方法去加以解决。

任何系统都有其生长和衰亡的过程，也就是说，有机体不是一种固定不变的

---

① 苗红：《"高等教育—经济"复合系统的复杂性及其协调发展研究》，天津大学博士学位论文，2004 年。
② 苗红：《"高等教育—经济"复合系统的复杂性及其协调发展研究》，天津大学博士学位论文，2004 年。

东西,而是一个活动的组合体,一切有机体均处于不断变化和发展的过程之中。教育系统亦如此,其动态性的表征有:一方面,教育系统的要素结构和功能不是固定的,总会随时空环境的变化而改变;另一方面,教育系统在动态发展中优化。教育系统总是不断地与外界进行着物质、信息与能量交换,并在"熵"的流动变化中获得新的发展。① 如教育者与受教育者在经验和技能等方面最初处于一种远离非平衡的状态,但随着教育活动的开展,教育者与受教育者之间不断进行着物质、能量与信息的交换,这种远离非平衡逐渐演化为非平衡态。再随着教育活动的进一步深入,受教育者的经验和技能逐渐增多,与教师的经验和技能就达到一种相对的平衡,此刻预示着前一阶段的教育基本结束,将进入更高的阶段学习,寻找新的非平衡态。教育就是在这样的动态交替中获得发展。②

第五节　用耗散结构理论研究教师发展初探

耗散结构对高等教育系统发展的启示③。熵理论启示管理者必须对"高等教育—经济"复合系统进行内外部关系协调管理,而不能顺其自然。一方面,在"高等教育—经济"复合系统内部,高等教育系统超越经济条件扩大规模,经济系统一味地发展经济,忽视人才的储备、产业结构产业布局与教育结构教育规模不匹配等问题都将导致"高等教育—经济"复合系统的高熵态。另一方面,孤立地考虑"高等教育—经济"复合系统发展,忽视其与外界系统的联系,会使系统无序度越来越大,最终系统将自发达到最复杂、最无序的状态。所以系统应尽量设计为低熵结构,且以低熵运行。达到低熵的手段是要加以有效的约束,这就需要对"高等教育—经济"复合系统进行不断的协调、管理。

耗散结构理论启示我们,形成高等教育系统耗散结构通过使系统内部低熵运行和输入负熵流来实现:$\min dS = d_i S + d_e S (dS < 0)$,即对高等教育系统协调管理的实质是一个如何降熵的过程。

首先,培养领导者的降熵意识是系统降熵的前提条件和首要任务。在相对封闭的教育组织内部,新出台的各种教育组织制度和经营管理制度,在初始时是

---

① 范国睿:《复杂科学与教育组织管理研究》,《教育研究》2004 年第 2 期。
② 段胜峰:《教育复杂性及其对教育改革的启示》,《大学教育科学》2015 年第 4 期。
③ 苗红:《"高等教育—经济"复合系统的复杂性及其协调发展研究》,天津大学博士学位论文,2004 年。

最有效的,而随着时间的推移和环境的变化,许多管理制度变得不再适合,且又制约其他因素有效性的发挥。在这个从有效到无效的过程中,教育组织内部的管理熵将不断增加。决策者处于管理系统的核心地位,是系统发展的方针政策的制定者,可以通过适时调整方针政策影响系统的信息、物质、能量交换。

其次,充分开放高等教育系统,不断接受外部环境的挑战。按照耗散结构理论,开放是系统耗散结构形成的前提,通过开放,才能加强与社会其他子系统的交流合作,适应环境变化,才能使系统完成从低级有序向高级有序的转变。为此,要形成开放的大系统,不仅要加强内部管理系统各个环节、各个要素、各个部门间的沟通和协调,来减缓和抑制内部熵增;而且让它们都有与外界进行物质和信息交换的权力,使它们与外界广泛接触,充分暴露在与外界的交换中。促进高等教育系统内外人力资源、管理经验、资金技术的流动,使高等教育系统不断获取外界的物质、能量和信息,实现高等教育系统的耗散结构。

再次,要合理调配现有高等教育系统资源。资源是有限的,高等教育系统资源同样不可以无限消耗。高等教育系统的资源包括教育经费、科研经费、师资力量、设备资源、图书信息资源,等等,要使系统的熵值最小,必须合理利用与分配资源。这就需要提高资源的利用效率,通过要素整合,达到系统耗能最少、绩效最高的状态;充分开发现有教师资源,赋予教师个体以充分的自主性、自由度与选择权,调动教师的积极性,实现高效办学;对有限的经费要控制消耗、充分利用、分配结构合理、避免浪费。

第六节　高职教师专业"校本生态发展"策略探析

校本教师专业发展生态化是一种理念,是一种实施策略,是一种在系统观、整体观、联系观、和谐观、均衡观指导下的教师专业发展,以生态可持续发展的理念推进教师专业生态化发展,是实践科学发展观,确保高职教育质量提高的应然和必然。

首先要确立生态思维。生态学中全面联系、突出整体价值、强调动态过程、追求持续发展的思想,为教师专业发展的生态观提供了理论基础。教师专业生态化发展,目标是要在教育生态系统内形成一个和谐、均衡、有序、包容的教师发展环境。同时遵循可持续发展的理念,追求共同、协调、公平、高效和多维发展,公平性、持续性和共同性是可持续发展的原则。

其次，建立合作机制。教师专业发展生态观是指以更开放的视野关注教师专业发展的社群、背景、合作和文化，合作能够增加教师之间的信息交流，使教师从个体性存在过渡为整体性存在，与群体中的其他教师主体结合为共同体，并在与共同体成员之间的互动中获益，在教师群体的持续性发展中形成"再生产性"的影响。教师专业发展是教师持续学习的过程，认知是合作，学习是集体智慧的互动，建立良好的合作机制，提倡合作、共生、协同演进，避免过度竞争带来的生态危机隐患。因为竞争倾向于缩小生态位，而互利合作与共生倾向于扩大生态位。因此，基于生态观的视野，合作机制是推动教师专业发展的有效机制。

最后，要建设生态文化。生态文化是人与自然和谐的文化，生态文化的特点在于用生态学的基本观点去观察现实事物，解释现实社会，处理现实问题，建立科学的生态思维。生态文化强调的是整体思维模式、尊重生命价值的生态道德观、天人合一的生存境界。教师的专业发展并不单是知识的丰富和技能的娴熟，还包括教师的职业道德、价值观、情感、意志、态度、兴趣等的发展和完善，而这些直接受到教师所在环境的影响，因此应注重从生态文化的层面强调教师专业发展的群体性及其文化和氛围，使教师在开放、动态、和谐的环境中获得全面可持续的专业发展。教师专业发展生态文化建设着力点是内隐的"生态价值取向"。"生态价值"主要包括三个方面的含义：第一，任何生物个体，在生存竞争中不仅实现着自身的生存利益，也要创造其他物种和生命个体的生存条件，任何个体对其他个体的生存都具有积极的意义（价值）。第二，任何一个个体的存在，对于整个生态系统的稳定和平衡都发挥着作用。第三，自然界系统整体的稳定平衡是人类存在（生存）的必要条件，具有"环境价值"。基于生态价值取向，学校生态文化建设方面可以利用制度保障等"外塑力"作为基础，在专业机构的组织下通过诸如校本教研、培训、论坛、沙龙和午餐会等多种形式的活动整合凝聚教师的群体智慧，激活合作机制，让教师在不断的学习、争鸣和论证等实践中解放思想，提高认识，建立共同愿景，逐步形成能够获得群体广泛共识的生态价值取向，进而生成教师努力实现自身专业发展的组织生态文化，并形成内生的教师专业发展制度文化。美国著名管理学家德鲁克指出："管理的任务就在于使个人的价值观和志向转化为组织的力量和成就。"因此，学校在教师专业发展制度供给过程中的一个核心任务就是要通过学校文化建设塑造正确的共同价值观，从而实现对教职工的价值引领与精神境界的提升。

第七节　耗散结构理论下高职院校四梯度
教师发展系统的动力学模型

　　自从自组织理论诞生以来,人们就开始研究如何运用这种理论来分析复杂系统的实际问题。到目前为止,国内外学者运用该理论在社会系统、教育经济系统、生物系统等领域开展研究工作[①],并取得了一些有益的结果。我们认为高职院校教育系统也是一个复杂的开放系统,能够用自组织理论解决高职院校教育问题。本书中,我们运用自组织理论建立高职院校教育的动力学模型,以期寻找一种定量描述高职院校教育系统演化的方法。[②]

一、自组织理论及应用简介

　　自组织理论是 20 世纪 70 年代建立起来的,包括耗散结构和协同学。所谓耗散结构理论是指一个远离平衡态的开放系统(力学的、化学的、物理的、生物的、社会的、经济的等系统),通过不断地与外界交换物质和能量,在外界条件的参量达到一定阈值时,能从原来的无序状态转变为在时间上、空间上或功能上的有序状态,当外参量继续改变时,还会出现一系列更复杂的结构状态。这种远离平衡情况下所形成的新的有序结构,称为"耗散结构"。而研究耗散结构的性质、它的形成、稳定和演变的规律的科学称为耗散结构理论。[③]

　　1) Progogine 在总结大量实验的基础上,提出各类不同系统向有序方向演化并形成有序结构,必须满足下列条件:

　　① 系统必须是开放的,必须从外界吸收一定的物质、能量、形成负熵流,只有足够的负熵流,才能使系统形成有序结构。

　　② 系统内存在非线性相互作用,描写系统演化的数学模型是非线性微分方程。非线性微分方程有多个定态解,在一定条件下,定态解之间的转化反映了系统状态之间的转化。

---

① 姜璐等:《自组织管理理论》,北京师范大学出版社 1995 年版。
② 张金春、罗家忠、刘景权:《自组织理论对海军院校教育系统的分析》,《系统工程理论与实践》1999 年第 9 期。
③ 狄增如、姜璐:《简单学校教育系统的发展与控制》,《系统工程理论与实践》1993 年第 2 期。

③ 系统必须处在远离平衡的非平衡态，系统内部存在某种不均匀。

④ 存在涨落。

这四个条件是一切系统出现有序结构的必要条件，自然系统满足上述条件，可以形成自组织有序结构；不满足上述条件，则不会出现有序结构，只能向无序方向演化。

罗杰斯特方程——自催化作用①。系统工程在分析系统时，先选择变量，然后通过线性演化方程 $\mathrm{d}X/\mathrm{d}t = AX$ 来反映系统的变化（这里略去了输入项），并取得了很大的成就。前面我们已经指出，利用耗散结构理论分析系统从无序向有序的转变，讨论远离平衡态的开放系统的演化，必须采用非线性微分方程组，不能采用线性方程。同时，给出定性分析、画框图、确定数量关系等一系列方法来建立模型。城市系统非常复杂，我们只能找出不同变量之间的联系是否存在，而无法给出联系的具体形式，这给研究带来了很大困难。解决困难的办法是在保证方程的非线性前提下，给出一个尽量简单的数学方程来表示系统演化的基本趋势；然后，根据实际需要不断修正，使建立的数学模型逐渐接近实际。

从数学上讲，最简单的非线性演化方程，就是一个最高项为二次项的一阶微分方程（演化方程）

$$\frac{\mathrm{d}X}{\mathrm{d}t} = AX + BX^2 \tag{4.1}$$

（4.1）当 $B=0$ 时，方程变为系统工程所采用的方程的基本形式。在物理学中，表征系统状态的变量，一般随时间增加（减少可以看成朝相反方向的增加），但增加到一定程度，就会由于环境的影响，稳定在一个定值上。我们把这个定值称为环境最大容许值。某些偶然的扰动，会使变量高于容许值；尔后，它会随时间减少，达到与原来一样的容许值。这样的物理过程可以概括社会经济系统中大部分变量的性质，也是我们对教育系统和大部分经济系统建立模型的依据。这样的物理过程可以表示为：

$$\frac{\mathrm{d}X}{\mathrm{d}t} = \alpha X\left(1 - \frac{X}{N}\right) \tag{4.2}$$

α 表示单位个体增长的速率，N 表示环境所能容许系统变量的最大值。下面仅分析 $\alpha > 0$ 的情况：当 $X < N$ 时，状态变量 X 低于最大值，（4.2）式右端大于零，因此 X 增长；当 $X > N$ 时，（4.2）式右端小于零，因此 X 减少；只有当 $X = N$

---

① 沈小峰、胡岗、姜璐：《耗散结构论》，上海人民出版社 1987 年版，第 169 页。

时,即变量 X 等于环境的容许值,这时变量不再发生变化,稳定在环境容许的最大值上。习惯上称(4.2)方程为罗杰斯特方程(Logistic Equation)。

罗杰斯特方程是具体的二次非线性微分方程,它包含正反馈项,也包含负反馈项。这一方程反映了系统演化既有使其增长的因素,也有使其下降的因素,增长下降的机制不一样。它们的共同作用,使系统呈现出丰富多彩的演化图像。

(4.2)式中 α 的大小反映了系统变化的快慢,如果我们不关心系统变化的速度,只关心系统稳定状态的特点,要寻找系统的定态解,那就只需讨论 N 值的大小。N 值的大小决定了系统稳定状态的性质:N 值大,系统变量 X 的稳定值也大;否则,X 的稳定值也小。N 反映了"环境"的作用。"环境"N 可以不断地变化,每当 N 变为一个较大的值,系统的变量也会随之增加,变为相应较大的量,并稳定在这个值上;若 N 再增大,又会使系统的变量增加,然后稳定在另一新的值上。N 的不断变化,引起系统稳定状态不断变化是这类方程的一个特点。

对教师变量来讲,一个系统、一个学校中教师变量 X 稳定值取决于学校中的经济情况。经济效益好,教师安心,学校留得住人才;经济效益低,教师流失增多,教师会迁移到其他学校,教师数量减少。当然,学校的教师数量稳定值也还取决于学生数量、工作环境等。这样,我们用罗杰斯特方程具体反映了教师变量自组织的过程,反映了系统的自催化机制。

哈肯在分析大量实验的基础上,总结出系统演化的一般特点,并且将它推广成普遍适用的规律,称之为役使原则。该原则认为所有系统演化在临界点发生相变时,快变量对系统演化速度快慢不再起作用;慢变量主宰着演化进程,并支配着快变量的行为。基于慢变量支配快变量这个原理,在为研究系统相变特点而讨论系统的演化时,我们可以从系统演化方程中消去所有的快变量,即用慢变量表示快变量,从而得到用少数几个慢变量表示的低维方程。用系统工程等方法研究社会系统时,通常选择成百上千个变量,要有大容量计算机,这对细微了解系统演化特点是必要的,但给收集数据、结果分析带来很大困难。在分析非线性方程组时,自组织理论着重整体分析,采用定性理论求出系统的稳定状态,研究随参数的改变系统稳定状态改变的情况。

复杂系统的演化方程必须是非线性的微分方程,从系统演化的性质来分析,只有非线性微分方程才存在多个定态解,才能反映系统从无序向有序状态的演化。为此选用 Logistic 方程(4.3)来讨论复杂系统的演化规律。

$$\frac{\mathrm{d}X}{\mathrm{d}t}=\alpha X\left(1-\frac{X}{N}\right) \tag{4.3}$$

需要说明的是,式中 α、N 均大于零。这是一个有限制的增长方程,参量 α 反映变量 X 增长的快慢,表示在 X 小时,X 是不断增加的,增加的快慢取决于 α 的大小,α 越大,X 增加的速度越快,反之,X 增加的速度越小。参数 N 表示对变量 X 增加的限制。当 $X<N$ 时,(4.3)式右端为正,系统状态变量 X 随时间不断增加;当 $X>N$ 时,(4.3)式右端为负,X 随时间减少,两种条件下最终系统都将稳定在由 N 表示的外界环境容许的数量上。本书中,我们将利用 Logistic 方程(4.3),在张金春、罗家忠、刘景权等所做的自组织理论对海军院校教育系统模型的基础上,建立描述高职院校教师发展系统的动力学模型。[①]

二、高职院校教师发展系统研究

为讨论问题方便,我们将高职院校教师队伍分成五种类型:专兼职教师/校内专任教师/校内兼课/校外兼职教师/校外兼课教师,教师发展划分为五个层次:职前教师→初任教师→胜任教师→成熟教师→专家教师(或领袖教师或校长或其他行政长官)。同时,我们假定:

(1)高职教师的五支队伍中每支队伍都需要五个教师发展阶段的人才。

(2)高职院校教师按五支教师队伍按照教师发展阶段的五个层次共划分成 25 类情形。

(3)J 支队伍 I 层次的教师缺额由该类型队伍的已完成本阶段发展的教师补充。

(4)J 支队伍 I 层次的需要进行专业发展(培训、进修等)的教师人数的发展受该教师队伍该层次的教师(已完成本阶段发展任务)数量、教育经费(培训经费)、院校发展的师资需求等因素共同影响。

(一) 模型中变量、参量的选取及其含义

1. 变量

$X(I,J,t)$:表示第 t 年 J 类型师资队伍 I 层次学校正在接受教师发展的教师人数。其中,$I=1,2,3,4,5$ 分别代表教师发展五个层次,$J=1,2,3,4,5$ 分别代表高职教师的五支队伍种类。如表 4-1。

---

① 张金春、罗家忠、刘景权:《自组织理论对海军院校教育系统的分析》,《系统工程理论与实践》1999 年第 9 期。

表 4－1

	$I=1$	$I=2$	$I=3$	$I=4$	$I=5$
教师发展五个阶段	职前教师	初任教师	胜任教师	成熟教师	专家教师（或领袖教师或校长或其他行政长官）
	$J=1$	$J=2$	$J=3$	$J=4$	$J=5$
教师队伍的五个类型	专兼职教师	校内专任教师	校内兼课	校外兼职教师	校外兼课教师

$T(I,J,t)$：表示第 t 年 J 类型师资队伍 I 层次学校的教师人数。

$Y(J,t)$：表示第 t 年 J 类型师资队伍的教师数目。

$P(t)$：表示第 t 年的学校教育总经费。

2．参量

$a(I,J)$：表示 J 类型师资队伍 I 层次教师正在进行教师发展（培训进修等）的发展速率。

$N(I,J,t)$：表示第 t 年 J 类型师资队伍 I 层次教师正在接受教师发展（培训进修等）的发展潜力因子。

$A(I,J)$：表示 J 类型师资队伍 I 层次教师正在进行教师发展（培训进修等）教师与已完成本阶段同类型教师发展任务的教师之比。

$f(I,J,t)$：表示第 t 年教育经费分配到 J 类型师资队伍 I 层次教师的比例。

$C(I,J,t)$：表示第 t 年 J 类型师资队伍 I 层次教师正在接受教师发展（培训进修等）的人均费用。

$\beta(I,J)$：表示 J 类型师资队伍 I 层次教师的转出比。

$M(I,J)$：表示 J 教师类型 I 层次教师的专业人员占该类型师资队伍的比例。

$L(I)$：表示 I 层次教师发展所需的平均时间。

$\sigma_1(K,J)$ 表示 J 教师类型 K 层次的毕业教师补充到该教师类型 I 层次教师队伍的比例。

$a(J)$：表示修正因子，一般情况下，$a(\tau)\geqslant1$，若 $a(J)<1$，表示不应该发展该教师类型。

$\varepsilon(I,J)$：表示 J 教师类型 I 层次的教师转业、离退休、调任新岗位的比例，通常 $\varepsilon(I,J)<1$。

3．参量间的替代

令：　　　　　　　$\gamma(I,J,t)=f(I,J,t)/C(I,J,t)$　　　　　　（4.4）

$$B(I,J)=a(J)\beta(I,J)M(I,J) \tag{4.5}$$

（二）模型的动力学方程

我们知道在 Logistic 方程中最重要的因素是潜力因子 N，它应由系统与环境及系统内部各要素的相互作用决定。通常系统潜力因子 N 是 n 个相互平行的因素 $N_1,N_2,\cdots,N_n$ 共同决定的。在高职院校教育系统中，J 教师类型 I 层次的教师人数的发展由三个因素决定：

（1）表示 J 类型师资队伍 I 层次的教师决定的办学条件 N_1；

（2）分配至 J 类型师资队伍 I 层次教师的办学经费决定的经济条件 N_2；

（3）学校对 J 类型师资队伍 I 层次教师的专业人才的需求 N_3；

数学表达形式如下：

$$N_1=A(I,J)T(I,J,t) \tag{4.6}$$

$$N_2=\gamma(I,J,t)P(t) \tag{4.7}$$

$$N_3=B(I,J)Y(J,t)L(I) \tag{4.8}$$

高职院校教育教师发展系统模型的动力学方程如下：

$$\frac{\mathrm{d}X(I,J,t)}{\mathrm{d}t}=\alpha(I,J)X(I,J,t)\left(1-\frac{X(I,J,t)}{N(I,J,t)}\right) \tag{4.9}$$

$$T(I,J,t)=\left[1-\varepsilon(I,J)\right]T(I,J,t-1)+\sum_{k=1}^{5}\sigma_1(K,J)X(K,J,t)/L(K) \tag{4.10}$$

其中：

$$N^{-1}(I,J,t)=\frac{1}{3}(N_1^{-1}+N_2^{-1}+N_3^{-1}),I=1,2,3,4,5;J=1,2,3,4,5 \tag{4.11}$$

另外，还有一个重要的关系式

$$\sum_{I,J}(I,J,t)=1 \tag{4.12}$$

（三）关于模型动力学方程的说明

1) 方程(4.9)中用 $X(I,J,t)$ 表示第 t 年 J 类型师资队伍 I 层次正在接受教师发展的人数的发展，主要受到该教师类型该层次的已完成教师发展（培训、进修等任务）教师、学校的需求及教育经费三个条件的限制。

$N_1=A(I,J)T(I,J,t)$ 表示由于该类型师资队伍该层次所限定的允许 J 类型师资队伍 I 层次教师正在接受教师发展的人数，即表示了师资对允许接受教师发展的教师人数的约束或提供的潜力。

$N_2 = N_2 = \gamma(I,J,t)P(t) = f(I,J,t)P(t)/C(I,J,t)$，分子 $f(I,J,t)P(t)$ 表示第 t 年教育经费用于 J 类型师资队伍 I 层次教师的资金数，分母表示第 t 年培养一个 J 类型师资队伍 I 层次教师的资金，故 N_2 为由于资金所限定的 J 类型师资队伍 I 层次教师的正在接受教师发展的教师人数，即教育投资对允许教师进行教师发展的人数的约束或提供的发展潜力。

$N_3 = B(I,J)Y(J,t)L(I) = a(J)\beta(I,J)M(I,J)Y(J,t)L(I)$ 反映了学校对 J 类型师资队伍 I 层次教师的需求数量，所以 N_3 表示了学校需求对允许教师进行教师发展的人数的约束或提供的发展潜力。

$N(I,J,t)$ 构成了对 $X(I,J,t)$ 发展的制约。实践表明若办学资金所限定的 J 类型师资队伍 I 层次的正在接受教师发展的教师数 N_2 与学校对该类型师资队伍该层次人才的需求 N_3 相当，$N_2 = N_3$，而 J 类型师资队伍 I 层次的教师所限定的能够进行教师发展的教师数 N_1 较少，即 $N_1 < N_2 = N_3$，则 $X(I,J,t)$ 最终将等于或略大于 N_1，而不会等于 N_2 或 N_3，即在 N_1,N_2,N_3 中越小的项对 $X(I,J,t)$ 的限制越强，$X(I,J,t)$ 可能在一定程度下超过其中较小的项，但最终不能超出太多，而稳定在一定水平上。这里所给出的模型，较好地体现了上述分析的特点。应该说，对 J 类型师资队伍 I 层次的教师发展要有合理的投资并配备适量的教师，才能使完成了教师发展的教师满足学校师资建设的需要，此模型不仅定性分析可与实际一致，而且可以在定量上进行分析。

2）方程（4.10）是 J 类型师资队伍 I 层次教师的延时方程，第 t 年 J 类型师资队伍 I 层次的教师由两项组成，一项是 $[1-\varepsilon(I,J)]T(I,J,t-1)$，即 $t-1$ 年在第 t 年的留任量；另一项是 $\sum \sigma_1(K,J)X(K,J,t)L(K)$，即 J 类型师资队伍中完成教师发展的教师补充到 I 层次教师队伍的补充量，矩阵可以用 5×5 的矩阵表示，即

$$\sigma_1 = \begin{pmatrix} \sigma_{11} & \sigma_{12} & \sigma_{13} & \sigma_{14} & \sigma_{15} \\ \sigma_{21} & \sigma_{22} & \sigma_{23} & \sigma_{24} & \sigma_{25} \\ \sigma_{31} & \sigma_{32} & \sigma_{33} & \sigma_{34} & \sigma_{35} \\ \sigma_{41} & \sigma_{42} & \sigma_{43} & \sigma_{44} & \sigma_{45} \\ \sigma_{51} & \sigma_{52} & \sigma_{53} & \sigma_{54} & \sigma_{55} \end{pmatrix} \tag{4.13}$$

3）方程（4.12）中的 $f(I,J,t)$ 是第 t 年教育经费分配至 J 类型师资队伍 I

层次的比例,$f(I,J,t)$是一个重要的政策性参数,它决定了整个高职院校教师发展系统的发展趋势和最终结构,若参数 $f(I,J,t)$ 调整得不合理,可能导致某类型师资队伍一些层次的教师数多于学校发展的需要,造成不必要的人才浪费,而另外一些类型师资队伍层次的教师数少于学校的需求,这将影响学校事业的发展,所以,必须合理地调整参数 $f(I,J,t)$,才可以使学校教师发展系统向符合提高教育质量的方向发展。

三、简化模型的动力学分析

为了方便地利用数学工具讨论高职院校教师发展系统的性质,我们将系统的模型进行简化,希望简化后的模型能保留高职院校教师发展系统的某些主要性质,以便进行定量的分析。

(一) 简化模型及各参量的实际意义

简化后的方程如下:

$$\frac{\mathrm{d}X}{\mathrm{d}t} = \alpha X \left(1 - \frac{X}{N}\right)$$

$$\frac{\mathrm{d}T}{\mathrm{d}t} = BX - AT$$

$$\frac{\mathrm{d}Y}{\mathrm{d}t} = \beta Y \left(1 - \frac{Y}{\gamma T}\right) \tag{4.14}$$

(4.14)式中 A,B,γ,N 为大于零的参量;X 表示某类型师资队伍成熟教师生层次的正在接受教师发展的教师人数;Y 表示某类型师资队伍初任教师层次的正在接受教师发展教师的人数;T 表示某类型师资队伍已完成教师发展的初任教师的教师人数,且 $T \neq 0$。我们假定某类型师资队伍中成熟教师层次的获得进一步教师发展(培训、进修)机会受潜力因子 N 的限制,潜力因子 N 是由一定的师资条件、必需的办学经费和学校的发展需求所共同决定的;初任教师生层次的能够接受教师发展的教师人数是在一定的办学经费和学校需求的情况下,主要由该层次的教师人数所限制,γ 为该层次的完成教师发展与正在接受教师发展的比率。初任教师 T 的变化由两项决定:一项是初任教师的自然减员,它由减员系数 A 决定,因工作需要而退休、离校和调离岗位的教师人数,用 $-AT$ 表示;另一项是初任教师的补充,我们假定某类型师资队伍的初任教师由该类型师资队伍的成熟教师所补充,补充率为 B。

（二）定态解及线性稳定性分析

方程组（4.15）是一个自治方程组，假定定态解为(X_0,T_0,Y_0)，则有

$$\alpha X_0\left(1-\frac{X_0}{N}\right)=0$$

$$BX_0-AT_0=0$$

$$\beta Y_0=\left(1-\frac{Y_0}{\gamma T_0}\right)=0$$

我们得到下面的两组定态解，它们分别为：$(N,BN/A,0)$；$(N,BN/A,BN\gamma/A)$

为了分析方程组（4.14）在参数空间的稳定性，在定态解附近，我们对方程组进行线性展开，并设：

$$X=X_0+\Delta X$$

$$T=T_0+\Delta T$$

$$Y=Y_0+\Delta Y$$

这样，我们可以得到

$$\frac{\mathrm{d}}{\mathrm{d}t}\begin{bmatrix}X\\T\\Y\end{bmatrix}=H(X_0,T_0,Y_0)\begin{bmatrix}X\\T\\Y\end{bmatrix}\tag{4.15}$$

其中

$$H(X_0,T_0,Y_0)=\begin{bmatrix}\alpha-\dfrac{2}{N}\alpha X_0 & 0 & 0\\[2mm] B & A & 0\\[2mm] 0 & \dfrac{\beta Y_0^2}{\gamma T_0^2} & \beta-\dfrac{2\beta}{\gamma T_0}Y_0\end{bmatrix}$$

常微分方程理论告诉我们：当$H(X_0,T_0,Y_0)$没有零和纯虚本征值时，方程组（4.14）的定态解的稳定性与线性近似方程组（4.15）的定态解$(0,0,0)$的稳定性是一致的。所以，我们可以通过分析方程组（4.15）的定态解$(0,0,0)$的稳定性来确定（4.15）中定态解的稳定性。

1）$H(X_0,T_0,Y_0)=(N,BN/A,0)$时

$$H(N,BN/A,0)=\begin{bmatrix}-\alpha & 0 & 0\\ B & -A & 0\\ 0 & 0 & \beta\end{bmatrix}$$

其本征值为$-\alpha,-A,\beta$；则当$\alpha>0,\beta<0$时定态解是稳定的，其余情况是不

稳定的。

2) $(X_0,T_0,Y_0)=(N,BN/A,BN\gamma/A)$ 时 $(N,BN/A,BN\gamma/A)=$

$$\begin{bmatrix} -\alpha & 0 & 0 \\ B & -A & 0 \\ 0 & \beta\gamma & -\beta \end{bmatrix}$$

其本征值为 $-\alpha,-A,-\beta$;则当 $\alpha>0,\beta>0$ 时,定态解是稳定的,其余情况是不是稳定的。

(三) 定态解的实际意义

从讨论中,我们知道当 $\alpha>0,\beta>0$ 时,定态解 $(N,BN/A,BN\gamma/A)$ 是稳定的。

1) 当某类型师资队伍位于成熟教师生层次的教师发展速率 >0 时,能够获得教师发展的教师数最终将发展到 N,适当调整潜力因子 N,使获得培养的教师人数能够满足学校发展与师资建设的需要。

2) 当某类型师资队伍位于初任教师生层次教师的发展速率 >0 时,能够获得教师发展的教师数将发展到 $(B/A)N\gamma$,设此时的正在接受教师发展的教师数为 W,则

$$W=BN\gamma/A \tag{4.16}$$

从(4.16)式看,初任教师接受教师发展的人数 W 依赖于教师的自然减员率 A、教师的增员率 B、成熟教师的发展人数 N、教师发展与正在接受教师发展的比率 γ 之间的变化。

① A,B,N 为一定量时,在不增加教育投资及初任教师人数的前提下,只要充分调动教师的积极性,改善教学条件,利用现代化教学手段,从而提高教师发展与正在接受教师发展的比率 γ,使 γ' 满足 $\gamma'=\gamma+\Delta\gamma$ 其中 $\Delta\gamma>0$,则初任教师正在接受教师发展人数 W' 变成 $W'=W+BN\Delta\gamma/A'$,从而达到增加初任教师接受教师发展人数的目的,以满足学校发展与师资建设的需要。

② 当 N,γ 为某定值时,为使 W 增加,必须使 A 减少或使 B 增加,换句话讲,要相对地稳定初任教师层次的教师队伍,适当地控制初任教师的流失、调离并及时予以补充,以保证学校可持续发展的需要。

③ (4.16)式揭示了成熟教师层次教师中接受教师发展与初任教师层次教师中接受教师发展人数之间的内在联系,即 $W/N=B\gamma/A$,按照我们的模型预测,在接受教师发展规划中的初任教师人数应是成熟教师人数的 $(B/A)\gamma$ 倍。

模型的动力学分析和计算机模拟结果表明,该模型能够描述高职院校教育

系统在外界条件制约下的演化趋势,反映系统内部各因素相互作用对系统发展的影响,但各子系统间的耦合还比较弱,未能深刻地反映高职院校教师发展各类型各层次师资队伍之间的复杂联系和影响,这有待于我们对模型做进一步深化改进(见图 4 - 1)。

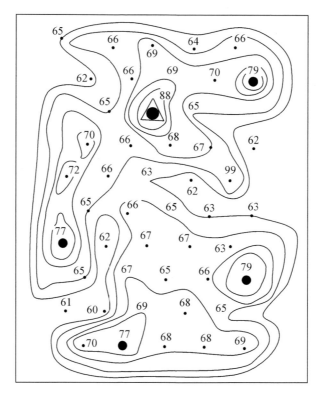

图 4 - 1　高职院校"四梯度"教师发展系统的动力学模型

第五章 高职师资队伍建设有序培养的维度分析

第一节 高职教师专业发展的内涵

一、高职教师的专业发展定位

高等教育大众化导致高等教育机构出现分化,过去的高等教育机构是精英教育,在今天已分化成不同的类型和层次。我国高等职业教育蓬勃发展,为现代化建设培养了大量高素质技能型专门人才,对高等教育大众化作出了重要贡献;丰富了高等教育体系结构,形成了高等职业教育体系框架;顺应了人民群众接受高等教育的强烈需求。高等职业教育作为高等教育发展中的一个类型,肩负着培养面向生产、建设、服务和管理第一线需要的高技能人才的使命,在我国加快推进社会主义现代化建设进程中具有不可替代的作用。[①]

高等职业教育改革发展 20 年来,培养了大量符合社会需要和产业升级方向的技术技能人才,《2018 中国高等职业教育质量年度报告》从学生成长成才、学校办学实力、政策发展环境、国际影响力和服务贡献力构成的"五维质量观",探索建立了不同维度质量评价的指标体系,持续引导高等职业教育强化内涵、提升质量,成为社会了解高等职业教育的重要窗口。《2018 中国高等职业教育质量年度报告》[②]显示:

——学生自信、上进等良好素养逐步形成,实践教学、社团活动的育人功能

① 《教育部关于全面提高高等职业教育教学质量的若干意见》(教高〔2006〕16 号)。
② https://www.tech.net.cn/web/articleview.aspx? id=20180715200833041&cata_id=N496。

日益显现。毕业生就业率、月收入、专业相关度、母校满意度、自主创业比例、毕业三年职位晋升比例等指标稳中有升。毕业生就业质量进一步提高,职业发展上升空间扩大,为阻断贫困代际传递作出贡献。

——云计算、物联网、大数据、智能制造等相关专业快速发展,支撑新兴产业能力增强。高职院校深化产教融合过程中注重将产业先进技术等元素融入教学过程,企业的育人作用不断体现。专业教育与思想政治教育同向同行,呈现全方位育人的良好态势。信息化课堂教学渐入常态化,优质教学资源跨区域跨行业共建共享机制开始形成。

——高职教育服务脱贫攻坚呈现新态势,形成"专业支撑＋产业扶贫""组团式扶贫"等特色模式。校村合作、校镇合作成为城乡融合新模式,成为乡村振兴人才培养的新特点,一批中西部地区院校正在成为当地发展的新地标。优质院校得到地方政府和行业领军企业的认可与支持,为中国制造注入新动力。

——高职院校服务"一带一路"呈现区域特点,开放办学持续深化,境外办学更加多样化。专业教学标准和课程标准逐步得到国(境)外认可,来华留学与培训量增长明显但仍处于起步阶段,亟待高职院校加强专业标准建设,更需要各级政府的政策引导和资源支持。

高等职业教育经过 20 年的发展已被社会广泛认可,高职教育如今已发展为主流的大众教育,已被社会、企业、用人单位和大众所接受,占据了高等教育的半壁江山。高职教育是高等教育的一个类型,具有高等教育和职业教育的双重属性,具有不可替代性。高职教师的发展定位要紧密结合高职教育的定位,紧密结合高职院校的人才培养目标,同时考虑高职教师自身发展的需求,兼顾国家相关的政策需要。目前,高等职业教育教师发展定位在从事这种"教育类型"的专科层次的教师发展上,定位的准确有助于构建教师发展模式的针对性和有效性。

二、高职教师专业发展的内涵

职业教育作为一种教育类型,有着不同于普通教育而富含职业教育根本属性的类型特征,这正是职业教育的基本内涵。这些类型特征至少包括:基于多元智能的人才观、基于能力本位的教育观、基于全面发展的能力观、基于职业属性的专业观、基于工作过程的课程观、基于行动导向的教学观、基于学习情境的建设观、基于整体思考的评价观、基于生命发展的基础观、基于技术应用的层次观和基于弹性管理的学制观。[①] 从事职业教育的教师,尤其是从事高等职业教育的教师,更应具有有别于其他高等教育或者职业教育的特质。

一直以来的研究不断涌现出新思想、新理论。Hargresvs 与 Fulllan 曾对教师发展做出经典分析,指出教师发展的三种取向:作为知识和技能的教师发展;作为自我理解的教师发展;作为社会生态转变的教师发展。[②] 另有学者从高等教育的发展水平和程度及特殊的文化背景知识的角度提出高校教师发展内涵,主要应当包括学术水平的提高,教师职业知识、技能的提高,以及师德的提升三个方面。[③] 潘裕民先生指出,教师专业化包括四个方面:一是强调专业知识;二是强调专业能力;三是强调专业精神;四是强调自我专业意识。这是一个成熟的教育专业人员应具备的四大专业素养,也是教师专业化的四大支柱。[④] 而教师的专业化与教师的发展是难以截然分开的,叶澜先生强调:"两个概念是相通的,均用以指加强教师专业性的过程;当将他们对照使用时,主要可以从个体、群体与内在、外在两个维度上加以区分,教师专业化主要是强调教师群体的、外在的专业性的提高。"[⑤]

高职教育的教师专业发展,首先要强调教师身份为第一位,无论如何分析探讨,教师作为一个职业存在,具有其专业发展所必需的特质,无论是高等教育的教师还是中等或者初等教育的教师,首要的是从教师这个群体的视角来研究分析教师的专业发展,这样来寻找作为教师职业区别于其他职业的地方,从而可以归纳出教师职业的特性,也可以归纳出教师共同体的共性特征。

其次在这一共性特质中研究第二层次,这时候就需要考虑如何选择了,如果从职业教育和普通教育的角度来取舍第二层次的问题,那么很明显它强调的是教育的类型;如果从高等教育、中等教育和初等教育的角度划分第二层次,那么强调的是学历层次的问题。这个问题是第一层次和其后层次研究问题进路的非常重要的前置条件,起着承上启下的作用。

在分析了第二层次的问题之后,我们可能会有两个问题需要归纳:一是高等职业教育的教师专业发展的高等性问题研究;二是高等职业教育的教师专业发

---

① 姜大源:《职业教育学研究新论》,教育科学出版社 2007 年版,第 1 页。

② HARGREAVES A. FULLAN, M. *Understanding teacher deverlepment*. London Casse Ⅱ, New York: Teacher College Press, 1992, pp. 3 - 24.

③ 潘懋元、罗丹:《高校教师发展简论》,《中国大学教育》2007 年第 1 期。

④ 潘裕民:《教师专业发展的理论取向与实现路径》,广西师范大学出版社 2013 年版,第 6 页。

⑤ 叶澜等:《教师角色与教师发展新探》,教育科学出版社 2001 年版,第 208 页。

展的职业性问题研究。虽然指的是同一个群体，但外在框架约束的不同，说明了研究的外延范围不同，研究的落脚点和思考的框架也是不同的。高等职业教育首先强调的是高等教育的学历层次，更多的落脚点放在与中等教育、初等教育进行对比，反映的是作为高等教育教师应具有的专业水平，尤其强调掌握科研的能力和理论素养的深度。高等职业教育强调的是职业教育的优先特征，是与普通教育相比较的，反映的是作为职业教育教师应具备的专业素质，尤其强调职业素养和实践技能水平。这种分析实际上对后续的研究影响极大，而在这个基础上圈定的第三层次的问题才是专业发展或者专业化问题。

三、高职教师专业发展的特性

高职教师的发展具有技术取向性。当前高等职业教育的属性决定了高职教师不仅需要掌握专业高层次的知识技能，形成技术开发能力，而且需要将高层次的知识技能传递给学生，有效培养学生的职业能力。"作为知识和技能的教师发展"和"学术水平的提高，教师职业知识、技能的提高"所强调的是对知识、技能的掌握与传授，是技术取向层面的教师发展。

高职教师的发展具有自主性。教师的发展是一个持续发展的过程，同时教师发展是一个完整的人的发展。从教师个体发展的必要性来看，科学技术的发展和知识更新速度的加快，促使教师要不断发展，教师的个体成长需要发展，教师发展是其生命潜能和价值的延伸与扩展。"作为自我理解的教师发展"和"师德的提升"，强调的是教师在实践中的反思和探究，强调的是教师发展的自主性。

高职教师的发展具有组织性（脉络性）。教师的个体生命存在于学校这个环境中，在与环境的相互作用和相互的构成中生存与发展。教师发展不能脱离所处的学校环境，教师追求发展不仅对教师个人的生命质量具有重要意义，而且具有社会功能和价值。"作为社会生态转变的教师发展"，指的是为教师发展创造适宜的土壤，认为教师学习是在一个脉络中构建的，将个体学习知识与所处的脉络联系起来。学校是具有教学、科研、社会服务三大职能的学术组织与教育机构，学校成功履行其职能的内在机制在于教师，教师发展是学校提高教育质量的保证，是科技创新的源头，是提升教育核心竞争力的基础。教师和学校相辅相成，是一个发展的共同体。教师的专业发展是一个持续不断的学习和发展过程，个体的发展是组织发展的需要，组织持续、有效的帮助和支持能够促进个体的发展。因此教师发展与学校本位趋于融合是必然的。

第二节 高职教师专业发展中的责任主体

一、高职教师专业发展中责任主体

高职教师专业发展问题不仅仅是个人的问题,也是其他相关主体的责任,从权责一致的角度分析以及责权利平衡的视角来看,应当明确不同主体的责任。在高职教师专业发展过程中,相关的利益主体同时也是责任主体。国家要承担相关的责任,相关的院校作为教师工作服务的组织应当承担相应的责任,教师个人则应发挥主观能动性,积极应对高等职业教育发展的需要,承担自我约束和自我引领以及自我发展的责任。社会作为一个大的组织,应为高等职业教育教师的专业发展提供大环境和大气候的支持,尤其是考生和家长及用人单位,他们的高期望转化为动力,有力地促进国家和院校主体责任的落实,促进教师个人改善自我、发展自我愿景的实现。

当然不同主体在高职教师专业发展中的责任分配是不同的,直接责任应当是教师本人,国家和院校属于间接责任。但从社会学角度来看,组织包括国家和院校应承担的是宏观统筹与中观规约的作用,没有大环境的确定和明晰,微观领域的个人则如大海孤舟,缺少罗盘难辨方向,缺少引领丧失动力,没了规矩难定方向,因此无法前进。院校在促进教师专业发展的过程中起着指导帮助和具体落实的责任,院校应当将教师的专业发展作为高职教育师资队伍建设的关键和核心,只有院校落实了国家的相关政策,自觉地将教师专业发展作为学校工作的重点,高职教师的专业发展才不是空话和套话。高职教师个人作为落实主体,既要积极接受国家的职教政策,高度认同国家的职业教育方针,也要积极呼应院校的发展规划和基本要求,同时自己要从多方面自我强化,适度超前,促进自我的专业发展。

二、高职教师专业发展的国家责任

高职教师专业发展虽然仅是国家教育的一个小视角,但对于完善国家教育体系,促进不同类型和不同层次教育的均衡发展,以及国家经济社会发展大局和人才培养质量等的可持续发展,都具有重要作用。

　　首先,国家应该加强对职业教育的宣传引导。这项责任看似与高职教师的专业发展没有直接关系,但从国家层面来看,只有塑造了国家高度鼓励高等职业教育的发展、高度认同高等职业教育的地位、充分落实了高等职业教育的发展政策并给予与其地位相称的资金扶持这样一个形象,高职教育获得与普通高等教育同等的地位,形成职业教育与普通教育并驾齐驱的局面,高职院校的教师职业发展才能激发出活力,才能获得倍数效应。如果国家仅仅是喊喊口号、发发文件,并没有在落实上下功夫,带来的结果可想而知,教师就会处在自我救赎的过程中,他们干着高职教育的工作,却想着普通高等教育的未来,一旦机会成熟,立即改换门庭,最终伤害的则是来之不易的高职教育,也会引发连锁反应,影响国家、企业和考生家庭的利益。

　　其次,国家应该制定高等职业教育发展的全面规划,既要考虑国家的当前需要,也要预见未来经济社会发展的趋势,从长远规划职业教育的定位布局,尤其要关注强化职业教育内部体系的问题。目前的职业教育,中职如日中天,高职如火如荼,应用型本科如朝阳出海,但三者在内部并没有形成通畅的交互渠道,虽然我们看到了有些高职院校开展了中职对口单招,高职也有优秀学生的专转本,但这种政策的落实是靠院校自身的努力进行的,国家虽有指导但没有得到充分落实,尤其是应用型本科的招生问题,对于高职学生而言,他们的出路多止步于专科,这种教育定位和规划,实际上并未形成体系。我们需要借鉴一些国家的做法,比如首先从国家职业资格的角度考虑,制定国家职业资格标准,引导职业教育发展。同时考虑职业教育自身的招生考试,首先打通的是纵向的职业教育体系内部,形成上下贯通的体系,尤其是将职业教育限制在本科层次是不科学也是不符合未来社会发展实际需求的,比如台湾地区职业教育不仅有大专、本科层次,也有硕士和博士研究生层次教育,大陆一些普通高校早已开展了职业教育,比如工程硕士、法律硕士,甚至 MBA 和 MPA 等类型的教育都是从属于职业教育体系范畴的,但是一些普通高校在享受这种政策利好和经济效益的时候,并不愿意放下身段主动承认自己搞的是职业教育,因此我们在职业教育内部如果无法形成科学的教育体系的话,那么提倡教师的专业发展只能是点和面的关系,并不能形成立体。同理,如果不能打通职业教育与普通教育的横向交流渠道,也一样难以形成科学合理的国家教育体系,条块分割、各自为政、自说自话等就会一直持续下去,高职教师就会"身在曹营心在汉",其专业发展的努力必然成为工具,专业发展的过程也无非是普通高等教育的储备。

另外,国家的责任还应当从比较务实的角度来推进,有了科学的规划和美好的预期,如何落到实处,如何体现国家对高职教育的重视,发一个文件表明的仅仅是态度,但如何落实才是让人辨别是否真正重视的关键。体现得最直接的就是实实在在的利益,比如对高职教育的经费支持上,在基础设施建设、图书经费、生均拨款、教师工资福利等方面体现出与普通高等教育的同等待遇,在招生上允许与普通高等教育列入同批次招生,而不是在普通高校招生完成后剩余的学生里择优录取,当然这个实现过程比较漫长。同时我们也可以看到对于教师专业发展非常重要的科研方面,国家社科基金、自然科学基金和教育部项目中,高职院校教师获准立项的可谓凤毛麟角,高职教师确实在科研水平上与普通高校教师有较大差距,但科研经费的大比例失调则会加重这种不均衡局面的出现,如此一来,高职教师专业发展重要的依托就会遇到天花板效应,虽然比较好的现象是,在省内或者当地,由于高职教育较好的人脉发展关系,相当数量的高职教师获得了数量较多的教科研课题,但这种科研的天花板,限制和阻碍了高职教师向更高层次迈进的步伐,也影响了高职教师开展自我专业发展的动力。

三、高职教师专业发展的院校责任

教师发展近年的范式转移,其中一个变化是"以学校为焦点的教师发展取向"。强调一种以学校为本位的专业发展,倡导在学校本位的基础上,依据学校可支配和利用的资源,构建一种学校和教师发展相统一的模式,将教师发展与学校发展相结合。"学校本位"大致是指这样一种现象:学校作为教育服务提供的最基本单位,它应当拥有支配各种社会资源的权利和自由,并为这些资源的使用和绩效负责。① 高职学院作为教育服务组织,能够获取教师发展所需的资金、时间、空间等资源。学校能够运用自身的权力,自主配置教师发展所需的资源,为教师发展提供服务。但是校本化也需要注意,校本化不是无限的自由化,也不是不受约束的个性化。校本化应当在国家统一的教育方针下,在学校发展的科学定位下,在保持与同类学校共性的外部政策环境下,开展中观领域的教学改革,这种改革要依据教育的规律,要结合国家的大政方针,而非另起炉灶的否定一切。

校本化的教师专业发展可以为高职教师的专业发展提供方向和路径的指

---

① 柯正:《校本教师专业发展的立论基础》,《全球教育展望》2011 年第 9 期。

导。应有一种自上而下的校本教师发展的模式化行为,这种模式化行为其实质就是一种制度,制度就是一种稳定持续的行为模式。学校应制定一套明确的教师发展规则框架,使教师有一个发展的稳定预期目标,而且明确实现预期目标的途径和方式,学校通过这种制度支持,全面促进教师队伍稳定持续地发展。

院校在高职教师专业发展中的责任重大,上承国家政策落实的职责,下启教师发展和学校发展的重任,中间托付着学生和家庭的期望。高职院校在这个过程中,要兑现自己的责任,需要注意如下几个方面:一是要有相应的制度建设,只有将高职教师专业发展的若干规划落实到制度上,并且保证其权威性和科学性,才能起到引领和导向作用。二是要保证制度的持续性。即便修订相关的政策,也要留有充足的时间让教师有缓冲余地,避免朝令夕改、政策飘忽不定,使教师无所适从。三是要注意,学校应当有充分的资金支持,高度重视不是空喊口号,也不是连篇累牍的文件积累,需要拿出切实的实际行动。

四、高职教师专业发展的个人责任

高职教师的专业发展,其受益主体首先是教师本人。教师本人拥有了较高的专业水平,对自己工作能力的提升,工作机会的获得,更多和更高层次的荣誉表彰奖励,以及经济利益社会地位,等等,都显而易见地具有直接的效用。教师本人具有促进自身专业发展的动力,但需要注意其不明晰的职业规划和职业倦怠问题,也要防止过度追求相关利益的问题。

高职教师专业发展对高职院校的发展具有决定性的作用。高职教师应当认识到这种责任,并将自我发展的目标和学校发展的定位结合起来,将自己的专业发展与国家教育的大政方针结合起来,这样教师才能获得更大的发展空间和更多的发展计划。

第三节　高职教师专业发展中的突出问题

一、高职教师专业发展的突出问题分析

(一) 缺少系统科学的规划

很多高职院校在促进教师专业发展上存在着放任不管的现象,缺乏科学的

规划引导,没有明确的发展目标。即便一些学校对教师队伍的发展有所规划,但多数也是短期的和片面的,甚至有的发展规划以及具体的制度存在着经常性修改的情况,导致教师无所适从。由于高职教育办学时间短,面临的问题多,对高职教育的发展规律认识还不够深入,因此在百端待举的情况下,某些方面的做法缺乏系统的规划。虽然也对应着国家的相关发展规划制定了高职院校自身的发展规划,但由于各种原因,高职院校制度的顶层设计往往缺乏科学的前瞻性,没有一个总揽全局的纲领性文件,因此很多工作缺乏总体统一的规划,各自为政的局面成为工作的常态。同时,还出现了规划内部的短视问题,在规划之间缺乏协同性,规划没有形成体系,这些既有历史的原因,也存在客观现实的原因。

高职院校多数由中专升格而来,办学层次的提升带来了很多的不适应。首先,需要加强对教育规律的认识和深化,这个过程是渐进的和逐步深化的,因此高职教育在某些方面缺乏系统的规划是有其客观历史原因的。其次,有关高职教师专业发展的认识过程也是逐步深化的,需要不断探索,从工作中发现问题和不足,从高职发展的过程中总结经验,而对于平均仅有十多年发展历史的高职教育来讲,很多工作都是在探索和试验中进行的,往往是边干边改的,制定的规划,其科学性自然是很难保证。高职院校教师队伍发展规划采取的培养方式,多数情况下沿用的是普通高校的既有模式,如采取提升学历、参加培训和课题研究、外出访学等方式,这些方式没有考虑到高职教育和普通高等教育的差别,自然有很多的问题出现,也就是科学性不足。一些高职院校虽然也根据职业教育的特点制定了相应的教师培训规划或年度计划,但往往存在短期性,多数是为了短期发展或者解决当前突出问题而制定的。总体而言,在高职院校教师专业发展方面,多数高职院校的相关规划还明显缺乏科学性和系统性,顶层制度设计的突出问题直接影响着后续的实施效果。

(二)教师专业发展与学校发展缺乏有效对接

高职院校的教师虽然在自身的专业发展上也有自觉意识,但由于缺乏学校的科学系统引导,这种自觉的发展往往和学校的发展产生分离,教师的专业发展和学校的发展缺乏有效的对接。

教师在专业发展上的需求很多,但在目前情况下,多数教师还是采取职称提升为主线、学历提高来促进的方式实现发展。在这个过程中去选择其他的方式来辅助,比如出国访学、去企业下现场锻炼、参加专题培训、参与教学课程的改革研讨,等等,这些都是围绕职称提升这条主线进行的,无论是强调科研还是重视教学,对于高职院校的教师个人来讲,其职业发展的主要焦点还是集中在职称的评审上。虽然一些教师在对教师职业的认识上还有其他的理解,但职称评审就是一个无法绕过的终极话题。围绕这个主线,大家各显其能。对于学校的发展定位,很多教师并不清晰,对于开展的职业教育,很多教师也并不认同。高职教师的这些自发行为,没有将学校的发展和个人的发展相结合,导致高职教育发展的特质不确定、特征不明显、特色不突出。与普通高等教育缺乏显著的区分,与中等职业教育也无较大的差别。教师的专业发展与学校的发展缺乏有效对接,是造成这种局面出现的重要原因。高职教师作为高职院校的成员,其专业发展受很多因素影响和制约,但如果不加以科学引导,不进行有效的引领,教师的专业发展就会呈现自发性,对学校的整体发展是不利的。

(三) 过程的动态监控欠缺

一些高职院校在推进本校教师专业发展上做了很多工作,制定了详细规划,建立了专门机构。但由于缺少科学的工作机制,多数采取的是关注"两头"、忽视中间的做法,即在教师的专业发展上,往往采取竞争选拔的方式,存在"僧多粥少"的问题,学校比较重视的是哪位老师可以成为培养对象,通过选拔条件来筛分,符合条件的再进行竞争择优,这个工作是广受关注的。但在入选之后,则缺乏动态的监控,表现在过程控制的缺失,制度的约束性不强,动态情况缺乏控制措施,没有形成闭环的监督反馈机制。教师的专业发展仅在某一次的竞争选拔的开头和阶段性结束的时候,受控于相关的要求。其中间的发展过程,则往往都是教师个人的自我控制,这种静态的培训管理模式,影响着高职教师专业发展的整体效果。

(四) 校本培训效果评估欠缺

目前高职院校在教师专业发展上开展的校本培训,虽然各具特色,但对于培训效果往往缺乏科学的评价机制。其一是因为对校本培训的设计不科学,很多校本培训并没有最终明确的目标约束,只要参加就算完成了本次校本培训,这种校本培训由于没有刚性约束,仅仅适合用于普及某些教育理念,了解教育发展趋势,并不能称为校本培训。一项科学的校本培训必须有科学合理而又明确的目标考核要求,这样开展的校本培训才能有效评判其科学性和合理性。但当前我们开展的很多校本培训并没有十分科学的考核目标,要么要求过高,要么要求过低,要么要求不切实际;或者缺乏奖惩制度,或者激励作用不足,或者没有及时兑现。如一些学校对骨干教师进行了严格的选拔,但没有规定骨干教师培养期后的考核标准,而是笼统规定由二级学院在一年后进行考核。到了考核期满之时才开始制定考核验收标准,其结果是本末倒置,不能起到对骨干教师的培养作用。

二、高职教师专业发展有序推进的必要性

(一) 高等职业教育国家发展战略的需要

《国家中长期教育改革和发展规划纲要(2010—2020 年)》(以下简称《纲要》)提出要大力发展职业教育。发展职业教育是推动经济发展、促进就业、改善民生、解决"三农"问题的重要途径,是缓解劳动力供求结构矛盾的关键环节,必须摆在更加突出的位置。职业教育要面向人人、面向社会,着力培养学生的职业道德、职业技能和就业创业能力。到 2020 年,形成适应经济发展方式转变和产业结构调整要求、体现终身教育理念、中等和高等职业教育协调发展的现代职业教育体系,满足人民群众接受职业教育的需求,满足经济社会对高素质劳动者和技能型人才的需要。

在这个过程中,高职教育起着至关重要的作用,是目前职业教育的主要阵地。统计资料显示,接近半数的在校大学生在高职院校就读,高职教育关系着中国人才未来发展的半壁江山,因此教育好这些大学生,事关国家的未来发展。《纲要》指出,政府切实履行发展职业教育的职责,把职业教育纳入经济社会发展和产业发展规划,促使职业教育规模、专业设置与经济社会发展需求相适应。统筹中等职业教育与高等职业教育发展。健全多渠道投入机制,加大职业教育投入。从《纲要》的精神来看,未来职业教育要稳住阵地,扩大规模并进行内涵发展,经过示范和骨干学校建设,外延扩充式的发展暂时告一段落,高水平建设内涵发展将成为高职院校发展的重点,而其中师资队伍建设尤其重要。

《纲要》在保障措施一章中指出,要建设高素质教师队伍。教育大计,教师为本。有好的教师,才有好的教育。提高教师地位,维护教师权益,改善教师待遇,使教师成为受人尊重的职业。严格教师资质,提升教师素质,努力造就一支师德高尚、业务精湛、结构合理、充满活力的高素质专业化教师队伍。提高教师业务水平。完善培养培训体系,做好培养培训规划,优化队伍结构,提高教师专业水平和教学能力。通过研修培训、学术交流、项目资助等方式,培养教育教学骨干、"双师型"教师、学术带头人和校长,造就一批教学名师和学科领军人才。虽然上述内容中没有区分职业教育和普通教育,但对于所有教师都是适用的,而从事职

业教育的教师所需的素质要求更高,既需要理论知识和科学素养,又需要高超技能和熟练技术,所谓"文武双全",既要有普通高等教育教师的专业水准,又要有企业熟练技术专家的实践技能,高职教师专业发展任务艰巨。但是也只有高职教师的专业发展达到较高水平,才能满足国家教育发展战略的需要。

(二)高职院校可持续发展的立校基础

高职院校作为一个组织,既是社会大组织中的一个组成部分,和其他组成部分相互影响、互相作用,又是自身组织成员的系统集成,高职院校能否获得可持续发展,其关键"不在大楼,而在大师也"。

高职院校作为一种教育类型,需要和普通高等教育竞争生存,虽然当前的招生体制能为高职院校提供一定的生源保障,但由于本科招生规模的逐渐扩大,压缩了高职教育的生源份额,高职教育需要以更大的魅力来吸引学生,尤其是和录取分数线相差不多的部分本科院校竞争则更为突出。高职教育能否胜出,靠的不是学历层次,而是就业实力,能否将自己的就业实力保持优势,靠的则是专业设置是否适应市场需求,学生的毕业规格是否满足用人单位的需要,高职学生是否具有不可替代性。而这些工作的完成靠的是高素质和高水平的教师队伍,因此加强高职教师专业发展,特别是有序推进高职教师的专业发展,形成规模适度、结构合理、形成梯度的高职教师队伍,关系着高职院校在生源大战中能否胜出,关系着高职教育能否可持续发展。没有了学生及其家庭的认可,高职院校就失去了市场,失去了生存的基础。有序推进高职教师的专业发展,直接影响着学生的就业,而学生的就业率和专业对口率的高低又影响着高职院校的招生问题,这种作用传导最终影响着高职院校的可持续发展。

(三)高职学生健康成长的客观要求

职业教育的培养目标,绝不是被动的"知识存储器",也不是被动的"技能机器人"。经过职业教育,一个"生物人"将成为一个社会所需要的职业人,但又不仅仅是一个纯粹的职业人,而是一个要生存、要发展的社会人。

高职学生的高素质,表现在健康的体魄、成熟的心智、高尚的品德、努力探索的实践精神、熟练的专业知识、扎实的职业技能、求知欲强的学习态度和勇于创新的精神,作为一名合格的高职教育毕业生,上述要素是不可或缺的。

培养高素质的学生,需要更高素质的老师。其中有关熟练的专业知识和扎实的职业技能,需要高职教师的教学和指导,因此培养一名理论知识够用、实践技能熟练的优秀高职毕业生,达到毕业即能上岗的标准,需要教师辛勤的努力,需要教师具有更高水平的理论知识和熟练的实践技能。没有教师的发展,就不能带来学生的发展;没有教师的潜力开发,学生的潜能就很难被发掘;没有教师的教育创造,就很难有学生的创造精神。一个不容忽视的事实是,我们在提倡与注重学生发展的同时,却长期忽略了一个重要的问题,即教师的发展。在教育系统中,教师和学生构成了人的因素,这也是教育系统中最关键、最核心的因素。过去常常认为教师的发展是已经完成了的事情,在教师主导、师道尊严的背后却无意间漠视或遗忘了作为"教育者"自身的"教育问题",这也是造成长期以来我们把教育教学过程视为一种教师向学生传授知识的单向过程的一个重要原因。事实上,失去了教师的发展,学生的发展是难以实现的。因此加强高职教育教师的专业发展,事关学生发展的未来。

(四)高职教师职业生涯发展的迫切要求

高职教师的来源大致有三类:一是以前中专时期的老教师;二是升格后从高校毕业生中招聘的大学生或者研究生;三是从社会中招聘的技术精英。三者共同的特点都是传统精英教育的背景,并且这种影响是根深蒂固的,中专时期的老教师更是那个时代的佼佼者,按照计划分配的原则进入相关的学校工作,其接受的教育以及教育自己子女的方式和态度都是传统的。升格后招聘的高校毕业生选择职业院校作为自己的就业岗位,多数也是无奈的选择,同样情况下不得不退而求其次的选择,在竞争严峻的就业形势下,以先就业后择业的理念进入高职院校担任教师的人不在少数,他们对高职教育的认同感差,高考时基本不了解高职院校,毕业后不得不选择的就业单位,使得这些教师对自己的职业发展认识并不清晰,对高职教育又缺乏感情,因此迫切需要增强他们的认同感,并帮助其科学有远见地规划未来。社会上工作过一段时间后进入高职院校的这类教师,他们进入高职教育应该说是更加务实的选择,多数则是因为客观实际的需要,如工作相对轻闲、福利待遇相对较好、社会地位超过原先的工作岗位,以及解决家属工作,等等,他们半路出家,更需要帮助其明确自身发展,为其职业发展重新进行科学规划。

第四节　高职教师专业发展有序推进的思考

研究高职教师专业发展的有序推进,首先要明确高职教师专业发展有序推进的内涵，并进而廓清一些错误的认识，掌握有序推进的正确视角，从而思辨性地有序推进高职教师的专业发展。

一、高职教师专业发展推进的有序性内涵

高职教师专业发展推进的过程中存在很多问题，诸如学校和个人两张皮，各自谋划自我发展形不成合力；规划落后或者要求过度，对教师的发展激励不足或者高不可攀；一刀切的方式要求所有教师在专业发展上达到同等规格，没有体现学科差异性和专业之间的差别；在推进高职教师专业发展上，内部不能形成协作机制，实际效果大打折扣；教师的专业发展规划脱离其他规划，横向上可能产生不协调，规划及相关制度的内耗严重，这些都影响了高职教师专业发展的积极性和实际效果。因而高职教师的专业发展应当有序推进，"有序"推进的要求包含如下几个方面。

（一）学校主导与个人诉求结合

在高职教师专业发展上，高职院校作为责任主体和受益主体，存在科学推进的责任和义务，通过学校相关规划的顶层设计和制度实施，推进教师的专业发展，通过制定科学的规划并合理实施，使高职院校的教师队伍无论是整体上还是教师个体，其专业发展都能得到提升，促进高职院校的教师在理论知识和实践技能等方面能满足高职院校可持续性发展的要求。但当前一些高职院校在推进教师专业发展上没有体现出应有的主体责任，将高职院校教师的专业发展当成教师个人的事情，或者即便有所考虑，但并非以责任主体的身份开展工作，在事关高职教师专业发展的大事上，缺位情况突出。

高职教师的来源渠道多样化导致其专业发展的基础不同，专业发展的目标也因人而异，甚至有的教师排斥高职教育，"身在曹营心在汉"。有的教师对自身的专业发展积极性较高，有明确的规划和自我要求。有的教师则产生得过且过的思想，特别是一些在校内拥有较少资源的教师，因为在各方面发展上都没有得到相应的支持和扶持，产生了职业倦怠和不满情绪，部分教师甚至放弃了对自身专业发展的要求。

在有序推进高职院校教师专业发展上，高职院校首先要纠正错误认识，树立责任主体意识，主动担当其应负的职责，科学、系统地规划高职教师的专业发展，制定配套的激励保障措施，并形成有效的制度，同时结合学校发展定位和历史基础，深入研究高职教师专业发展的规律，主动关心教师个人专业发展的差异性需

求,动态掌握教师专业发展的变化情况,协调学校发展需要和个人发展诉求,充分尊重教师个人的意愿,积极引导高职院校教师在专业发展上主动适应学校发展的要求,同时为高职教师专业发展留有充足的自我空间。

(二)超前规划与立足实际结合

高职院校普遍发展历史较短,基础相对来说较为薄弱,各方面的发展都需要积极推进。一些学校所制定的教师专业发展相关规划,设定的目标过高,对未来的发展过于乐观,没有预见到其中的困难,制定的规划过于"高大上"。比如规划层次考虑太过长远,探索了跨越世纪的要求,规划了百年后的发展目标。有的学校制定了百年名校的目标,或者是经过一定时间的发展,立志要成为世界名校,等等,这些"高大上"的规划,听起来激动人心,看起来非常养眼,但往往无法实现。过度超越阶段性发展的要求,以美好的愿望为指引,固然能产生巨大的眼球效应,但当其中的阶段性目标难以实现的时候,教师的积极性会受到严重影响,最终这样的规划就会如泡沫般消失,甚至来不及实施就"胎死腹中"。

还有一些高职院校特别是近年来新升格的高职院校,在制定教师专业发展的规划上过分攀比,与本科高校对比,研究他们的师资力量和学科发展,对照本科院校的教师队伍谋划高职院校教师的专业发展,不仅不能符合高等职业教育的规律和要求,而且使教师更加排斥高职教育,一旦时机成熟、条件具备则鲤跃龙门,从高职院校进入普通高校任教,这种情况的出现不是个案,也不可能终结,不仅无法促进高职院校当前的发展,也对高职院校未来的发展产生"釜底抽薪"的可能。其根源则是不切实际的高职教师专业发展规划,选择的对照标杆或参照对象不恰当,脱离实际的愿望当然难以实现。

高职院校在推进教师专业发展的过程中,要在规划的制定上注重时间维度的把握和横向参照对象的空间维度的选择。科学制定长远规划,应阶段性分解目标,结合对自身发展基础情况的掌握,研究高职院校特别是其他国家和地区发展历史较为悠久的职业院校的基本情况,深刻认识国家经济社会发展的当前形势和未来趋势,制定动态可控的高职院校教师专业发展规划,适度超前于当前需要,但不能过度超前,也不能不切实际,选择的参考标准要有横向可比性,既不盲目攀比普通高等教育本科高校的教师专业发展规划要求,也不自我满足于升格前的中等职业教育的现状基础。要深入研究其他国家和地区发展历史较长的知名高职院校,探索其发展的经验,并结合其经济社会发展背景,研究其经验的适用性和可复制性,立足本国本地区的基本情况和发展趋势,立足高职院校升格前的师资力量基础和客观实际,立足当前高职院校整体发展态势,立足未来高职教育的发展趋势,适度超前规划高职院校教师的专业发展,并能进行动态的适时调整改进和整合优化。

（三）分类推进与横向协调结合

高职院校教师专业发展的有序推进,在考虑整体统一要求的情况下,还要考虑不同类别的教师其专业发展的基础以及学科发展方向和目标的可达性,还要考虑不同学科专业教师之间在发展推进上的协调,避免部分专业教师在推进其专业发展的培养资源、机会和目标等方面出现较大差别,特别是要将专业课教师和基础课教师分别考虑,而在专业课教师内部还要区分不同学科的要求,特别是要考虑人文社科类高职教师和理工科高职教师在发展基础、发展方向、发展目标方面的不同,分类设定教师专业发展有序推进的各项规划内容。

高等职业教育培养的学生,要求理论够用、技能熟练,因此对高职教师的要求也应是相应的。在我国,高职院校教师还缺少相关的入职前的专门职业师范教育,即便有些学校以"技术师范"为校名,其专业设置也是遵循学科体系设立,毕业的学生进入高职院校任教,也非常缺乏相应的职业教育基础知识储备,因此在制定有序推进高职院校教师发展的规划时,要考虑这种共同的基础因素。即无论是哪个类型的高职教师,强调职业教育的共同属性是必不可少的培养模块。此外就是要区分专业课教师和从事基础课教学的教师,其专业发展的目标是不同的,培养的路径也不应当完全一样,而要有所区分。从事专业课教学的教师因为其学科专业的不同,也要充分考虑其中的不同,比如理工科高职教师的专业发展更加注重实践技能的掌握,人文社科类专业高职教师虽然也要强调专业发展的实践技能,但其思辨性的特点更为突出。在培养方式上,理工科适合采取到国内外知名企业进行现场实践的方式并结合到国内外高校进行访学、学位攻读的方式进行培养,而人文社科类则应优先选择到国内外知名高校访学、攻读学位并结合社会实践的方式进行。上述的不同要求在推进高职教师专业发展上体现为强调分类推进,而不能采取一刀切的方式。此外还要注意,虽然高职教师之间有学科等背景的不同,但同时要注意职业教育的共性问题,以及作为教师在享受高职院校提供的专业发展资源方面的公平分配问题,高职院校提供的教师专业发展培养资源,包括名额的分配、待遇的享受、经费的支持等方面,都是有限的资源,面对全体教师在专业发展上的需求,有限的资源难以同时满足,此时就需要进行资源的合理分配,这种分配就是推进高职院校教师专业发展有序培养的要求。

（四）人事管理与院系考核结合

在高职院校教师专业发展的有序培养上，要充分发挥人事管理职能机构的作用，同时要将动态管理权力下沉到教学部门。人事管理职能机构作为推进教师专业发展的职能部门，其职责应当更加明确，包括制定高职院校教师专业发展有序培养的规划，协调与其他部门在教师专业发展培养职责上的关系，深入研究高职院校教师专业发展培养方面的特点，及时、适时调整高职院校教师专业发展培养的目标，制定稳定、持续而适用的管理制度并形成文件，确保文件执行的效果。还要注意制定相关的配套措施并形成文件，如制定科学合理的高职院校教师职称评审指标体系，来推动有序培养工作的开展。制定相应的兑现达标的考核办法，形成奖惩分明的激励制约机制。

高职院校教师的专业发展需要各教学部门积极支持和配合，并行使过程管理和动态监控，及时发现在培养过程中的问题，解决教师在专业发展上遇到的突出困难，为教师解决专业发展方面的实际问题，为其提供专业发展上的后勤保障，协调访学升学、科研带教及现场实践锻炼等方面的时间，在教学时间安排上为其提供便利，同时引导教师协调专业发展的自我诉求和学校发展定位及需求的关系。只有将职能部门和用人部门紧密结合起来，建立横向上的及时沟通和协调机制，才能更好地推动高职院校教师专业发展培养工作的有序推进。

（五）系统构建与立体交互结合

有序推进高职院校教师的专业发展，需要相关的顶层设计，从国家和地区以及行业的相关规划入手，研究学校整体的发展规划，设定约束性指标，借鉴有关领域的负面清单，提出分解细化的子项指标，以及实现相关规划指标的时间节点和责任对象，在此基础上制定师资队伍建设的整体规划及相应指标，并指导构建高职院校教师专业发展有序培养的措施和要求。

从长期性和持续发展的角度，师资队伍建设规划的制定和实施过程中，要研究与其他发展规划之间的协调问题，构建出科学合理的高职院校教师专业发展有序培养的规划，同时考虑与其他规划之间的立体交互，在相关规划调整、变动的同时要适时调整高职教师专业发展有序培养的相关规划，保证各子规划之间的协调。师资队伍建设的规划要特别注意与专业发展规划、科技工作规划的衔接和协调，对于其中相互作用和互相影响的指标，要根据总体规划的设定，协调解决其中的矛盾之处。

二、高职教师专业发展有序推进的误区

（一）防止突击冒进的思维

在推进高职教师专业发展的过程中，要遵循教育规律，根据充分调研形成的学校发展中长期规划，设定教师有序培养、促进其专业发展的科学的阶段目标，在各阶段目标上，要注意其相互衔接性，既要考虑长远的发展需要，更要关注本校的实际情况，避免拔苗助长的方式。教师的培养是个循序渐进的过程，不可能做到一蹴而就，要注意对节奏的掌握，防止节拍过慢，跟不上形势发展的需要，跟不上学生培养的要求；也要注意防止节拍过快，教师虽有专业发展的愿望，但跟不上学校的要求，疲于应付或者产生对抗心理等，这些突击冒进的做法都是错误的。因此，要在深入研究校情和学情的前提下，科学研判经济社会发展形势，合理制定发展的阶段目标，适当拔高要求，让教师"跳一跳"就能碰得到，这样的发展规划才能产生有效的引导、促进作用。

（二）防止僵化固化的认识

在高职教师专业发展的过程中，有序培养强调动态调整和实时监控，防止僵化的思维和固化的认识，要按照动态循环和螺旋上升的方式，采取"PDCA"动态循环的管理思想，开展相关的工作。

"P"是"Plan"——计划的简称；"D"是"Do"——实施的简称；"C"是"Check"——检查的简称；"A"是"Action"——处置的简称。计划由目标和实现目标的手段组成，计划的严谨周密、切实可行，是保证实施效果的前提条件。实施职能在于将计划的目标值，通过过程转化为发展要求的实际值，是一种资源配置和优化整合的过程。检查包括自我检查和组织检查，一是检查是否严格执行了计划，二是检查计划执行的结果是否取得，要通过相关平台对此及时进行确认和评价。处置是对检查中发现的问题及时进行原因分析，采取必要的措施予以纠正，保证培养过程始终处于可控状态。当出现大面积偏差时，要及时分析设定的目标是否需要调整。如此形成一个动态循环，周而复始 PDCA 形成不断上升的循环模式。

（三）防止"照猫画虎"的模仿

在推进高职教师专业发展的过程中，一些院校采取拿来主义，积极借鉴国外的先进经验和做法，不考虑相关国家教育体制的差异以及校史校情的差别，照抄照搬，或者采取简单的修改，或者进行断章取义的选择，这些都是错误的做法，这

种"照猫画虎"的简单复制和机械模仿,都是不负责任的做法,对推进高职教师的专业发展和高职教育的长远发展都是不利的。

我们要充分发掘国外先进的办学经验,分析其深层的教育体制,探索其长期形成的职业教育文化的真谛,系统总结其在推进教师专业发展上的有益经验,并结合我国的教育体制及基本国情,研究相关经验做法的可复制性和可应用性。

(四)防止"虎头蛇尾"的行动

在推进高职教师专业发展的有序培养过程中,要防止出现"虎头蛇尾"的做法,一些学校的规划设想很有震撼性,对规划和计划设计过程非常重视,学校领导和普通教师都予以高度关注,为了推进该项工作,采取了大张旗鼓的宣传,产生了广泛的社会反响,有的高职院校甚至积极在各媒体上大力宣传其规划设想的宏伟蓝图,但一段时间后则悄无声息、偃旗息鼓了,这种做法是不负责任的,是拍脑袋决策的后果。要从规划开始就强调其科学发展和可持续发展的要求,当计划一旦制订,项目正式启动,在不出现特殊问题的情况下,就应该一如既往地坚持贯彻,直到设定的目标结果得以实现。

(五)防止有名无实的效果

在高职教师专业发展上采取有序推进的做法来开展培养工作,就要重视其中的科学规划,在系统规划的基础上,谋划教师培养的整体工作,并进而分解落实。不能让一些规划看似很吸引人,实则是不切实际、有名无实的花架式,既要关注有序培养的过程,又要评估实施的效果,包括阶段性的效果;既要考虑教师队伍整体专业发展的实施效果,又要关注教师个人发展的实施效果,防止出现总数达标,但过分集中于某一个或某一部分教师身上,出现部分代替整体的偏差问题。

三、高职教师专业发展有序推进的二维视角

(一)选拔与培养

1. 基本原则

首先要坚持有序培养的原则。根据高职院校的专业建设规划和师资队伍建设规划,制订教师培训进修的中长期计划。最少要制订 5 年规划和实施分解的年度计划,同时在形成科学认识之后,要制定更长周期的规划,如 20 年发展规划等,但不宜太久,且应当适时动态跟踪修订。培训进修对象以中青年教师为主,重点培养教育教学、产学研的骨干教师。发挥中青年骨干教师的示范作用,同时兼顾高职称、高学历和高年资教师的榜样引领作用。

其次要坚持以岗培训的原则。教职工的培训进修应与所从事的岗位或专业方向一致，符合专业建设和教师队伍梯队建设的需求。教职工应当将个人的专业发展诉求积极纳入所在单位和岗位的需求与定位，从长期规划的要求出发，积极构建适合的职业生涯发展规划，高职院校也要充分考虑不同类型教师和不同学科专业的差别以及不同途径进校的教师专业发展的基础问题。

最后要坚持过程考核的原则。高职院校的人事职能部门及在培人员所在的单位或部门要对纳入有序培养范围的培训进修人员实行定期考核和不定期检查，要建立教职工培训进修考核档案，适当情况下开发建设教师培养档案库，通过技术手段构建动态跟踪的管理体制，实现教师有序培养的实时监控和目标实现的时间节点预警功能。

2．选拔与择优之别

在有序推进高职教师专业发展培养工作的过程中，要注意如何确定培养的对象，是采取择优培养还是普遍培育，这考验着政策制定者的智慧。我们要坚持低梯度培养目标普遍选择，较高梯度的培养目标则通过竞争择优的方式进行选择。

首先在高职教师专业发展的有序培养上，要通过梯度不断提升的方式，为不同学历、职称、岗位、资历的教师提供不同的培养目标，职称低或初任教师则进行普遍性的培养，通过目标设定和结果考核，采取绩效工资以及验收合格的奖励，来引导青年教师积极参与具有普惠性特点的低梯度培养，采取的方式则为选拔，那些基本条件不具备的教师可能落选，但这个比例应该是比较低的。同时也要有一定的落选比例存在，而不能采取全面培养的方式，这不仅浪费资源，也可能会对激励作用产生冲击。

其次在梯度高的培养目标人选确定上，应该采取逐级择优的竞争方式，原则上实行逐层择优，而一般不跨层级竞争择优，也就是说一般情况下，高一梯度的培养目标人选只能从其相邻的低一梯度的合格人选中进行择优，但在特殊情况下，也应当允许符合该梯度培养目标条件的人选进行越层次申报，并应获得同等对待的机会，为特别优秀的人才提供顺畅的上升通道，享受相应的福利待遇，履行对应的职责。

另外还要注意这种梯度培养应当是双向调节的，是能上能下的一种流动机制。高水平的培养目标可以向更高水平的培养目标迈进，低水平的也可以向下一梯度流动，是一种动态的可以双向调整的模式。

3. 培训与培养之辩

在高职教师专业发展有序培养的过程中,要注意不要将培训与培养等同。培训是培养的一种方式,体现了传统的教师专业发展的主要方式,但培训内涵往往过于狭窄,体现不了教师专业发展的其他方面,要以人才培养的目标体系要求来推进高职教师的发展和成长。

人才培养的目标体系要求明确培养目标,确定培养方案,调动一切相关资源,形成系统性的培养体系。采取学校主导培养,个人发挥主观能动性,两者相互结合,共同推动高职院校教师的专业发展,分类别、分梯度有序开展培养工作。

(二) 支持与发展

1. 基本思路

强化认识,解放思想。师资队伍建设仍然是制约高职院校发展的关键,大多数高职院校在专业带头人、骨干教师培养方面不够系统,"双师"和兼职教师队伍建设存在较大差距,职称评聘与岗位设置联系不够紧密,师资的数量、质量、结构等方面都不同程度地存在问题。

有序培养、系统建设。通过引进、培养、挂职锻炼等,建设一支拥有教授职称、博士学位,兼具"双师"素质的高层次领军人才队伍。按照高职院校教师岗位职责和工作任务书,加大对专业带头人、骨干教师的培养力度,提升其技术服务能力和行业企业影响力。合理配置教师资源,提高基础课教师教学能力,满足高素质技能型人才培养的需要。

重视人事分配制度改革。发挥专业技术职务评聘的杠杆作用,将教师参与企业技术应用、新产品开发、社会服务等作为专业技术职称评聘的重要指标,并纳入绩效考核内容。将企业锻炼和企业工作经历作为职称评聘和新引进专业教师的基本条件,积极实施绩效工资制度改革,以绩效工资改革促进教师专业发展有序培养的落实。

2. 支持与辅助之结合

要进一步充实专业教师队伍,加强高层次人才队伍建设,积极引进和培养高职称、高学历领军人才。加强与行业企业合作培养专业教师,增强教师队伍实践教学和技术服务能力,提高专业教师双师素质和双师结构教学团队建设水平,建立一支与企业联系紧密、实践能力强、师德素质好、专兼职结合的双师结构教学团队。

高职院校在有序推进教师专业发展的过程中,要采取各种措施来支持教师发展,包括经费的支持、政策的支持、发展空间的支持等,体现高职院校的主体责任。但这种支持应该是在充分发挥教师主观能动性的基础上的辅助,教师应该发挥自身的积极性,高职院校应当通过政策的引导来激发教师的积极性,高职院校不能采取行政命令的方式,强迫教师选择,但可以通过奖勤罚懒的方式,引导教师的专业发展。

3. 引导与推动之结合

高职院校通过政策制定,引导教师开展专业发展的各项活动,对于较为突出的教师,应当在前面拉一把,通过给予经费支持、科研项目支持、降低课时量、加大津贴补助倾斜力度等方式,开展专项培育计划,在关键时刻"拉一把",使有专业发展强烈愿望的高职教师,有人关怀,有人帮助,在职称、学历、能力等提升上再上一个台阶。

对于一些高职教师,尤其是出现了职业倦怠及其他障碍的教师,如身体障碍、家庭困难、经济压力等,高职院校有义务发挥其组织作用,帮助教师解决困扰其发展的难题,对于一些放弃专业发展的教师,通过聘用合同、岗位职责、绩效工资等方式,在背后"推一把",促使其积极参与专业发展的各项活动。高职教师在讲师和副教授两个职称上,如果长时间不能得到晋升,尤其是初期做了很多努力的教师,其辛苦没有得到期望的结果,则可能自暴自弃,放弃职称晋升。在经历了千辛万苦的职称晋升过程后,一旦成功则可能会有"车到站"的感觉,要歇一歇。因此对这些教师面临的问题,应当深入研究激励措施,找到可以"推一把"的良策。

第六章　高职院校师资队伍有序培养的"四梯度"研究

第一节　高职院校师资队伍有序培养的梯度

一、高职院校师资队伍有序培养的类别

高职院校师资队伍有序培养首先要分析所在院校教师的类别,区分不同类别教师专业发展特点和学科专业之间的差别,科学构建不同类别、不同层次教师的培养方案。

现在的高职院校大多数是综合类院校,即便属于行业性院系,除了行业背景的专业之外,还存在其他公共基础类教师,比如思想政治教育教师、艺术类课程教师、就业指导课程教师、心理咨询课程教师,高职基础课教师如高等数学、大学语文、大学物理、大学化学、计算机基础,等等。这些教师同属于公共基础类教师,他们在高职院校承担着全校性的课程教学,对培养基础知识扎实、综合素质突出的高职院校专业毕业生,起着非常重要的作用,必须对他们的培养和发展予以高度关注。要考虑两类教师在学校中发展空间和通道的等同对待,公共基础类教师要和专业类教师一样看待,但又要考虑他们之间的差别,这种差别既要考虑目前从事课程教学的特点,也要注意未来专业发展方向上的差异。重视对他们的有序培养,就是首先注意区分不同类别的教师,分别制定相应的培养方案,为他们制定不同的培养晋升通路,构建纵向上体现各自特点、横向上具有等同性的培养梯度模式。

二、高职院校师资队伍有序培养的梯度

高职院校师资队伍有序培养一般分为两类,每类四个梯度。第一类为专业类教师,其四个培养梯度依次为课程教师培养、骨干教师培养、专业负责人培养、专业带头人和学术带头人培养。

课程教师为专业类教师的基础梯度,根据专业类教师的培养特点,在课程教师培养达到目标要求后,可以晋升为骨干教师,正常情况下,骨干教师培养达到目标要求后,可以有资格成为下一梯度专业负责人的候选,而专业负责人经过系统培养之后,可以成为学术带头人和专业带头人的候选。第二类为公共基础类教师,其四个培养梯度依次为课程教师培养、骨干教师培养、课程负责人培养、学术带头人培养。其中与第一类专业类教师培养梯度的差别在于其仅有课程而没有依托的专业,因此其在第三梯度的培养上为课程负责人培养梯度,而不是专业类教师培养的专业负责人梯度。在最高的第四梯度上,两者的方向也不一样,但又有相通之处,公共基础类教师第四梯度培养的方向应该考虑本课程的特点,以学术带头人为培养目标是比较合理的。从达到培养目标的课程负责人里遴选,产生学术带头人的培养对象,通过不同的培养方式,使其成为合格的或者优秀的学术带头人。

课程教师作为梯度建设的基础,也是所有高职教师专业发展的基础,无论是专业类教师还是公共基础类教师,作为入职的新人,都应当以课程教师作为目标开始培养。但如果学历较高,如具有博士学位或者是在读博士研究生以及有工程师或者以上职称,则可以特殊对待,体现优才优用。为了鼓励高职院校中高学历教师的专业发展,发挥梯度培养的指挥棒和导向杆作用,经学校批准在职攻读博士学位和已取得博士学位的教师,以及有工程师或者更高职称的教师,在各教学院系和科研院所承担教学科研工作的教师,由其个人申请,可优先聘为骨干教师。聘任后,履行骨干教师职责,按有关规定考核。这样的规定就体现了梯度培养的灵活性特点。

此外,无论是高校毕业生还是从现场引进的工程技术人员进入高职院校任教,课程教师都是高职教师职业生涯的起始阶段,也是有序培养的第一梯度,这个梯度是后续培养梯度的基础,但这个梯度的教师培养仍然要进行遴选,在符合一定条件的基础上进行选拔培养。

第二节 各梯度教师的培养目标

高职院校师资队伍建设是个系统工程,要达到教师培养的预期目标,就要科学定位每一梯度教师的培养目标,并通过选拔条件和培养过程及培养达标后的职责等方面体现出来。

一、课程教师的培养目标

课程教师有序培养目标涉及如下几方面:师德风范、教学能力、专业技术能力、工程实践能力和科学研究能力。

在高职院校师资队伍有序培养上,各梯度教师的培养目标首先要强调的是良好的师德规范,"学高为师,身正为范",对各梯度的教师,首要的培养目标是具有高尚的师德风范。

(1)提升课程教师的教学能力。课程教师作为刚刚取得教师资格证书的新手,培养他们的基本教学能力是这一培养目标最基本的要求。一般而言,高职院校的教师,其从教资格证书多数都是进入高职院校之后通过自学和业余培训并参加统一考试而取得的,一些教师毕业于师范类专业,可以免考其中的 2 门课程,其他教师则需要考 4 门课程。通过几门课程的学习和考试,对教学规律、课堂教学艺术的把握等都还处于较为初级的阶段,或者是懵懵懂懂的感觉,因此通过课程教师的培养,使其成为可以胜任课堂教学的合格教师,具有比较扎实的教学基本功,教学能力得到提升。

(2)提升教师的专业技术能力、工程实践能力。课程教师中,多数教师来自高校应届毕业生,虽然也有部分教师来自生产实践一线,但仍然需要提高他们的专业技术能力和工程实践能力。高校毕业的新入职教师,专业技术能力相对较低,工程实践的机会也比较少,因此对他们进行相关的培养,使其成为适应高职教育教学特点的教师极其必要。而来自生产实践一线的教师,虽然有着较为丰富的实践动手能力,但其体系性不强,需要通过系统的规划,培养其跟踪掌握前沿技术的能力,在培养过程中还应强化其教学基本功和专业理论的培养。

(3)提升教师的科学研究能力。高职新入职的教师大多是研究生毕业,虽然经过了一定的科研训练,但真正能够独立开展科学研究的还相对较少,对课题申请的方向和课题申请书的撰写，以及申请后如何开展科学研究还处于一知半解阶段。通过对课程教师科学研究能力的培养，使其熟练掌握课题申请方向的精确把握、课题申请书撰写的基本要求，课题研究问题的合理界定、课题研究等其他技术性工作的基本要求。

二、骨干教师的培养目标

骨干教师的层次较多，既包括校级骨干教师，也有省级评选培养的骨干教师，等等。本处一般讲的骨干教师是指校级骨干教师，在学校内承担课程教学或者专业建设的骨干力量，这些教师是保证学校教学质量稳定和科研工作开展的骨干力量，其人数占比虽然不多，但发挥的作用非常关键。

首先应该提升骨干教师的专业技术能力和技术服务能力。骨干教师经过了课程教师的培养之后，专业技术能力有了一定的提高，积累了一定的科研实力。在此条件下应当发挥高等教育服务社会经济的职能，为其开展对外技术交流和技术服务提供平台，制定相关的政策，包括通过职称评审的指挥棒作用，引导其积极开展对外技术服务；也可以通过绩效工资的方式，以绩效的方式通过一定比例的提成对开展的技术服务进行奖励等，从而推进骨干教师积极开展并不断提高自己的专业技术能力和对外技术服务水平。

其次要提高骨干教师的课程开发能力及科技研发能力。在专业课建设过程中，骨干教师担负着对其负责的课程不断进行课程改革的职责，而当前对高职教育的认识正在不断深化，新的教学理念层出不穷，骨干教师应当与时俱进，积极接受新的教学理念和教学方法，并将其引入本人负责的课程之中，积极调整传统的教学目标、内容以及方法，适应最新的教学改革方向。比如翻转课堂、慕课以及微课教学、项目化教学等，从而提升教学效果，促进教学质量的稳步提升。在课程改革过程中，骨干教师通过履行考核的基本职责，并自我加压，在良性机制的作用下，科技研发能力也会相应得到提升。在这个过程中，骨干教师应当将教学、科研和教研并重，一些教师还兼职担任了班主任、兼职辅导员等管理工作，因此应该给予他们更多的关爱，促进骨干教师健康成长，同时也要积极创造条件，将骨干教师推上各种可以充分展现自我的舞台，从中发现优秀的骨干教师，为下一步专业负责人的选拔奠定基础。

在公共基础课领域，主要是培养骨干教师的教学能力、课程开发能力。公共基础课骨干教师不同于专业类骨干教师，一般仅承担相应的课程建设，同时是多人共同参与的课程。专业类骨干教师一般1~3人共同负责一门课程,或者是每人负责1门课程,甚至1人负责好几门课程,他们有自己开展相关科技研发和技术服务的特定领域,所负责的课程,互相之间原则上是不重叠的。而公共基础类的骨干教师大多都是多人共同负责一门课程的开发建设,所开展的科研、教研也多是围绕所负责课程或整体宏观的教育改革进行的,因此对他们的培养,应当侧重于教学能力的提升和课程开发能力的提高,但也应该创造机会让一些教师参与科研开发和对外的咨询管理服务,如语言类骨干教师既要培养他们的相关课程改革和新课程开发的能力,也要看到,对外翻译服务也是提升他们教学科研能力的重要途径,计算机基础教师也是同样的情况。但是我们也应当看到,大多数公共基础课骨干教师还缺乏参与相应的对外技术服务的可能性,因此不应当强求一致,而应当采取鼓励的方式,推进学有专长或有特殊意愿的公共基础课骨干教师,在完成基本职责的情况下,积极开展相关的对外技术服务等。

三、专业负责人、课程负责人的培养目标

在专业课教师有序培养体系中,第三层次是专业负责人的培养,从培养合格的骨干教师中,遴选专业负责人进行培养,根据专业建设的需要,一般应当每一个专业设立一个专业负责人,担负专业发展的重任,并在这一平台下担负相关的职责。在师德建设上,应当成为道德的榜样,并通过自己高尚的师德和对专业高度负责的精神,引领其他教师提升道德情操、科研水平和教学能力等。

概括来讲,专业负责人的培养目标应当包括三个方面:一是提升专业负责人的专业建设能力。专业负责人是从培养合格的骨干教师中遴选出来的优秀教师,无论是责任心、道德水准还是组织、管理、协调能力以及其他的相关教科研水平,都应当是本专业中出类拔萃的。在这些前提条件下,通过系统的培养,使其尽快成长为合格的专业负责人,进而带领专业内的骨干教师和课程教师以及新入职教师,开展专业建设和课程改革,推进教师队伍建设。因此,对专业负责人而言,专业建设能力是其开展其他工作的重要抓手,要对专业负责人进行系统培养,使其成长为合格的专业负责人。二是提升专业负责人的科技研发能力。作为专业负责人,对内代表着专业教师的整体形象,对外代表着学校相关专业的整体水平,有一个出色的专业负责人,专业发展才能获得更大的空间,而当前衡量专业负责人的水平多数还是以职称为标杆,有了较高的职称也就意味着更多的话语权,较高的职称也就意味着较高的科研水平,而较高的科研水平也意味着反

哺教学的潜力。要通过提供多种方式方法,为其科研水平提升搭建更高的平台,促进专业负责人提升科技研发的能力。三是提升专业负责人的技术服务能力。专业发展要依托相关的行业和地方,否则也就失去了存在的价值和意义,在培养合格毕业生的过程中,要加强校企合作,要为专业领域内的企业开展相关的技术服务,高职院校的专业负责人要成为校企合作中的重要技术支撑者,只有这样,校企合作才能长久。专业负责人在校企合作中扮演重要的角色,既要提升个人的技术水平,也要发挥所负责专业内各骨干教师和课程教师的积极性,形成团队合力,成为校企合作中不可替代的力量。因此要加强对高职院校专业负责人社会服务能力的培养,包括相应的团队管理能力和知识产权保护能力、组织协调能力等的培养。

对公共基础课教师要等同推进相应层次的培养,对应专业负责人梯度的是课程负责人,课程负责人是全校性公共基础课程的负责人,不是某一个专业的课程负责人,他们担负为全校各专业开展公共基础课程教学的职责。要改革公共基础课程常年不变的教学方法和教学内容,就需要课程负责人能紧跟国内外高职教育理念的变化,特别是要紧跟校内各专业发展和课程改革的方向,适时调整教学内容和教学方法,以更加适用的公共基础课程来服务于学生的发展,服务于专业课所要求的基础知识。因此,要着重强调公共基础类课程负责人的课程建设能力。既要随时把握国内外高职教育发展的趋势,也要学习掌握最新的国内外高职教育经验,还要密切跟踪校内各专业改革发展的信息,要将公共基础课程紧密对接专业发展需要,当专业或者其课程进行了调整改革后,要及时跟进改革,以适应变化后的专业发展对公共基础课程教学的需要。

四、学术带头人、专业带头人的培养目标

高职院校有序培养的第四梯度,是专业带头人和学术带头人的培养,要提升其科技研发能力、技术服务能力、科学研究能力。专业是职业院校的品牌和灵魂,学术带头人、专业带头人是学校学术发展和专业建设的领军人才,是学校的大师,是学校对外的名片,要把学术带头人和专业带头人的选拔培养当成和学校生死存亡同等重要的事情来抓。通过更加严格的选拔,从优秀的专业负责人和课程负责人中遴选一批专业带头人和学术带头人,并实行动态管理。一般应以专业群或者专业大类为遴选范围,每一专业群或专业大类遴选1~2名学术带头人(专业带头人),公共基础课将不同学科作为不同的遴选范围,遴选1~2名学术带头人。

第三节　各梯度教师任职的基本条件

一、专业类教师任职的基本条件

（一）课程教师任职的基本条件

课程教师任职的基本条件原则上应该考虑如下几个方面：教师资格证书（从教的基本资格）、专业的必要实践经历（区别于新入校教师）、相关课程培训合格（一般要以网络课程培训为主）、学生评教表现（反映教师可培养的基础要求）等，各校可以根据实际情况自行设定。具体而言，专业类课程教师的基本资格条件如下：（1）取得教师资格证书；（2）工程或者专业实践累计6个月以上；（3）完成2门网络课程的培训；（4）学生评教年均排名在前95%以上；（5）其他：如100%参加全校各项活动，参加公益监考不少于年均4次等集体活动要求。

（二）骨干教师任职的基本条件

在培养合格的课程教师中，通过遴选，选拔一定比例的教师作为骨干教师的培养对象，一般，这一比例应占全校教师总数的50%～60%。应当适度从严掌握，不同于课程教师，只要具备基本条件即可作为课程教师进行培养，课程教师遴选的标准应该采取"负面清单"式，只要不是否定范围内的都应该作为培养对象，而骨干教师则需要进行竞争择优，不能搞普惠制的方式，否则就失去了意义。

基本条件的设定应当从如下角度考虑：学历学位或者职业（执业）资格证书（反映学术水平等）、课程讲授经历及熟练程度或者课程建设经历（反映教学能力）、发表文章的数量质量、专业实践的经历、学生评价的基本要求和积极参加学校各项活动的要求，以及其他反映教科研较为突出水平的要求。

具体而言，专业类骨干教师的基本资格条件如下：（1）具有博士学位或在读博士；（2）具有国家一级注册执业资格证书；（3）熟练讲授1～2门主干课程，主持或参与校级及以上立项建设课程一项；（4）主持或参与实验实训建设；（5）学生评教前80%；（6）具有高级以上职业资格证书；（7）近3年发表论文1篇；（8）完成3门及以上网络课程培训；（9）公益监考年均4次；（10）企业顶岗实践半年以上；（11）学校、二级学院规定的其他条件。

具备上述第1或2和3、5条的具有成为骨干教师的条件。具有博士学位

（或在读博士）或具有国家一级注册执业资格证书，并熟练讲授1～2门主干课程、学生评教前80％的教师优先选拔为骨干教师。

一般情况下需要满足3～11条的各项要求，才能被遴选为骨干教师培养对象。

（三）专业负责人任职的基本条件

专业负责人选拔的基本条件包括如下几个方面：负责本专业建设一定年限以上、有主持校级及以上立项建设课程的经历、有主持实训基地建设的经历、开展对外学术交流一定时间以上、发表相关科研成果一定数量、具有本行业的较高职业（执业）资格证书、积极参加学校集体活动等。

具体而言，专业负责人任职的基本资格条件包括如下几方面：（1）负责本专业建设3年及以上；（2）主持校级及以上立项建设课程；（3）主持实训基地建设；（4）成为访问工程师半年以上或国内外访学3～12个月；（5）近5年主持完成校级以上研究课题1项，核心期刊发表论文至少1篇；（6）具有高级以上职业资格证书；（7）学生评教前30％；（8）积极参加集体活动，公益监考年均4次；（9）学校规定的其他条件。院校可在上述基础上结合本校实际进行适当调整。

（四）学术带头人、专业带头人任职的基本条件

学术带头人或专业带头人主要应从以下角度考虑选拔的基本资格条件：职称学历学位的基本要求、科研能力和水平的体现、对外学术交流的成果以及其他校级以上的荣誉称号等。但要注意学术带头人和专业带头人培养的方向不同，其基础任职资格条件也应有所区别。

具体而言，学术带头人任职的基本资格条件包括如下几方面（具备下列1、2、3、4、5条和6、7、8中的一条）：（1）近5年主持市厅级科研课题2项以上；（2）近5年获市厅级科研成果二等奖1项以上；（3）发明专利1项或主持企业横向课题2项；（4）近5年在核心期刊发表论文3篇及以上；（5）国外访学3～12个月；（6）近5年担任过省级及以上科技创新团队主持；（7）有教授职称或博士学位或为省级以上工程中心负责人；（8）其他省级称号，如江苏省青蓝工程学术带头人等。

专业带头人任职的基本资格条件包括如下方面（具备下列1、2、3、4、5、10条和6、7、8、9中的1条）：（1）近5年内主持专业建设1项；（2）近5年主持市级以上教育教学课题1项以上或主持市厅级科研课题2项以上；（3）近5年获市厅级教学成果或科研成果二等奖1项；（4）近5年在核心期刊发表论文3篇及以上;(5)主持企事业单位横向课题 2 项;(6)为省级以上实训基地主要负责人;(7)为省级及以上教学团队负责人;(8)有教授职称或博士学位;(9)为优秀专业负责人;(10)学生评教前 20%。

在专业类教师培养的四梯度上,要重视梯度资格条件设置的合理性,注意特殊准入梯度的设置,同时也要考虑教师专业发展的不同方向,如第四梯度就区分为两个方向,学术带头人重视科研能力的培养,专业带头人重视专业发展、教学改革能力的培养,这种设置反推回来就是对其任职资格条件的不同要求。

二、公共基础类教师任职的基本条件

(一)课程教师任职的基本条件

公共基础类教师作为课程教师选拔任职的基本条件包括:教师资格证书、公共基础课程培训、学生评价要求、参加集体活动等方面的要求。其具体要求与专业课程教师相同,此处不再重复。这样的设定也体现了有序培养第一梯度的相通之处,为其后续发展提供相同的平台,使部分教师可以在公共基础类和专业类教师之间进行流动。

(二)骨干教师任职的基本条件

公共基础类骨干教师任职的基本资格条件主要应考虑如下几个方面:课程讲授的时间经历和水平、课程建设的经历和成果、教科研成果、继续教育要求、学生评价要求以及参加学校集体活动等要求。

公共基础类骨干教师任职的基本资格条件具体如下(具备下列第 1、2、4 条或 2~8 条):(1)具有博士学位或在读博士;(2)熟练讲授 1~2 门主干课程;(3)主持或参与校级及以上立项建设课程 1 项;(4)学生评教前 80%;(5)近 3 年发表论文 1 篇;(6)完成 3 门及以上网络课程培训;(7)积极参加学校组织的各项活动,公益监考年均 4 次;(8)学校、二级学院(部)规定的其他条件。

具有博士学位或在读博士、熟练讲授 1~2 门主干课程、学生评教前 80% 的教师,优先选拔为骨干教师。这也体现了学校对骨干教师发展的期望。

熟练讲授 1~2 门主干课程、主持或参与校级及以上立项建设课程 1 项、学生评教前 80%、近 3 年发表论文 1 篇、完成 3 门及以上网络课程培训、公益监考年均 4 次,且具有学校、二级学院(部)规定的其他条件,可参加骨干教师的评选。

(三)课程负责人任职的基本条件

公共基础类课程负责人任职的基本条件主要考虑如下几方面:负责课程建

设的经历和成果、对外学术交流的经历、近年来开展的教科研项目、发表的高水平论文、教学获奖或者指导学生获奖、学生评教要求、参加学校集体活动的基本要求等。

公共基础类课程负责人基本资格条件如下:(1)负责课程建设3年及以上;(2)主持校级及以上立项建设课程;(3)国内外访学3～12个月;(4)近5年主持完成校级以上研究课题1项、在核心期刊发表论文至少1篇;(5)指导学生获省级及以上竞赛一等奖或获得省级及以上教学类评比二等奖;(6)学生评教前30%;(7)积极参加学校的各项集体活动,公益监考年均4次;(8)学校规定的其他条件。

(四)学术带头人任职的基本条件

公共基础类学术带头人任职的基本条件应当考虑如下几方面:教科研课题研究经历和成果要求、对外学术交流经历及成果、职称要求、校级以上人才称号要求等。

公共基础类学术带头人任职的基本条件如下(具备下列1、2、3、4、5条和6、7、8条中的1条):(1)近5年主持市厅级研究课题2项以上;(2)近5年获市厅级研究成果二等奖1项以上;(3)发明专利1项或主持企事业横向课题2项;(4)近5年在核心期刊发表论文3篇及以上;(5)国外访学3～12个月;(6)近5年担任省级及以上科技创新团队主持;(7)有教授职称或博士学位或为省级以上工程中心负责人;(8)为青蓝工程学术带头人。

第四节　各梯度教师的基本职责

一、专业类教师的基本职责

(一)课程教师的基本职责

课程教师的基本职责包括课程讲授的数量要求、专业实习实训的基本要求和提升科研能力的要求。

课程讲授的最低数量要求,包括课程门数和学时数量,目的是锻炼课程教师在教学上不断拓展专业认识并保持合理的教学工作量,一般任期内讲授2～3门课程。

专业实习实训的基本要求,课程教师需有指导实习设计、参与实验实训建设、工程实践等方面的经历,尤其要区分校内外的实习实训,既有提升自身工程实践能力的经历要求,又至少要求有一定时间全职进行专业实践。同时要求课程教师要逐渐熟悉职业教育领域对学生实习实训能力的指导,如果课程教师能在专业实践的同时,指导学生的专业认识实习或者顶岗实习,不仅可以更有针对性地提升自身的专业实践能力,还可以有针对性地和高效地指导学生的专业实践,也可以解决当前"放羊式"的顶岗实习存在的突出问题。

提升科研能力的要求,包括参与课题研究或者有能力主持课题研究工作,支持课程教师申请校级课题,并进行倾向性支持使其获得主持课题的机会,此外还要求在课题研究和专业教学过程中,针对专业领域的前沿问题或教学方法、课程建设等方面发表一定数量的研究论文,使其在课题研究和论文写作过程中逐渐得到规范的科研训练。

(二)骨干教师的基本职责

骨干教师的基本职责包括完成一定数量的理论教学工作、负责指导学生的实习设计、提升专业实践能力和教学开发能力以及提升科研创新能力。

完成一定数量的理论教学工作。要在考核任期内完成一定数量的专业课教学,并保持授课的稳定性,不宜开设过多的新授课程,要鼓励骨干教师围绕专业发展方向,做深做强相关课程的教学任务。

作为直接责任教师负责指导学生的实习设计。能够独立指导学生的认识实习、校内实训以及课程实习和毕业顶岗实习。指导学生完成人才培养方案和课程教学大纲或课程标准所要求的各类实习实训任务。

提升专业实践能力和教学开发能力。要鼓励骨干教师以访问工程师或者类似身份进行专业实践,通过进企业工作站半年以上或国内外访学 3～12 个月等方式来提升专业实践能力。同时通过积极承担课程的开发与建设、承担校内外实训基地建设、参加校级及以上教学团队,来提升教学开发能力。

提升科研创新能力。骨干教师应参加校级及以上科研团队,鼓励优秀的骨干教师领衔创建科研团队,鼓励其主持校级以上研究课题或者以主要参与者身份参与市厅级以上课题的研究工作,至少要完成 1 项以上项目或主持完成横向项目 1 项以上。骨干教师的研究要向更高水平迈进,原则上任期内要在核心期刊发表论文 1 篇以上。

（三）专业负责人的基本职责

专业负责人的基本职责是主导专业建设工作。不仅要提高自身教学、科研和管理能力，还要负责本专业的课程开发与建设、专兼职教师的示范和引领以及实践教学等方面的工作，具体如下。

完成一定课时量的精品课程教学。作为专业负责人，应以更高的要求和标准完成教学工作，包括精品课、共享课、示范公开课等。原则上在任期内应开设1门以上精品资源共享课或1门视频公开课，每年开设1门公共选修课或举办3次以上系列专题讲座。

统筹专业开发与建设。专业负责人要密切跟踪国家政策、行业前沿技术知识以及理论研究动向，及时调整完善人才培养方案，修订教学大纲或课程标准，组织协调教材编写和选用工作，规划教师专业能力提升工作，每年对专业进行详细的市场调研，对学生就业岗位进行详细分析，为专业开发与建设提供科学论证。

强化专业实践能力。要不断巩固与校内外合作单位的密切关系，积极参与企业横向科研项目，强化个人专业实践的能力。原则上专业负责人在任期内要主持企业技术服务，完成横向项目2项以上，以高级访问工程师身份进站半年以上或国内外访学3～12个月。

提升个人及专业团队成员的科研创新能力。作为专业负责人，要主持较高级别的科研课题，发表一定数量的高水平研究文章或专著，要有国内外本专业知名教科研机构的进修经历。原则上，专业负责人要成为校级及以上科研团队主持人或更高级别科研团队的主要成员，至少主持市厅级以上研究课题1项，任期内发表核心期刊论文1篇以上，团队成员内至少有1名境外研修或省级以上留学基金获得者以及承担部门规定的其他职责。

（四）专业带头人的基本职责

与专业负责人不同，专业带头人承担的是专业群发展的职责。专业带头人是专业群发展的主持者和引路人，专业带头人要精心谋划专业群的建设和发展，策划和引领专业所属的学术发展方向，凝聚专业群成员的集体智慧和力量，带领专业群成员不断提高教学水平、学术水平，提高专业群的实力和在行业内的影响力。具体职责包括如下方面：

把握专业群的发展方向。与行业、企业紧密联系，深入了解行业发展的前沿动态，负责专业群内专业的调整和新专业的开发。制定专业群学术研究规划和年度成果报告。

把握专业群教学实施的全过程。制定并组织实施专业群内各专业的建设与改革方案,主持培养方案的制定与修订,组织专业群的课程建设与改革;掌握专业群内各专业培养方案的执行情况及教学改革成效,每年度在二级学院做专业群教学质量分析报告。

负责专业群校企合作的开展。负责校内外实训基地的建设,在一个任期内建设或深化至少5个稳定的校外实习基地,以满足专业群学生的校外实习。任期内建设1个企业工作站,组建一个科研团队在企业工作站开展工作,并取得显著成果。

专业带头人除承担以上职责外,每年要承担1～2门主干课程的教学任务,每学期做1～2次专业领域的学术报告;任期内主持省级教育教学或科研课题1项或获得省级教学团队1项;赴国外高水平大学访问研修3～12个月;在核心期刊发表科研论文2篇,教学研究论文1篇。

二、公共基础类教师的基本职责

公共基础类教师在高职院校是不可或缺的群体,担负着公共基础课程的教学和科研工作,学生的公民道德素养、人文素养以及科学基础素养的提升都依赖于相关教师的工作。公共基础类教师的教学和科研工作有其特殊性,不能以专业教师的职责对其作统一要求,要根据其自身特点确定符合实际的工作职责。

(一)课程教师的基本职责

公共基础类课程教师的基本职责,主要应当考虑理论课程的讲授工作、教学研究和科学研究的工作以及其他工作。

理论课程的讲授:因为公共基础类教师面向全校或者多数专业授课,授课任务较重。课程教师一般不宜讲授过多门次的新课,一般一个学年讲授相关的基础课程2～4门,每个学期不宜超过2门。

科研工作:公共基础类课程教师在理论教学工作之余,应当积极参与教学研究和科学研究,探索公共基础课的教学方法和因材施教等,研究学情,特别要分类研究不同学科、专业的公共基础课教学改革问题。此外,课程教师也要积极参与相关的科学研究工作,主持或参与校级及以上研究课题,发表一定数量的科研论文,以此提高自身的教科研能力,反哺教学工作。

（二）骨干教师的基本职责

公共基础类骨干教师的基本职责包括理论课程的讲授工作、课程的开发建设工作、专业社会实践、理论创新进修以及教科研等工作。

系统讲授公共基础类 1～2 门课程，在完成公共基础类课程教学工作的基础上，系统研究其中的 1～2 门课程，并使之成为自身专业发展的方向和依托，要力争成为本课程讲授的示范教师，以精确的理论知识、先进的教学方法，提升课堂教学满意度。

参与课程的开发建设工作，负责或参与公共基础类课程的教学大纲或课程标准的编制，编写校内讲义或者参编教材，完成课程负责人交付的课程开发建设任务，参与公共基础类课程的实验室建设工作。

完成专业社会实践或理论创新进修工作。公共基础类骨干教师要明确自身发展方向，及时补充最新的学科知识，完善自身的专业背景知识，提升学历或参加继续教育，一般要以国内外访问学者的身份完成专业社会实践或理论创新的进修 3～12 个月。

提升教科研能力。要积极参加校级及以上教学团队或科研团队，主持或参与校级以上研究课题，要在任期内完成核心期刊论文 1 篇及以上。

（三）课程负责人的基本职责

公共基础类课程负责人的基本职责，包括个人教学、科研、管理等工作方面的职责以及对课程的开发建设、课程团队统筹建设等。

提升个人教学能力：要通过建设优质课程，包括视频公开课、示范课程、精品资源共享课等方式，来提升教学效果和学生测评满意度。一般应当做以下要求：建设 1 门以上精品资源共享课或 1 门视频公开课，每年开设 1 门公共选修课或举办 3 次以上系列专题讲座。

提升个人科研能力：要求课程负责人针对本课程的若干研究方向，进行系统化的科学研究，要以国内外访问学者的身份完成进修 3～12 个月，要成为校级及以上教学团队主持或科研团队成员。此外，主持校级以上研究课题，在核心期刊发表论文 1 篇及以上，以此提升自身的科研能力。

主持课程开发与建设工作，要对所负责的课程进行系统规划，积极跟踪课程最新的前沿知识和创新理论，围绕国家政策和时政形势以及课程特点，改革教学方法，建设教学资源库，建设网络示范课程，主持或参与实验室建设，协调课程团队建设，负责专兼职教师的管理工作，确保任期内团队成员至少有 1 名境外研修或省级以上留学基金获得者，以及承担所在部门规定的其他职责。

（四）学术带头人的基本职责

公共基础类学术带头人的基本职责，包括教学、科研和团队建设等方面。

个人教学、科研方面：高质量完成一定数量的课程教学工作、一定数量较高级别的教科研课题和高水平论文及著作。一般而言，公共基础类学术带头人不宜承担过多的理论教学任务，应当将其工作重心调整到科研和统筹管理方面，一般每学年完成1～2门课程的理论教学，或以公共选修课、网络公开课的方式进行。在科研的要求上，任期内至少获得市厅级及以上纵向研究课题1项或任期内主持完成企事业单位横向项目2项，发表核心期刊论文2篇及以上。个人要以国外高级访问学者身份进修，以此提升自身的教学科研能力，捕捉学科相关的前沿科技信息，指导所在学科的教学和科研工作。

负责学科研究中心的建设与管理工作：负责所属学科教学科研中心的建设以及日常管理、研究团队的建设与管理、企事业工作站的建设与管理等。统筹规划、筹备成立相关的研究中心，遴选研究团队成员并指导其制定和落实职业生涯规划，负责组建与学科有关的企事业工作站。此外，还要协调课程负责人、骨干教师、课程教师的任期建设和绩效考核工作。任期内至少1名团队成员赴境外研修或获得省级以上留学基金资助。

第七章　高职院校师资队伍有序培养的保障机制

第一节　构建体制机制

学校作为社会系统中的一个组织,不可能完全构建出一个不需要管理者干预的自适应系统,师资队伍有序培养保障机制的建立要通过体制与制度的建设来实现,制度可以规范体制的运行,体制可以保证制度的落实。

一、体制构建

体制的作用是调整与配置组织职能和岗位责权,在体制建设中,应注意各部分之间的相互协同与制约。师资队伍有序培养保障机制的构建,首先需要明确组织架构和实施主体,用行政的手段把各个部分统一起来,协调各个部分之间的关系,确保实施的规范有序,提高管理的有效性。

(一) 两级联动三层管理组织架构

校级组织主要由学校主管院长负责,根据学校师资队伍建设工作委员会的分工要求,人事处、科技处、教务处代表学校统筹管理。对师资队伍建设进行规划与实施;教学部门、科研院所及教辅部门根据学校的要求进行人员选拔与项目实施。

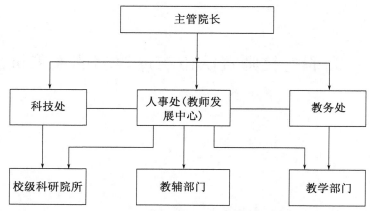

图7-1 师资队伍建设二级联动管理组织架构图

(二)师资队伍有序培养的"三主体"构成

学校是组织性主体、内部主体,提供师资队伍建设的资金、时间、空间等资源,利用这些资源,实施推进学校和教师发展相结合的措施。教师是自主性主体,是体现师资队伍建设成效的内在机制,教师和学校是一个发展的共同体。政府和企业是外部主体。政府提供政策导向和资金保证,行业企业提供师资队伍发展的平台。

"三主体建设"体现全方位管理理念,确保师资队伍建设充满生机与活力,以实现师资队伍建设的持续、科学发展。师资队伍有序培养"三主体"架构图如下。

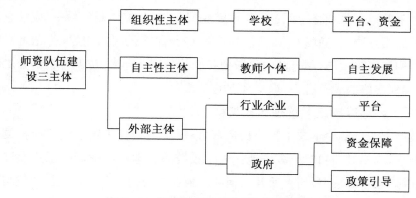

图7-2 师资队伍建设"三主体"架构图

二、机制运行

(一)有序培养"四机制"运行循环体系

机制的构建不是简单、绝对的,是纷繁复杂的,要避免模式化和形而上学;机制的构建是与时俱进的,要随社会环境不断发展,学校和教师的愿景目标不断提高而不断创新。在制度建设中，要因势利导,采取不同的措施。

实现科学合理的师资队伍培养运行机制,重要的是学校内部机制的建设,机制的形成和完善要建立在不断调查、分析、反馈、决策的基础上。

师资队伍有序培养"四机制"运行循环体系如图 7 - 3 所示。

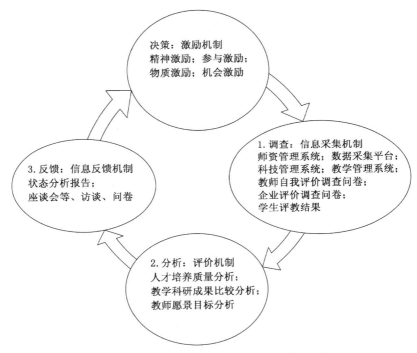

图 7 - 3　师资队伍建设"四机制"运行循环图

信息采集机制。通过人才培养数据采集平台、师资管理系统、科技管理系统、教学管理系统、教师自我评价调查问卷、企业评价调查问卷、学生评教结果或第三方评价等采集学校人才培养质量、师资队伍状况、教科研水平等状态数据。

评价机制。通过对状态数据的分类分析,从宏观(学校整体)和微观(教师个体)上评价学校的状态。

信息反馈机制。按年度形成状态数据分析报告。

激励机制。以状态数据为基础,以分析报告为依据,调整完善激励机制。

(二) 二维四梯度有序培养模式与路径

江苏建筑职业技术学院通过对当前教师发展水平的现实比较与分析,结合校本现阶段教师发展的愿景目标,构建了促进教师发展的"二维四梯度"有序培

养方案,该方案根植于学校和教师实际,体现校本位的特征。"四梯度"的构建和
划分是一种自上而下的策略,为教师发展提供适宜的土壤。

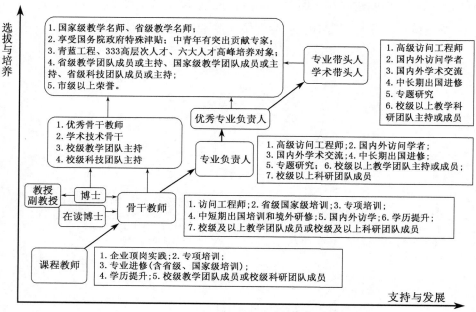

图 7－4 二维四梯度专业课教师有序培养模式与路径

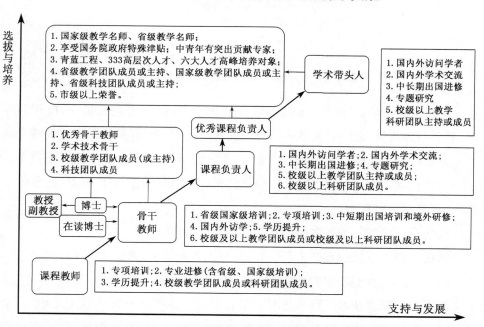

图 7－5 二维四梯度基础课教师有序培养模式与路径

表7-1 专业课教师梯度培养体系的内容框架图

梯度	人数 任期	基本条件	职责	待遇
专业课教师梯度培养	专业带头人 任期3年 15~20人	具备下列1、2、3、4、5条和6、7、8中的1条 1. 近5年主持市厅级科研课题2项以上 2. 近5年获市厅级科研成果一等奖1项以上 3. 发明专利一项或主持企业横向课题2项以上 4. 近5年核心期刊发表论文3篇及以上 5. 国外访学3~12个月 6. 近5年省级以上科技创新团队主持 7. 教授职称或博士学位或省级以上工程中心负责人 8. 青蓝工程学术带头人	1. 工程（研究）中心的建设与管理 2. 科研团队的建设与管理 3. 企业工作站的建设与管理 4. 任期内至少主持省市级以上纵向科研课题1项 5. 任期内主持完成企事业单位横向项目2项 6. 国外高级访问学者 7. 发表核心期刊论文2篇及以上 8. 团队成员至少1名境外研修或省级以上留学基金获得者	1. 高级访问工程师 2. 国内外学术交流与培训 3. 国内外高级访问学者 4. 优先校级以上教学、科研团队成员及主持 5. 参评333青蓝培养对象 6. 参评国务院政府特殊津贴 7. 参评中青年有突出贡献专家 8. 参评校级教学名师 9. 优先省级以上教学成果评选 10. 优先省级以上科研成果评选 11. 优先校聘副教授、教授
	学术带头人 任期3年 8~10人	具备下列1、2、3、4、5、10和6、7、8、9中的1项 1. 近5年内主持专业建设1项 2. 近5年主持市级以上教育教学课题1项以上或近5年获市厅级科研课题2项以上 3. 近5年获市厅级教学成果或科研成果一等奖1项 4. 近5年核心期刊发表论文3篇及以上 5. 主持企事业单位横向课题2项 6. 省级以上实训基地主要负责人 7. 省级及以上博士学位 8. 教授职称或博士学位 9. 优秀专业带头人 10. 学生评教前20%	1. 专业群开发与建设 2. 校外实训基地（工作站）建设 3. 专业群教师队伍建设 4. 专业群教研工作，完成企事业单位横向项目2项 5. 专业教学团队建设与管理 6. 任期内主持省教育教学科研课题一项或获得省级教学团队一项 7. 国外高级访问学者 8. 发表核心期刊论文2篇及以上 9. 团队成员至少一名境外研修或省级以上留学基金获得者	
	专业负责人 任期3年 50~60人	1. 负责本专业建设3年及以上 2. 主持校级及以上立项建设课程 3. 主持实训基地建设 4. 访问工程师1年以上完成校级以上或国内外访学3~12个月 5. 近5年主持完成校级以上研究课题1项，核心期刊发表论文至少1篇 6. 具有高级以上职业资格证书 7. 学生评教前30%	1. 专业开发与建设，校内外实训基地建设 2. 建设1门以上精品资源共享课或1门视频公开课 3. 企业技术服务完成横向项目2项 4. 每年开设1门公选课或进修课举办3次以上系列专题讲座 5. 兼职教师队伍的培育和管理 6. 高级访问工程师进站半年以上或国内外访学3~12个月	1. 高级访问工程师 2. 国内外高级访问学者 3. 国内外学术交流与培训 4. 优先校级以上进修培训 5. 校级以上教学团队成员 6. 优先校级以上科研团队成员 7. 优先校聘副教授、教授 8. 参评优秀专业负责人

（续表）

梯度	人数/任期	基本条件	职责	待遇
		8. 公益监考年均4次 9. 学校规定的其他条件	7. 校级及以上科研团队主持或成员 8. 主持校级以上研究课题1项 9. 任期内完成核心期刊论文1篇及以上 10. 团队内至少1名境外研修或省级以上留学基金获得者 11. 文件规定的其他职责	9. 优秀专业负责人参评333、青蓝、校级数学名师 10. 市级以上评优评先
专业课教师梯度培养 · 骨干教师 任期3年 占专任教师60%		具备下列第1或2和3,5条或3～11条 1. 具有博士学位或成在读博士 2. 具有国家一级注册执业资格证书 3. 熟练讲授1～2门主干课程,主持或参与校级及以上立项实验课程建设1项 4. 主持或参与校内实训基地建设 5. 近3年发表核心期刊论文1篇 6. 具有高级以上职业资格证书 7. 完成3门及以上网络课程培训 8. 公益监考年均4次 9. 企业顶岗实践半年以上 10. 学校、二级学院规定的其他条件	1. 讲授2～3门专业课,并指导实习设计 2. 访问工程师进站半年以上或国内外访学3～12个月 3. 承担课程的开发与建设 4. 校内实训基地建设 5. 校级及以上教学团队成员或校级以上科研团队成员 6. 主持或参与校级及以上研究课题1项或主持完成横向项目1项 7. 任期内完成核心期刊论文1篇及以上 8. 任期项及以上或主持或参与二级学院规定的其他职责	1. 访问工程师,国内访问学者 2. 国内骨干教师培训 3. 攻读博士学位 4. 参选校级及以上科研团队成员或教学团队成员 5. 选派中短期出国培训 6. 选派境外短期青干 7. 优先评学术技术奖励 8. 参评市级以上科技奖励 9. 优秀骨干教师参评333、青蓝、校级教学名师 10. 市级以上评优评先
课程教师 任期3年 占专任教师95%		1. 取得教师资格证书 2. 工程实践累计6个月以上 3. 完成2门网络课程的培训 4. 公益监考不少于年均4次 5. 学生监评教年均95%以上	1. 讲授2～3门课程 2. 指导实习设计 3. 参与实验实训建设 4. 累计工程实践半年以上 5. 主持或参与校级及以上研究课题一项 6. 发表论文1篇	1. 企业顶岗实践 2. 省级专业进修 3. 网络课程培训 4. 参选校级教学团队成员和科研团队成员 5. 提高学历 6. 申报讲师以上职称 7. 校级教学竞赛 8. 校级评优评先

表7-2　基础课教师梯度培养体系的内容框架图

梯度	人数 任期	基本条件	职责	待遇
基础课教师梯度培养	学术带头人 人数 3~5人 任期3年	具备下列1、2、3、4、5条和6、7、8条中的1条 1. 近5年主持市厅级研究课题2项以上 2. 近5年获市厅级研究成果一等奖二等奖1项以上 3. 发明专利1项或主持企事业横向课题2项 4. 近5年核心期刊发表论文3篇以上 5. 国外访问学者3~12个月 6. 近5年省级或博士学位以上科技创新团队主持人 7. 教授职称或博士学位以上工程中心负责人 8. 青蓝工程学术带头人	1. 研究中心的建设与管理 2. 研究团队的建设与管理 3. 企事业工作站的建设与管理 4. 任期内至少立项建设市级及以上纵向研究课题1项 5. 任期内主持完成企事业单位横向项目2项 6. 国外高级访问学者 7. 发表核心期刊论文2篇及以上 8. 任期内团队成员至少1名境外研修或省级以上留学基金获得者	1. 国内外学术交流与培训 2. 国内外高级访问学者 3. 优先参选校级以上教学、科研团队成员及主持 4. 参评333、青蓝培养对象 5. 参评国务院政府特殊津贴 6. 参评中青年有突出贡献专家 7. 参评校级教学名师 8. 优先省级以上教学成果评选 9. 优先省级以上科研成果评选 10. 优先校聘教授
	专业负责人 人数 50~60人 任期3年	1. 负责课程建设3年及以上 2. 主持校级以上立项建设课程 3. 国内外访学3~12个月 4. 近5年主持完成校级以上研究课题1项、核心期刊发表论文至少1篇 5. 指导学生参获省级以上竞赛一等奖或获得省级以上教学类评比二等奖 6. 学生评教前30% 7. 公益监考年均4次 8. 学校规定的其他条件	1. 主持课程开发与建设、实验室建设和课程团队建设 2. 建设1门以上精品资源共享课或1门视频公开课 3. 每年开设1门公共选修课或举办3次以上系列专题讲座 4. 国内外访学3~12个月 5. 校级及以上教学团队主持或科研团队成员 6. 主持校级以上研究课题1项 7. 完成校级以上论文1篇及以上 8. 任期内团队成员至少1名境外研修或省级以上留学基金获得者 9. 文件规定的其他职责	1. 国内外高级访问学者 2. 国内外学术交流与培训 3. 优先参选中长期境外研修 4. 校级以上教学团队主持 5. 优先参选校级以上科研团队成员 6. 优先校聘副教授、教授 7. 参评优秀课程负责人 8. 优秀课程负责人参评333、青蓝等校级以上评优评先 9. 市评以上级教学名师

（续表）

梯度	人数任期	基本条件	职责	待遇
基础课教师梯度培养	骨干教师 任期3年 占专任教师60%	具备下列第1、2、4条或2~8条 1. 具有博士学位或在读博士 2. 熟练讲授1~2门主干课程 3. 主持或参与校级及以上立项建设课程1项 4. 学生评教前80% 5. 3年发表论文1篇 6. 完成3门及以上网络课程培训 7. 公益监考年均4次 8. 学校、二级学院（部）规定的其他条件	1. 熟练讲授1~2门课程 2. 国内外访学3~12个月 3. 承担课程的开发与建设 4. 实验室建设 5. 校级及以上教学团队成员，或校级及以上科研团队成员 6. 主持或参与校级以上研究课题1项 7. 任期内完成核心期刊论文1篇及以上 8. 学校、二级学院规定的职责	1. 国内访学 2. 国内骨干教师培训 3. 攻读博士学位 4. 参选校级及以上教学团队成员或校级及以上科研团队成员 5. 选派中短期出国培训 6. 选境外研修、国外访学 7. 优先参评学术技术骨干 8. 参评市级以上科技奖励 9. 优秀骨干教师参评333、青蓝、校级教学名师 10. 市级以上评优评先
	课程教师 任期3年 占专任教师95%	1. 取得教师资格证书 2. 完成2门网络课程的培训 3. 公益监考年不少于4次 4. 学生评教年均95%以上	1. 讲授1~2门课程 2. 主持或参与校级及以上研究课题1项 3. 发表论文1篇	1. 省专业进修 2. 网络课程培训 3. 参选校级教学团队成员和科研团队成员 4. 提高学历 5. 申报讲师以上职称 6. 校级教学竞赛

第二节　各梯度教师的选拔机制

一、选拔原则

各梯度教师的选拔要坚持公开、公平、公正的原则,从学校发展大局和教师的全面发展出发,以对历史负责、对教育事业负责的态度开展各梯度教师的选拔工作。在选拔过程中,要形成如下工作机制。

(1)科学评价机制。各梯度教师的选拔工作,要在学校人才工作领导小组的领导下进行。要成立相关的专家委员会,负责各梯度教师的选拔评选工作,专家委员会由相关专业领域的高级职称人员和校外有关专家组成,形成选拔培养的科学评价机制。

(2)分层分类选拔机制。各梯度教师的选拔,要坚持分层分类选拔,课程教师和骨干教师的选拔以各二级学院或教学部为主进行选拔,学校职能部门负责选拔方案的审核和入选人员的认定工作。专业负责人、课程负责人和专业带头人、学术带头人的选拔由学校层面负责,由学校人事部门协调专家委员会负责遴选。

(3)自愿申报和单位推荐结合。各梯度教师的对象人选一般由个人申报、单位推荐。所在单位对申报对象的政治素质、道德品质、学术水平、科研能力、工作业绩等作出评价,提出推荐意见。

(4)逐步培养和破格选拔结合。一般情况下,往期培养对象不得降低层次申报。同一层次培养对象培养期不超过两期。上一梯度的教师应当从下一梯度合格的教师中择优选拔,对于符合上一梯度基本入选条件的教师,也可以进行破格选拔,但不得降低标准。

培养对象确定后,学术带头人、专业带头人、专业负责人、课程负责人由学校颁发证书,骨干教师由学校人事部门颁发证书,课程教师由各二级学院和教学部颁发证书。

二、选拔程序

(一)课程教师的选拔

课程教师由二级学院(部)选拔、管理与考核。按院(部)专任教师的95%确定人选,任期 3 年。二级学院(部)应根据学校课程教师的基本条件,并结合本院(部)的具体情况制定适合本部门的选拔办法,由院(部)组织实施,各院(部)将选拔结果报人事处备案。

(二) 骨干教师的选拔

骨干教师的选拔范围为二级院(部)专任教师、校内兼课教师。

骨干教师由二级学院(部)选拔和管理。二级学院(部)按专任教师的 60% 选拔骨干教师,任期 3 年。二级学院(部)应依据学校相关管理办法、院(部)专业和专业群(课程)的发展目标,结合专业带头人(学术带头人)、专业负责人(课程负责人)的建设目标,制定适合本单位实际的选拔细则,报人事处备案后实施。各教学单位要客观、公正、公开地选拔骨干教师,选拔结果在本单位公示一周后报人事处。

骨干教师的选拔程序为:

(1) 个人申请。符合条件的教师向所在院(部)提交骨干教师申请表、骨干教师目标任务表。校内兼课教师向相关院(部)提交以上材料。

(2) 二级学院(部)选拔。

(3) 人事处汇总材料,会同教务处、科技处、教学质量考核办公室等部门审核。

(4) 报学校批准。

(三) 专业负责人、课程负责人的选拔

专业负责人、课程负责人由学校选拔与管理。学校根据专业建设、基础类课程建设的需要设置专业负责人和课程负责人的岗位数,每任期专业负责人 50～60 人,课程负责人 5～10 人,任期 3 年。由院(部)推荐人选,教师发展中心会同教务处等有关部门选拔,后报学校教学工作委员会审核,经学校批准后聘任。

专业负责人、课程负责人的选拔程序:

(1) 个人申请。

(2) 二级学院(部)推荐。二级学院(部)应根据选拔条件,结合二级学院(部)实际制定选拔的要求和程序。对照专业和专业群发展的方向及要求,依据申请人的建设思路,客观、公正、公开地组织推荐工作,公示无异议后报人事处,同时提交相关材料。

(3) 教师发展中心会同有关部门对推荐人选进行审核,重点审核专业负责人的任务目标和职责承诺情况,审核后报学校,学校专业负责人建设工作领导小组组织专家评审,经校党政会批准后由院长聘任。

（四）专业带头人、学术带头人的选拔

专业带头人、学术带头人由学校组织选拔。学校根据发展目标的需要设置专业带头人、学术带头人的岗位和岗位数，任期 3 年。每任期专业带头人 15～20 人，学术带头人（专业类）8～10 人，（公共基础类）3～5 人，院（部）、科研院所推荐人选，教师发展中心会同科技处、教务处等有关部门选拔，经学校批准后聘任。

专业带头人、学术带头人的选拔范围为：二级学院专任教师和校内兼课教师，并具有副高以上职称。选拔程序为：

（1）个人申请，校内兼课教师向专业群所在二级学院提交申请。

（2）二级学院推荐。二级学院根据学校的选拔和管理办法，结合本单位实际制定选拔要求和程序。根据申请人的建设思路，客观、公正、公开地推荐人选，在本单位公示后报人事处，同时提交申请表、目标任务书等。

（3）学校选拔。教师发展中心会同有关部门对推荐人选进行审核，重点审核申请人的目标任务和职责承诺情况，后由学校组织评审选拔，经学校批准后由院长聘任。

第三节　各梯度教师的培养机制

一、各梯度教师的培养原则

（1）组织培训开发。每年组织各梯度教师参加高层次的政治、经济、科技、管理等方面的培训，着重培养他们的创新精神、团队精神和奉献精神。充分利用国际国内人才培养资源，加大培养力度。通过组织选派或自行联系方式，每年选派培养对象到世界或国内知名大学、研究机构、著名公司担任高级访问学者，或到国家重点学科、重点实验室等学习进修。多形式、多渠道组织培养对象参加境内外培训。鼓励并支持培养对象参加各种国际和国内学术会议及学术交流活动，开展国际和地区科技交流与合作。

（2）实行项目资助。鼓励和支持教师承担国家和省市及地方的科研项目、建设项目和实验室建设等项目。以项目实施带动各梯度培养教师创新能力的提高，促进人才培养和团队建设。培养期内，对各梯度教师进行科研项目资助。资

助的科研项目经费,主要用于教师主持的研究项目(研究项目经费主要用于包括设备和工程费、材料费、测试化验加工费、燃料动力费、差旅费、会议费、国际合作与交流费、出国培训和进修费、出版/文献/信息传播/知识产权事务费、劳务费、专家咨询费及其他与项目研究任务直接相关的费用等),参加国际权威机构组织的学术会议、国际论坛等交流活动,出版学术专著等。

(3)给予集成支持。学校各职能部门和各二级院部要整合资源优势,形成培养合力。培养对象在申报教育教学、科学研究项目时,同等条件下优先考虑。所在单位要主动安排培养对象承担科研项目和科技攻关项目,为他们配备得力的工作助手,鼓励他们参加国内外学术交流等活动,并在时间和经费上给予保证。

(4)充分发挥作用。要充分发挥高层次培养对象在决策咨询、项目攻关、专业建设和人才培养中的重要作用。围绕地方及行业的经济和社会发展的需求,组织培养对象到基层、企业开展多种形式的科技咨询、技术服务和知识培训活动,促进科技成果向现实生产力转化。

(5)发放一定补助。培养期内,对各梯度教师发放一定补助。具体经费可以根据学校财力来确定,补助主要用于发放图书资料补贴等。

二、各梯度教师的培养方式

(一)专业类教师的培养方式

1. 课程教师的培养方式

选派课程教师企业顶岗实践,参加省级专业进修、网络课程培训,参选校级教学团队成员和科研团队成员、学历进修,参加校级教学竞赛。

2. 骨干教师的培养方式

选派骨干教师为访问工程师、国内访问学者,参加国内骨干教师培训,攻读博士学位,参选校级及以上教学团队成员或校级及以上科研团队成员,选派中短期出国培训,选派境外研修、国外访学,优先参选学术技术骨干、参评市级以上科技奖励,优秀骨干教师参评省级 333 人才工程培养、青蓝工程培养、参选校级教学名师、参选市级以上评优评先。

3. 专业负责人的培养方式

选派专业负责人为高级访问工程师、国内外高级访问学者,参加国内外学术交流与培训,优先参加中长期境外研修,优先选任校级以上教学团队主持、校级以上科研团队成员,优先校聘副教授及教授、参评优秀专业负责人。优秀专业负责人可参评省级 333 人才工程培养、青蓝工程培养、校级教学名师、市级以上评优评先。

4. 专业带头人的培养方式

选派专业带头人为高级访问工程师去企业专业实践，选派专业带头人为国内外高级访问学者参加国内外学术交流与研修，优先参评校级以上教学、科研团队成员及主持，参评 333 人才工程、青蓝工程培养对象，参评国务院政府特殊津贴、中青年有突出贡献专家、校级教学名师，优先参与省级以上教学成果、科研成果评选，优先评校聘副教授、教授。

（二）公共基础类教师的培养方式

1. 课程教师的培养方式

选派课程教师参加省级专业进修、网络课程培训，参选校级教学团队成员和科研团队成员，参加学历进修、校级教学竞赛。

2. 骨干教师的培养方式

选派骨干教师为国内访问学者赴高水平大学和科研院所访问研修、参加国内骨干教师培训、攻读博士学位，参选校级及以上教学团队成员或校级及以上科研团队成员，选派其参加中短期出国培训、境外研修、国外访学，优先选拔为学术技术骨干，参评市级以上科技奖励，优秀骨干教师参评省级 333 人才工程、青蓝工程培养，参选校级教学名师、市级以上评优评先。

3. 课程负责人的培养方式

选派课程负责人为国内外高级访问学者参加国内外学术交流与研修，优先参评中长期境外研修、校级以上教学团队主持、校级以上科研团队成员，优先参评校聘副教授及教授，优秀课程负责人参评省级 333 人才培养工程、青蓝工程培养对象、校级教学名师、市级以上评优评先。

4. 学术带头人的培养方式

选派学术带头人为国内外高级访问学者赴国内外学术交流与研修，优先参评校级以上教学及科研团队成员或主持，参评省级 333 人才培养工程、青蓝工程培养对象，参评国务院政府特殊津贴、中青年有突出贡献专家、校级教学名师，优先省级以上教学成果、省级以上科研成果的评选，优先参评校聘副教授及教授。

第四节　各梯度教师的管理与考核

一、各梯度教师的管理

（1）实施分级分层管理。学校人才工作领导小组负责学术带头人和专业带头人的管理，学校人事、教务职能部门负责专业负责人和课程负责人的管理，骨干教师和课程教师由各教学院（部）负责管理。培养对象所在单位负责日常管理。

（2）实行目标绩效考核。培养对象要制定工作目标和年度工作计划，与学校人事、教务职能部门及所在二级学院、部门签订三方目标责任书，纳入培养对象年度工作考核内容，学校财务审计部门定期对培养对象项目资金使用情况开展绩效考核评价。培养期内，学校人事、教务主管部门和各二级教学院（部）分别对培养对象进行期中考核，提出退出、调整、继续培养等意见。培养期满后，按照分级分层管理的要求，对培养对象进行严格考核。根据考核结果，作出等级评价。

（3）建立信息联系制度。运用大数据等现代科技手段，建立完善培养对象信息管理系统，加强对培养对象的跟踪管理和服务。按照管理所属关系，各二级教学院（部）要与培养对象建立联系制度，及时了解和帮助解决培养对象在教育教学研究、学术研究等过程中遇到的困难。

（4）改善工作生活条件。人事、教务职能部门及培养对象所在教学院（部）要了解和掌握培养对象的工作、学习、生活情况，力所能及地为他们解决后顾之忧。重视和关心培养对象的身体健康。

（5）建立动态退出机制。对弄虚作假、剽窃他人成果，以不正当手段骗取荣誉以及其他严重违反学术道德和职业操守行为的人员，因个人责任给国家、学校造成重大损失，学校人事职能部门及其所在教学院（部）提出申请，经学校人才工作领导小组审核批准，取消其培养资格，停止拨付相关资金，并根据情况进行相应的处罚。

二、各梯度教师的考核

（一）课程教师的考核

课程教师由二级学院（部）管理与考核。按院（部）专任教师的 95％ 确定人选,任期 3 年。二级学院(部)应根据学校课程教师的基本条件、基本职责,并结合本院(部)的具体情况制定适合本部门的考核办法,考核由院(部)组织实施,实行任期期满验收考核,各院(部)将选拔结果和考核结果报人事处备案。

(二)骨干教师的考核

二级学院(部)负责对所属骨干教师的管理与考核。二级学院(部)成立骨干教师管理与考核领导小组,考核小组由院(部)负责人、专业带头人、专业负责人(课程负责人)等组成,负责对骨干教师课程建设目标及岗位职责的督促、检查与考核。

实行中期考核和任期届满考核。二级学院(部)根据学校相关办法并结合本部门实际制定量化考核细则,报人事处备案后执行。骨干教师向二级学院(部)提交骨干教师考核材料,二级学院(部)将考核结果公示一周后报人事处。

考核按总人数的 30% 评定优秀,中期不参加考核的骨干教师自动取消骨干教师资格。中期考核、任期届满考核低于考核量化总分 60% 的为不合格,并取消骨干教师资格。被取消资格的教师,不得申请下一届的骨干教师。中期考核、任期届满考核均为优秀的,学校奖励学术假经费。二级学院(部)亦可根据本部门实际,依据考核结果对骨干教师进行奖励。

(三)专业负责人、课程负责人的考核

专业负责人、课程负责人由学校考核,教师发展中心牵头组织实施。实行年度和任期届满验收考核,学校制定量化考核评价细则。考核方式采用听取汇报、建设成果验收、量化打分等。考核分优秀、合格、不合格三个等次,按总人数的 30% 评定优秀,低于《考核量化细则》总分 60% 的确定为不合格,任期的第一年度不参加考核的,或连续两次考核不合格的取消资格,任期届满考核不合格的取消专业负责人、课程负责人资格。

(四)专业带头人、学术带头人的考核

专业带头人、学术带头人由学校管理与考核,教师发展中心牵头组织实施。实行年度和任期届满验收考核。考核内容有听取汇报、建设成果验收、建设台账查看、量化打分等。学校制定《考核评价量化细则》,对工作完成情况进行量化考核。考核按优秀、合格、不合格三个等次评价,按总人数的 30% 评定优秀,低于总分 60% 的为不合格,任期的第一年度不参加考核的,或连续两次考核不合格的取消资格,任期届满考核不合格的取消资格。

附录 1

江苏建筑职业技术学院
师资队伍建设"金泉工程"培养方案

苏建院发〔2013〕30 号

为进一步落实《"十二五"师资队伍建设规划》目标,突出师资队伍建设的规范和有序培养,在"十二五"期间实施师资队伍建设"金泉工程"培养方案,投入不少于3 500 万元,构建一支以高层次人才、高水平教学科研团队为主导,专业带头人、骨干教师、双师素质教师为主体的师资队伍。根据学校建设目标,特制定本方案。

一、培养原则

1. 坚持有序培养的原则。根据学校专业建设规划和师资队伍建设规划,制订教师培训进修的中长期计划。培训进修对象以中青年教师为主,重点培养教育教学、产学研的骨干教师。

2. 坚持以岗培训的原则。教职工的培训进修应与所从事的岗位或专业方向一致,符合专业建设和教师队伍梯队建设的需求。

3. 坚持过程考核的原则。学校人事处、在培人员所在单位或部门要对培训进修人员实行定期考核和不定期检查,要建立教职工培训进修考核档案。

二、师资队伍建设"金泉工程"培养方案的培养梯度

培养分两类,每类四个梯度

一类　专业类教师:课程教师培养、骨干教师培养、专业负责人培养、专业带头人和学术带头人培养。

二类　公共基础类教师:课程教师培养、骨干教师培养、课程负责人培养、学术带头人培养。

师资队伍建设"金泉工程"培养方案由教师发展中心组织实施。

三、培养方式

(一)课程教师培养

1. 培养目标

树立良好的师德规范,提升课程教师的教学能力、专业技术能力、工程实践能力和科学研究能力。

2. 课程教师的培养方式

专业类课程教师的培养方式:企业顶岗实践、专项培训、专业进修(含省级、国家级培训)、学力提升、成为校级教学团队成员或校级科研团队成员。

公共基础类课程教师的培养方式：专项培训、专业进修（含省级、国家级培训)、学历提升、成为校级教学团队成员或科研团队成员。

3. 课程教师的基本条件、基本职责和待遇

（1）专业类课程教师的基本条件、基本职责和待遇

基本条件：取得教师资格证书，工程实践累计 6 个月以上，完成 2 门网络课程的培训，公益监考不少于年均 4 次，学生评教年均前 95％以上。

基本职责：任期内讲授 2～3 门课程、指导实习设计、参与实验实训建设、累计工程实践半年以上、主持或参与校级及以上研究课题 1 项、发表论文 1 篇，二级学院（部）规定的其他职责。

待遇：选派课程教师赴企业顶岗实践、参加省级专业进修、网络课程培训、参选校级教学团队成员和科研团队成员、学历进修、参加校级教学竞赛、校级评优评先。

（2）公共基础类课程教师的基本条件、基本职责和待遇

基本条件：取得教师资格证书，完成 2 门网络课程的培训，公益监考不少于年均 4 次，学生评教年均前 95％以上。

基本职责：讲授 1～2 门课程、主持或参与校级及以上研究课题 1 项、发表论文 1 篇，二级学院（部）规定的其他职责。

待遇：参加省级专业进修、网络课程培训、参选校级教学团队成员和科研团队成员、学历进修、参加校级教学竞赛、校级评优评先。

4. 课程教师的选拔与考核

课程教师由二级学院（部）选拔、管理与考核。按院（部）专任教师的 95％确定人选，任期 3 年。二级学院（部）应根据学校制定的课程教师的基本条件、基本职责，结合本院（部）具体情况制定适合本部门的选拔与考核办法，选拔与考核由院（部）组织实施，实行任期期满验收考核，各院（部）将选拔结果和考核结果报人事处备案。

（二）骨干教师培养

1. 培养目标

提升专业类课骨干教师的专业技术能力、技术服务能力、课程开发能力及科技研发能力。提升公共基础类课骨干教师的教学能力、课程开发能力、社会服务能力。

2. 骨干教师培养方式

选派骨干教师作为访问工程师赴企事业单位专业实践；参加省级国家级培训、专项培训、中短期出国培训和境外研修、国内外访学、学历提升、选拔成为校级及以上教学团队成员或科研团队成员。

3. 骨干教师的基本条件、基本职责和待遇

基本条件：近5年内主持或参与校级及以上立项建设课程1项、主持或参与实验实训建设、学生评教成绩在前80％、具有高级以上职业资格证书、近3年发表论文1篇、完成3门及以上网络课程培训、公益监考年均4次、企业顶岗实践半年以上及学校二级学院（部）规定的其他条件。

具有博士学位（或在读博士）或具有国家一级注册执业资格证书、熟练讲授1～2门主干课程、学生评教成绩在前80％的教师优先选拔为骨干教师。

基本职责：骨干教师在任期内讲授2～3门专业课、指导实习设计、成为访问工程师进企业工作站半年以上或国内外访学研修3～12个月、承担课程的开发与建设、承担校内外实训基地建设、参加校级及以上教学团队或校级及以上科研团队、主持或参与校级以上研究课题1项或主持完成横向项目1项、任期内完成核心期刊论文1篇及以上，完成学校、二级学院规定的其他职责。

待遇：成为访问工程师进企业工作站半年以上或国内外访学研修3～12个月、参加骨干教师培训、攻读博士学位、参选校级及以上教学团队成员或校级及以上科研团队成员、优先选拔成为学术技术骨干、参评市级以上科技奖励，优秀骨干教师参评省级333人才工程培养、青蓝工程培养、参选校级教学名师、参选市级以上评优评先。

（2）公共基础类骨干教师的基本条件、基本职责和待遇

基本条件：熟练讲授1～2门主干课程、主持或参与校级及以上立项建设课程1项、学生评教成绩在前80％、近3年发表论文1篇、完成3门及以上网络课程培训、公益监考年均4次、学校和二级学院（部）规定的其他条件。

具有博士学位或在读博士、熟练讲授1～2门主干课程、学生评教成绩在前80％的教师，优先选拔为骨干教师。

基本职责：讲授1～2门课程、国内外访学研修3～12个月、承担课程的开发与建设、实验室建设，成为校级及以上教学团队成员或科研团队成员、主持或参与校级以上研究课题1项、任期内完成核心期刊论文1篇及以上、完成学校二级学院规定的其他职责。

待遇：同专业类骨干教师

4. 骨干教师的选拔、管理与考核

骨干教师由二级学院（部）选拔、管理与考核。按专任教师的60％选拔骨干教师，任期三年。二级学院（部）应依据学校有关骨干教师的相关文件要求、院（部）专业和专业群（课程）的发展目标，结合专业带头人、专业负责人（课程负责人、学术带头人）的培养目标，制定适合本单位实际的选拔和考核细则，客观、公正、公开地选拔、考核骨干教师。

省级和国家级骨干教师培训、专项培训等按每年院（部）教学人员的10％选派，由学校下达分配名额，二级学院（部）选派教师参加，人事处负责考核；国内访问学者按每年10～15人选派，由学校下达分配名额，二级学院（部）择优选派，人事处负责考核；国外访问学者、中短期出国进修、国际学术会议等按每年骨干教师总数的20％左右选派，由学校根据上级和学校相关要求择优选派，人事处负责考核。

（三）专业负责人、课程负责人培养

1. 培养目标

提升专业负责人的专业建设能力、科技研发能力、技术服务能力；提升课程负责人的课程建设能力和技术服务能力。

2. 培养方式

专业负责人的培养方式：成为高级访问工程师赴企业专业实践、中长期国内外访问研修、国内外学术交流、成为校级以上教学团队主持或成员、校级以上科研团队成员。

课程负责人的培养方式：中长期国内外访问研修、国内外学术交流、成为校级以上教学团队主持或成员、成为校级以上科研团队成员。

3. 专业负责人、课程负责人的基本条件、基本职责和待遇

（1）专业负责人的基本条件、基本职责和待遇

基本条件：负责本专业建设3年及以上、主持校级及以上立项建设课程、主持实训基地建设、具有访问工程师身份在企业专业实践半年以上或国内外访学3～12个月、近5年主持完成校级以上研究课题1项、在核心期刊发表论文至少1篇、具有高级以上职业资格证书、学生评教成绩在前30％、公益监考年均4次、学校规定的其他条件。

基本职责：主持或参与专业开发与建设、校内外实训基地建设、承担1门以

上精品资源共享课或 1 门视频公开课的建设、每年开设 1 门公共选修课或举办 3 次以上系列专题讲座、主持企业技术服务项目完成横向项目 2 项、负责兼职教师队伍的培育和管理、成为高级访问工程师进企业工作站半年以上或国内外访学研修 3~12 个月、主持校级以上研究课题 1 项、任期内在核心期刊发表论文 1 篇及以上、团队内至少 1 名教师境外研修或获得省级以上留学基金项目资助,文件规定的其他职责。

待遇:成为高级访问工程师赴企业顶岗专业实践、优先选派骨干教师赴国内外访问研修、成为校级以上教学团队主持、优先选拔成为校级以上科研团队成员、优先选拔成为校聘副教授、教授,参评优秀专业负责人;优秀专业负责人可参评省级 333 人才工程培养、青蓝工程培养、校级教学名师、市级以上评优评先。

（2）课程负责人基本条件、基本职责和待遇

基本条件:负责课程建设 3 年及以上、主持校级及以上立项建设课程、具有国内外访学研修 3~12 个月的经历、近 5 年主持完成校级以上研究课题 1 项、在核心期刊发表论文至少 1 篇、指导学生获省级及以上竞赛一等奖或获得省级及以上教学类评比二等奖、学生评教成绩在前 30%、公益监考年均 4 次、学校规定的其他条件。

基本职责:主持课程开发与建设、实验室建设和课程团队建设、任期内完成 1 门以上精品资源共享课或 1 门视频公开课的建设任务、每年开设 1 门公共选修课或举办 3 次以上系列专题讲座、任期内赴国内外访学研修 3~12 个月、主持校级以上研究课题 1 项、在核心期刊发表论文 1 篇及以上、任期内团队成员至少 1 名教师境外研修或获得省级以上留学基金,学校规定的其他的职责。

待遇:选派课程负责人赴国内外高水平大学、研究机构访问研修、成为校级以上教学团队主持、优先选聘成为校聘副教授、教授,优秀课程负责人参评省级 333 人才培养工程、青蓝工程培养对象、校级教学名师、市级以上评优评先。

4. 专业负责人、课程负责人的选拔与考核

专业负责人、课程负责人由学校选拔与考核。学校根据专业建设、课程建设的需要设置专业负责人、课程负责人的岗位数。每任期设置专业负责人 50~60 人,课程负责人 5~10 人,任期 3 年。由院（部）推荐人选,教师发展中心会同教务处等有关部门选拔,后报学校教学工作委员会审核,经学校批准后聘任。对专业负责人、课程负责人实行年度考核和任期期满验收考核,由教师发展中心会同教务处等有关部门进行考核。

（四）专业带头人、学术带头人培养

1. 培养目标

提升专业带头人、学术带头人的科技研发能力、技术服务能力、科学研究能力和管理能力。

2. 培养方式

成为高级访问工程师赴企事业单位、科研院所专业顶岗实践，中长期国内外访问研修、学术交流，成为校级以上教学科研团队主持或成员。

3. 学术带头人、专业带头人的基本条件、基本职责和待遇

（1）学术带头人（专业类）的基本条件、基本职责和待遇

基本条件：近 5 年主持市厅级科研课题 2 项以上、获市厅级科研成果二等奖 1 项以上、具有 1 项发明专利或主持企业横向课题 2 项、在核心期刊发表论文 3 篇及以上、具有国内外访学经历 3～12 个月、近 5 年内具有主持省级及以上科技创新团队的经历或具有教授职称或具有博士学位或为省级以上工程中心负责人或为青蓝工程学术带头人。

基本职责：负责工程（研究）中心的建设与管理、科研团队的建设与管理、企业工作站的建设与管理。任期内至少立项建设市级及以上纵向科研课题 1 项、任期内主持完成企事业单位横向项目 2 项、赴国外高水平大学或科研机构访问研修 3～12 个月、在核心期刊发表论文 2 篇及以上、团队成员至少 1 名教师境外研修或获得省级以上留学基金，学校规定的其他职责。

待遇：成为高级访问工程师赴企业顶岗实践、选派学术带头人国内外学术交流与研修，优先选拔学术带头人成为校级以上教学、科研团队成员及主持、参评 333 人才工程、"青蓝工程"培养对象的选拔，参评国务院政府特殊津贴、参评中青年有突出贡献专家、参评校级教学名师的评选、优先省级以上教学成果的评选、优先省级以上科研成果的评选、优先获得校聘副教授、教授。

（2）学术带头人（公共基础类）基本条件、基本职责和待遇

基本条件：近 5 年主持市厅级研究课题 2 项以上、近 5 年获市厅级研究成果二等奖 1 项以上、获得 1 项发明专利或主持企事业业横向课题 2 项、近 5 年在核心期刊发表论文 3 篇及以上、具有国内外访问研修 3～12 个月的经历、近 5 年内具有省级及以上科技创新团队主持的经历或具有教授职称或具有博士学位或为省级以上工程中心负责人或为青蓝工程学术带头人，学校规定的其他条件。

基本职责：负责研究中心的建设与管理、研究团队的建设与管理、企事业工

作站的建设与管理,任期内至少立项建设市级及以上纵向研究课题 1 项或任期内主持完成企事业单位横向项目 2 项、赴国外高水平大学或科研机构访问研修 3～12 个月、在核心期刊发表论文 2 篇及以上、任期内团队成员至少 1 名教师境外研修或获得省级以上留学基金。

待遇:同学术带头人(专业类)待遇。

(3) 专业带头人的基本条件、基本职责和待遇

基本条件:近 5 年内主持专业建设 1 项、近 5 年主持市级以上教育教学课题 1 项以上或主持市厅级科研课题 2 项以上、近 5 年获市厅级教学成果或科研成果二等奖 1 项、近 5 年在核心期刊发表论文 3 篇及以上、主持企事业单位横向项目 2 项、学生评教成绩在前 20%、具有省级以上实训基地主要负责人或省级及以上教学团队负责人的经历或具有教授职称或具有博士学位或为优秀专业负责人,学校规定的其他条件。

基本职责:负责专业群内专业的开发与建设、校外实训基地(工作站)建设、专业群教师队伍建设、专业群产学研工作,任期内完成企事业单位横向项目 2 项;任期内主持省级教育教学或科研课题 1 项或获得省级教学团队 1 项,任期内赴境外高水平大学、科研机构访问研修 3～12 个月、任期内在核心期刊发表论文 2 篇及以上、任期内团队成员至少一名教师境外研修或获得省级以上留学基金,学校规定的其他职责。

待遇:同学术带头人(专业类)待遇。

4. 专业带头人、学术带头人的选拔与考核

专业带头人、学术带头人由学校选拔与考核。学校根据专业群建设和学术发展的需要设置专业带头人、学术带头人的岗位数,每任期设置专业带头人 8～10 人,学术带头人 3～5 人,任期 3 年。由院(部)、科研院所推荐人选,教师发展中心会同科技处、教务处等有关部门选拔,经学校批准后聘任。对专业带头人、学术带头人实行年度考核和任期期满验收考核,由教师发展中心会同教务处、科技处等有关部门进行考核。

四、其他

1. 经学校批准的在职攻读博士学位和取得博士学位的教师,并在二级学院科研院所承担教学科研工作的教师,由个人申请,优先聘为骨干教师。聘任后,履行骨干教师职责、享受骨干教师待遇,按学校规定接受考核。

2. 校级教学名师每两年评选一次,在优秀专业带头人、优秀专业负责人和

优秀骨干教师中选拔。当选后,校级教学名师按《江苏建筑职业技术学院教学名师评选办法苏建院人〔2011〕4号》履行教学名师义务,由学校组织相关部门按上述文件要求对其考核。

省级教学名师、全国优秀教师在校级教学名师中选拔推荐,国家级教学名师在省级教学名师中选拔推荐。当选后,除按校级教学名师履行义务及考核外,还应按相应级别教学名师的要求履行义务,人事处组织相关部门按文件要求进行管理和考核。

3. 省级和国家级高层次人才培养工程的候选人在专业带头人、学术带头人、优秀专业负责人、优秀骨干教师、优秀学术技术骨干、博士中选拔与推荐。

省级和国家级高层次人才培养工程有:

江苏省青蓝工程培养对象、江苏省333高层次人才培养工程培养对象、江苏省中青年有突出贡献专家、六大人才高峰人才培养对象、省级优秀教学团队主持人、国家级优秀教学团队主持人。

学校职能部门负责对省级和国家级高层次人才培养工程的培养对象进行管理与考核,按省级和国家级高层次人才培养工程的要求制定目标任务,阶段性考核与验收。

附件1　十二五师资建设目标执行计划表

附件2　"十二五"师资建设预算支出表

江苏建筑职业技术学院

2013年6月20日

附件1

十二五师资建设目标执行计划表

二级学院	学生规模	目前数					目标数				
		教师总数	职称结构 正高级(专任)	职称结构 副高级(专任)	硕士研究生 人数	博士研究生 人数	教师 目标总数	教师 增加数	正高级	应达到硕士比例	博士
建工学院	2 600	48	2	17	32	0	67	18	6		6
设计学院	1 600	36	1	8	29	0	53	16	3		4
设备学院	1 600	36	4	11	26	1	51	14	7		5
建管学院	1 900	38	2	7	23	0	53	13	4		4
矿业学院	1 100	34	1	12	20	2	41	7	4		6
机电学院	1 200	44	0	16	20	0	43	−1	4		5
经管学院	1 600	50	1	16	29	3	51	2	5	90%	6
传媒学院	1 100	40	2	9	30	1	44	2	4		5
基础部		63	2	18	26	0	65	2	6		5
思政部		27	2	7	16	1	28	1	5		3
体育部		16	1	5	3	0	17	1	2		1
继续教育与国际交流学院							8				
合计	12 700	432	18	126	254	8	521	76	50		50

附件 2

"十二五"师资建设预算支出表

序号	培养层次	培养项目	选派级别	人均经费标准（元）	年培训计划（人次）	经费（万）	备注
1	课程教师培养（含新入职教师培养）	新入职教师培养　岗前培训	省级	500	40	2	每年入职40人
		社会和工程实践	校级	5 000	40	20	入职第二年完成专业实践，由岗位津贴支出
		教学基本能力培训	校级	1 500	40	6	每年入职40人
		现代教育技术培训	校级培训，利用省级、国家级网络资源	500元/门×3门=1 500	40	6	新入职的第二、第三年进行
		网络课程培训	校级培训，利用省级、国家级网络资源		40	6	新入职的第二、第三年进行
		专项培训	校级、省级	1 500	20	3	辅导员等培训
		小计			180	37	
	3～5年以上中级职称教师培养	提高学力　工程实践	校级	13 000	20	26	合格教师约250人，按约10%比例选派
		硕士		18 000	20	40	2008年后在职攻读硕士研究生学校不支付培养费，2008前就读未毕业约20人，2013年可毕业，2013年支出此项培养费，以后无此项支出

（续表）

序号	培养层次	培训项目	选派级别	人均经费标准（元）	年培训计划（人次）	经费（万）	备注
1		引进博士		安家费20万/人、科研启动10万/人，合计30万	7	210（此项从人才引进费支出）	"十一五"规划博士60人，现已有11人，目前在读博士27人，预计3年内引进20人左右。3年内每年7人左右。在读博士毕业每年约3人
		专业进修	省级、国家级	7 800	20	15	省级、国家级培训按10%比例选派，省级支出
		专项培训	教支委、行业指导委员会、协会	2 000	50	10	教支委、行业指导委员会、协会及其他培训机构开设的培训及短期专业实践按20%比例选派，含辅导员等专项
		网络课程		500	70	3.5	按每年院（部）教学人员的20%比例培训，含减去初任教师30人
	小计				187	305	其中210万人才项支出
	合计				367	342	
2		骨干教师培养	访问工程师	校级、省级	20 000	10	20（含省级拨款）	骨干教师培训按聘期内人员培养，一个聘期内约250人。含省高级访问工程师培养4~5人/年，省级拨款2万元/人

（续表）

序号	培养层次	培训项目	选派级别	人均经费标准（元）	年培训计划（人次）	经费（万）	备注
		省级、国家级培训	省级、国家级	7 800	25	19.5	此项按10%比例培养，省级拨款
		省青蓝工程骨干教师培养	省级	20 000	4	8	省级拨款
		国内访问学者	校级、省级	20 000	10	20（省级拨款10万）	含省级4~5人，省级拨款2万元/人
		中短期出国进修	校级、省级	30 000（平均数）	30	90（含省级拨款）	"十二五"规划数，含省项目（其中省级拨款40%）
		国内学术会议	校级	5 000	50	25	按专业数确定人数
		培养博士	校级	奖励及培养费约7万，科研启动费10万/年	3	51	"十二五"规划博士60人，现已有11人，目前在读博士27人，预计3年引进20人左右，3年内每年7人左右。在读博士毕业每年约3人
		专项培训	校级	2 000	50	10	教支委、行业指导委员会、协会、学会及其他培训机构开设的培训及短期专业实践按20%比例选派
小计					178	216	

（续表）

序号	培养层次	培训项目	选派级别	人均经费标准（元）	年培训计划（人次）	经费（万）	备注
4	专业负责人专业带头人学术带头人培养	高级访问工程师	校级、省级	20 000	2	4	
		国内访问学者	校级、省级	20 000	4	8	
		国内外学术交流	校级	20 000	10	20	
		中长期出国进修	省级	150 000	4	60	省计划，省级财政支付
		省级青蓝工程学术带头人培养	省级	100 000	2	20	省级财政和学校财政各支付50%
		省级青蓝工程科技创新团队培养	省级	60	1	60	省级财政和学校财政各支付50%
		省级"333"人才工程培养	省级	60 000	2	1.2	
	小计				25	173	
	合计				570	731	含校级、省级、国家级投入

附录2

江苏建筑职业技术学院
专业带头人选拔和管理办法(修订)

苏建院人〔2013〕2号

依据江苏建筑职业技术学院"金泉工程"有序培养方案要求,选拔和培养专业建设的高层次人才,引导专业的改革、创新与发展。特制定本办法。

一、专业带头人的作用

专业带头人是在专业群建设中起主导作用的领军人才,是专业发展的主持者和引路人,是团队的核心。专业带头人要精心谋划专业群的建设发展,引领专业群不断前进,带领专业群成员快速提高教学水平、学术水平,全面提升专业实力。专业带头人不仅要不断提高自身研究方向的学术水平,更要负责规划指导本专业群的发展、凝聚专业群成员集体奋斗、策划专业所属学术方向,推动专业群整体水平不断提高。

二、专业带头人的选拔范围

二级学院专任教师和校内兼课教师,并具有副高以上职称。

三、选拔条件

1. 原则上在专业负责人、上一轮优秀专业带头人、上一轮优秀骨干教师、省级以上实训基地主要负责人、省级及以上教学团队负责人、具有博士学位、教授职称的教师中选拔。并同时具备以下2~4条。

2. 敬业爱岗,教风端正,关爱学生,为人师表。具有为专业建设多做工作的积极性和主动性、治学严谨,富有创新精神,善于合作,作风民主。

3. 长期承担教学任务。近五年来,专任教师年均教学工作量不少于360学时,承担管理工作的教师年均工作量不少于160学时,教学效果好,学生评价优秀。

4. (1)近5年内(以下均为近5年)主持专业建设1项,主持建设的专业在行业有较高的影响度。

(2)主持市级以上教育教学课题1项以上或主持市厅级科研课题2项以上。

(3)获市厅级教学成果或科研成果二等奖1项。

(4)核心期刊论文3篇及以上。

（5）主持企事业单位横向课题两项。

（6）二级学院（部）学生评教前 20％。

四、选拔程序

1. 个人申请，校内兼课教师向专业群所在二级学院提交申请。

2. 二级学院推荐，由党政联合组织推荐工作。二级学院根据学校的选拔和管理办法，结合本单位实际制定选拔要求和程序。根据专业群的发展要求，依据申请人的专业群建设思路，客观、公正、公开地推荐人选，公示后报人事处，同时提交专业带头人推荐表（附件 1）、专业带头人目标任务书（附件 2），专业带头人汇总表（附件 5）。

3. 学校选拔。教师发展中心会同有关部门对推荐人选进行审核，重点审核专业带头人的目标任务和职责承诺情况（附件 2），后由学校组织评审，经学校批准后由院长聘任。

五、岗位职责

负责专业群的规划与建设、专业所属学术研究的策划与引领。

具体职责如下：

1. 对专业群的前沿动态、行业发展等有深入的了解，与社会、行业紧密联系，把握专业的发展方向，负责专业调整与新专业的开发。组织专业调研与论证，每年至少组织一次行业、企业对专业培养方案的研讨，每年度完成专业群调研报告一份，至少每年度对专业群培养方案进行一次修订。每年度完成专业所属学术方向研究的分析规划及成果报告一份。

2. 组织专业群的设计与建设。制定并组织实施专业群及专业的建设与改革方案。主持培养方案的制定与修订；组织专业群课程建设工作，把握专业群教学实施的全过程，掌握专业群内各专业培养方案的教学实施情况及成效，参加每学期的学生座谈会、教师座谈会、毕业生座谈会。每年度在二级学院做专业群培养方案教学实施及教学质量分析报告一次，并向二级学院和学校各提交一份培养方案教学实施分析报告。

3. 负责专业群校企合作。负责校内外实训基地的策划与建设，在一个任期内建设或深化至少 5 个稳定的校外实习基地以满足专业群学生的校外生产实习、顶岗实习等。任期内建设 1 个企业工作站，组建一个科研团队在企业工作站开展工作，并取得显著成果。

4. 负责专业群"四技服务"工作。任期内专业教学团队完成企事业单位横向项目 5 项,在技术开发与推广、技术服务等横向项目中引进经费或创收收入 30 万元以上(经管类 15 万元以上)。

5. 任期内指导专业群完成 8～10 项体现高职特色的校企合作课程建设。

6. 按照二级学院师资队伍建设目标,引进及培养专业人才。负责专业群兼职教师队伍的培育和管理,负责专业群兼职教师资源库的建设和管理。

7. 履行岗位职责,每年要系统地承担 1～2 门专业主干课程的教学任务,系统承担实践教学任务,教学工作质量考核成绩优秀。

8. 专业带头人每学期做 1～2 次专业领域的学术报告。

9. 任期内主持省级教育教学或科研课题 1 项或获得省级教学团队建设 1 项,国外访学 3～12 个月,本人发表核心期刊学术论文 2 篇、赴企业专业实践教研论文 1 篇、专业群成员至少完成专业所属学术方向核心论文 8 篇及以上,专业群成员至少有 1 名教师境外研修或省级以上留学基金获得者。

六、专业带头人的培养

任期内,学校安排专业带头人赴企业专业实践、国内外学术交流与培训、国内外访学,优先推荐成为校级以上教学、科研团队成员及主持,参评省级 333 人才工程培养、青蓝工程培养对象,参评国务院政府特殊津贴,参评中青年有突出贡献专家,参评校级教学名师,优先推荐省级以上教学成果评选、优先推荐省级以上科研成果评选、优先校聘副教授、教授。通过以上培养提升专业带头人的科技研发能力、技术服务能力、科学研究能力。

七、管理与考核

1. 专业带头人岗位由学校根据专业建设的需要设置,每任期 15～20 人,聘期 3 年。

2. 专业带头人接受学校教学工作委员会的指导,接受所在二级学院的领导及工作安排。

3. 专业带头人由学校管理与考核,教师发展中心牵头组织实施。实行年度和任期届满验收考核,由学校制定《专业带头人考核量化细则》进行考核。考核内容有听取汇报、建设成果验收、建设台账的查看、量化打分等。专业带头人填写考核表(附件 4)。

考核分优秀、合格、不合格三个等次,按总人数的 30% 评定优秀,低于《专业带头人年度、届满考核量化细则》总分 60% 的确定为不合格。年度考核、任期届满考核均为优秀的,任期届满后给予 5 000 元的学术假奖励。

八、待遇

1. 专业带头人津贴。专业带头人履行岗位职责、完成年度工作目标、年度考核合格,学校给予每月 500 元的专业带头人津贴,年度考核不合格,不享受。专业带头人津贴在年度考核后的次月发放,未考核的不予发放,考核不合格的不发放。

2. 专业群建设基金。学校划拨专业群建设基金,每年 10 000 元,用于专业带头人日常工作经费,可用于专业群建设、劳务支出和人员经费支出。此经费由专业带头人管理与分配。

九、其他

1. 本办法由教师发展中心组织实施。

2. 任期的第一年度不参加考核的,或连续两次考核不合格的取消专业带头人资格,任期届满考核不合格的取消专业带头人资格。

3. 本办法自下发后执行,原《江苏建筑职业技术学院专业带头人选拔和管理办法》(苏建院人〔2011〕2 号)废止。

4. 由人事处负责解释。

江苏建筑职业技术学院

2013 - 9 - 3

附件:

附件1　专业带头人申请表

附件2　专业带头人目标任务书

附件3　专业带头人考核表

附件4　推荐专业带头人汇总表

附件5　专业带头人考核汇总表

附件 1　　　　　　　　　　**专业带头人申请表**

姓　　名		所在部门			
申请主持专业群					
专业技术职务及晋升时间					
从事本专业教学时间累计(年)					
职业资格名称、等级、获取时间					
1. 教学能力评价 （由推荐单位填写） 从教师风范、教学思想与教学理念、教学艺术与效果、教学组织与管理等方面评价					
2. 近二年教学工作量	学期	课程名称		班级	学时
3. 近5年课程建设、专业建设、实验实训中心建设	名称	立项日期		排名	级别
4. 近5年建设教材	教材名称	立项日期		排名	级别

（续表）

	研究课题名称	排名	级别
5. 近 5 年已结题的教学研究课题			

	获奖名称及等级	级别	排名
6. 近 5 年指导学生参加市级以上专业技能大赛获奖			

	项目名称及排名	资金到账金额	艺术专业获奖级别
7. 近 5 年产学研成果 1）专业技术服务 2）艺术专业：个人创作获奖、作品收藏、采用			

	成果名称	级别	排名
8. 近 5 年成果奖励			

	审核结果
二级学院审核	院长签字　　　　　单位盖章 　　年　　月　　日

附件2　　　　　　　　　**专业带头人目标任务书**

姓名		职称	
申请主持专业群			
专业带头人目标任务（二级学院填写）			
建设总目标：			
分年度的建设目标（申请人填写）			
第一年度建设目标			
第二年度建设目标			
第三年度建设目标			

专业带头人评审表

推荐部门对候选人的评价	（公章） 负责人（签字）　　　　　　　年　　月　　日
学校专业带头人建设工作领导小组评审意见	组长（签字）　　　　　　　年　　月　　日
学校意见	院长（签字）　　　　　　　年　　月　　日

附件 3　　　　　　　　　　　　**专业带头人考核表**

姓　名		主持专业群	
考核日期			
目标任务及岗位职责完成情况综述			
考核组成员			
考核组意见 　　　　　　　　组长签字　　　　　　年　　月　　日			
校专业带头人建设工作领导小组意见 　　　　　　　　　　　年　　月　　日			
校专业带头人建设工作领导小组组长 　　　　　　签字　　　盖章　　　年　　月　　日			

附件 4　　　　　　　　　　**专业带头人　推荐人选　汇总表**

单位名称：

姓名		专业群	备注

　　二级学院负责人签字　　　　　　　　　　盖　章

　　　　年　　月　　日

附件 5　　　　　　　　　　　　**专业带头人考核汇总表**

日期：

序号	姓名	所属专业群	考核结果	备注

专业带头人建设工作领导小组组长签字

年　　月　　日

附录 3

江苏建筑职业技术学院
骨干教师选拔和管理办法（修订）

苏建院人〔2013〕3 号

为适应高等职业教育发展和教学改革的需要，进一步加强我校师资队伍建设，不断提高人才培养质量，根据江苏建筑职业技术学院"金泉工程"有序培养方案的要求，特制定本办法。

一、骨干教师的作用

骨干教师是在课程建设、教学工作、专业建设中起骨干作用的教师；是课程建设的设计者、建设者和实施者。

骨干教师应对专业培养目标、岗位群、岗位能力有深入的了解；明确本课程在人才培养方案中的地位作用，明确本课程的能力目标、知识体系、知识目标。了解并掌握本专业的前沿动态、行业发展，能及时将新工艺、新技能、新管理方法融入专业教学中。

二、骨干教师的选拔范围

二级院（部）专任教师、校内兼课教师。

三、选拔条件

1. 具有良好的思想品德和职业道德，模范履行岗位职责。从事本专业教学工作，严谨治学，教学业务能力强。近 2 年内至少完成二级学院（部）的平均工作量。

2. 专业基础理论扎实，熟练讲授至少 1 门专业主干课程（基础课教师讲授本课程 3～5 年以上）。教学模式有创新，教学质量优秀，在课程建设、在校内外实训基地建设中成绩突出，或在技术开发与推广、技术服务工作中作出贡献。

3. 具有中级及以上职称，专业课教师应具有双师素质。

4. 专业类教师同时具备：近 5 年内主持或参与校级及以上立项建设课程 1 项、主持或参与实验实训建设、二级学院（部）学生评教前 80％、具有相应等级的职业资格证书、近 3 年发表论文 1 篇、完成 3 门及以上网络课程培训、公益监考（由学校和二级学院安排的培养方案之外的考试）年均 4 次、累计企业顶岗实践半年以上、二级学院（部）规定的其他条件。

公共基础类教师同时具备：近 5 年内主持或参与校级及以上立项建设课程

1 项、二级学院(部)学生评教前 80％、近 3 年发表论文 1 篇、完成 3 门及以上网络课程培训、公益监考年均 4 次、二级学院(部)规定的其他条件。

5. 具有博士学位(或在读博士)或具有国家一级注册执业资格证书,同时熟练讲授 1～2 门主干课程、学生评教前 80％的教师直接确定为骨干教师。

四、选拔程序

1. 个人申请。向院(部)提交骨干教师申请表(附件 1)、骨干教师目标任务表(附件 2)。校内兼课教师向相关院(部)提交以上材料。

2. 二级学院(部)选拔。按专任教师的 60％选拔骨干教师,任期 3 年。二级学院(部)应依据本办法、院(部)专业和专业群(课程)的发展目标,结合专业带头人(学术带头人)、专业负责人(课程负责人)的建设目标,制定适合本单位实际的选拔细则,报人事处备案后实施。各教学单位要客观、公正、公开地选拔骨干教师,选拔结果在本单位公示一周后报人事处,提交骨干教师汇总表(附件 3)。

3. 人事处汇总材料,并会同教务处、科技处、教学质量考核办公室等部门审核。

4. 报学校批准。

五、岗位职责

1. 配合完成专业带头人、专业负责人(课程负责人)安排的专业建设、课程建设、教学工作等任务,将课程的建设与改革方案在教学中实施;完成专业带头人、专业负责人组织的专业调研与论证,参与编写专业调研报告,参与培养方案的制定与修订,协助专业带头人、专业负责人申报本专业教科研建设项目。

2. 主持或参与课程的开发与建设工作,与企业合作制定课程的建设与改革方案、教学内容、教学标准和课程大纲,或承担技术开发与推广、技术服务等工作;负责与课程配套的校内外实训基地建设。

3. 专业类骨干教师:任期内讲授 2～3 门专业课、指导实习设计、成为访问工程师进企业工作站半年以上或国内外访学 3～12 个月、主持一门课程的开发与建设、承担本课程的校内外实训基地建设、参加校级及以上教学团队或校级及以上科研团队、主持或参与校级以上研究课题 1 项或主持完成横向项目 1 项、任期内完成核心期刊论文 1 篇及以上、教学工作考核优秀、完成二级学院(部)规定的其他职责。

公共基础类骨干教师:任期内讲授 1～2 门课程、国内外访学 3～12 个月、主持 1 门课程开发与建设、承担与本课程相关的实验室建设、参加校级及以上教学团队或校级及以上科研团队、主持或参与校级以上研究课题 1 项、任期内完成核心期刊论文 1 篇及以上、教学工作考核优秀、完成二级学院(部)规定的其他职责。

六、骨干教师的培养

任期内,学校安排骨干教师赴企业专业实践、国内访学研修、国内骨干教师培训、攻读博士学位,参选校级及以上教学团队或校级及以上科研团队,选派中短期出国培训、境外研修,优先选拔成为学术技术骨干、参评市级以上科技奖励,优秀骨干教师参评省级 333 人才工程培养、青蓝工程培养、参选校级教学名师、参选市级以上评优评先。通过以上培养提升骨干教师的专业技术能力、技术服务能力、课程开发能力及科技研发能力。提升公共基础骨干教师的教学能力、课程开发能力。

七、管理与考核

1. 二级学院(部)负责对所属骨干教师的管理与考核。二级学院(部)要成立骨干教师管理与考核领导小组,院(部)领导、专业带头人、专业负责人(课程负责人)等负责对骨干教师课程建设目标及岗位职责的督促、检查与考核。

2. 实行中期考核和任期届满考核。二级学院(部)根据本办法并结合本部门实际制定考核细则,报人事处备案后执行。骨干教师向二级学院(部)提交骨干教师考核表(附件 4),二级学院(部)将考核结果公示一周后报人事处,并提交骨干教师考核汇总表(附件 5)。

3. 考核按总人数的 30% 评定优秀,中期考核、任期届满考核均为优秀的,学校奖励学术假经费 5 000 元。二级院(部)亦可根据本部门实际,依据考核结果对部分骨干教师进行奖励。

4. 同等条件下优先推荐骨干教师、优秀骨干教师晋升专业技术职务。

八、其他

1. 本办法由教师发展中心组织实施。

2. 中期不参加考核的骨干教师自动取消骨干教师资格。

3. 本办法自发布之日执行,原《江苏建筑职业技术学院骨干教师选拔和管理办法(试行)》苏建院人〔2011〕3 号废止。

4. 本办法由人事处负责解释。

江苏建筑职业技术学院

2013 年 9 月 1 日

附件：

附件 1　骨干教师申请表

附件 2　骨干教师目标任务书

附件 3　骨干教师汇总表

附件 4　骨干教师考核表

附件 5　骨干教师考核汇总表

附件 1　　　　　　　　　　江苏建筑职业技术学院
骨干教师申请表

姓　名		所在单位			
曾主持或参与建设的课程					
专业技术职务及晋升时间					
职业资格名称、等级、获取时间					
1. 教学能力评价 （由推荐单位填写） 从师德、教学理念、教学艺术与效果、教学组织与管理等方面评价					
2. 近 2 年教学工作量	学期	课程名称		班级	学时
3. 近 5 年课程建设、实验实训中心建设	名称	立项日期		排名	级别
4. 近 5 年教材建设	教材名称	立项日期		排名	级别

（续表）

	研究课题名称	排名	级别
5. 近5年已结题的教学研究课题			

	获奖名称及等级	级别	排名
6. 近5年指导学生参加专业技能大赛获奖			

	项目名称及排名	资金到账金额	艺术专业获奖级别
近5年产学研成果 （1）技术服务成果 （2）艺术专业：个人创作获奖、作品收藏、采用			

	成果名称	级别	排名
近3年成果奖励			

二级学院（部）审核	审核结果 负责人签字 　　　年　　月　　日

附件 2　　　　　　　　　**骨干教师目标任务书**

（申请人填写）

姓　　名		职　　称	
拟主持或参与建设的课程			
骨干教师目标任务			
课程建设的总目标、成效：			

（续表）

年度建设目标
第一年度建设目标
第二年度建设目标
第三年度建设目标

评审意见	
院（部）意见	专业负责人意见 签字　　　　　　年　　月　　日
	专业带头人意见 签字　　　　　　年　　月　　日
	二级学院（部）意见 负责人签字 盖　章 　年　　月　　日

附件 3   **骨干教师汇总表**

院（部）名称

序号	姓名	所属专业	所属专业群	主持建设课程

院（部）负责人　签字　　　　　　　　　　　　　　盖　章

年　　月　　日

附件 4　　　　　　　　　　骨干教师考核表

姓　名		单　位	
考核日期		建设课程	

目标完成情况综述

考核组成员

考核组评价：

专业负责人(课程负责人)签字
院(部)负责人签字
盖　章
　　　　　　　　年　　月　　日

附件 5   **骨干教师考核汇总表**

院（部）

排名	姓名	专业	专业群	主持建设课程	考核结果

院（部）负责人签字   盖　章

年　　月　　日

附录 4

江苏建筑职业技术学院教学名师评选办法（修订）

苏建院发〔2014〕6 号

第一章　总则

第一条　为鼓励广大教师积极教书育人，提高人才培养质量，有序培养省级或国家级教学名师，增强学校的办学实力，特制定本评选办法。

第二条　教学名师的评选，是建设高水平教师队伍的重要途径之一。对促进我校专业建设、课程建设、教学团队建设，积极探索适应时代发展要求的现代教育教学思想、方法和人才培养模式，具有重要意义。

第三条　教学名师的评选，坚持公开、公平、公正的原则，坚持按标准程序评选的原则。校级教学名师评选范围：优秀专业带头人、优秀骨干教师。

第二章　评选的条件

第四条　申请参加教学名师评选的教师必须具备以下条件：

（一）坚持四项基本原则，热爱教育事业，模范遵守职业道德，具有强烈的事业心和协作精神，治学严谨，教风端正，教书育人，为人师表。

（二）具有 5 年以上高校教龄，原则上应为副教授及以上职称，参加校级教学类竞赛获并获一等奖，或举办校级公开课，或参加省级及以上教学类比赛并获奖。

（三）积极主动承担教学任务，近 3 年内专任教师每学年的教学工作量不低于 360 课时。

（四）严格遵守《江苏建筑职业技术学院教师工作规范》，认真落实各个教学环节，课堂教学质量高，教学效果显著，获同行和学生普遍好评，教学质量评价在二级学院（部）前 10％；主讲课程在省内、校内同领域中有较大影响，有先进的教学方法，教学评价优秀。

（五）具有符合时代发展要求的教学思想，坚持因材施教，教学手段先进，应用得当，积极开展行动导向教学模式的探索，教学设计重视学生在校学习与实践工作的一致性；教学方法灵活，能够激发学生的学习兴趣，注重提高学生的自主学习能力，促进学生积极思维和开发学生潜在能力；恰当运用现代教育技术，建立具有虚拟现实效果和仿真实训效果的教学环境，促进教学活动的开展；为我校专业建设、课程建设、教材建设、毕业论文（设计）指导等方面做出重要贡献。

（六）在企业、生产服务一线实践工作经历累计 3 年以上或现场专业实践经历累计 1 年以上，专业教师具有相应的资格证书，具有国家注册的执业资格者优先。公共基础课教师指导社团活动累计 1 年以上。

（七）重视教学研究，且满足下列条件之一：

1. 近 3 年内主编并公开出版体现工学结合教学改革要求的教材 1 部且公开发表教学研究论文 1 篇以上；

2. 在近两届优秀教学成果评奖中，以第一身份获得省级优秀教学成果二等奖以上或校级优秀教学成果一等奖且公开发表教学研究论文 1 篇以上；或主持省级及以上精品课程、重点教材（规划教材）、重点专业群建设等项目；

3. 近 3 年内主持过省级教研项目并已结题，且公开发表教学研究论文 2 篇以上。

4. 与行业企业合作，积极进行教学条件特别是实训实习条件的建设，注重对传统教学仪器设备的改造和二次开发，开展生产性实训项目的设计与实施，取得显著成绩。

（八）科学研究成果满足以下第一条及第二至第五条中任一条的，同等条件下优先。

1. 学术造诣高，有较强的科研能力，在 3 年内至少有 2 篇论文（唯一作者）在国家级核心期刊上公开发表。

2. 承担厅级以上课题的主持者、省部级课题主要参加者（前五名）或者国家级课题参与者；

3. 获得省级以上的科研成果奖；

4. 重视对学生学习、实习、科研工作的指导。近 3 年内所指导的学生获得过省级及以上科研、发明、竞赛等奖励（含大学生创新计划、毕业论文、毕业设计等）。

5. 承担企业科研项目或新产品开发项目并取得有应用价值的成果。

（九）积极从事主讲课程的教学建设和改革，自觉指导和帮助中青年教师不断提高教学水平，对教学梯队建设做出重要贡献。

第五条　近 3 年有以下情况之一者不得申请参加教学名师的评选：

（一）受到党纪、政纪处分者。

（二）年度考核有基本合格或不合格者。

（三）不服从工作分配，拒绝承担教学任务者。

（四）违反学校有关文件规定，发生教学事故者。

（五）存在有损师表形象言行，造成不良影响者。

第三章　评选办法和程序

第六条　评选工作按以下办法和程序进行：

（一）个人申请。符合条件的教师向所在院（部）提交申请。

（二）二级学院（部）按评选条件确定本二级学院的推荐人选，并组织召开师生座谈会，分别进行师生满意度测评，经民主评议后择优推荐候选人。质量考核办公室根据近二年督导听课情况择优推荐候选人，在科研成果满足的条件下优先考虑。

（三）推荐候选人提交申请、填写《江苏建筑职业技术学院教学名师申请表》以及相应申报材料，并报教师发展中心审核。

（四）教师发展中心组织评审。

（五）学校教学工作委员会审议。

（六）报校党委会审定。

（七）学校公示。

（八）院长任命。

第四章　奖励与义务

第七条　经评选确定的教学名师，学校授予"江苏建筑职业技术学院教学名师"荣誉称号、颁发荣誉证书，并给予奖励。

第八条　国家级、省级教学名师的推荐人选，从历届校级教学名师中产生。

第九条　教学名师必须始终树立和保持良好形象，积极投身教学工作，不断提高教学水平。在教书育人的基础上，做好示范教学，推广教学经验，指导和帮助其他教师的学习与成长等工作。积极从事教学改革与研究，主持或参与主持课程建设工作，带头申报国家和省级优秀教学成果、各级精品课程和优秀教材，充分发挥教学名师的引导示范作用，全面促进所在二级学院师资队伍建设和教育教学质量的提高。

第五章　附　则

第十条　校级教学名师每 2 年评选一次，一般安排在当学年度第二学期，评选 3～5 名。

学校定期对已被确定为教学名师的教师进行考核。经考核，对师德存在严重问题或不能履行教学、科研职责、发生 III 级及以上教学事故者的，经学校教学委员会审核报校党政联席会议审定,取消其教学名师称号。

第十一条　本办法由人事处负责解释。

第十二条　本办法自发布之日起试行。

2014 年 3 月 15 日

附件 1　江苏建筑职业技术学院教学名师申请表

附件 2　教学名师推荐表

附件 1　江苏建筑职业技术学院教学名师申请表

一、候选人基本情况

姓　名		所在部门		
专业技术职务及晋升时间				
在本校从事专业教学工作累计时间(年)				
近 5 年专业实践经历(指导社团)				
职业资格名称、等级、获取时间				
学生评教在二级院(部)的排名(二级院部填写)				
1　近 2 年教学工作量	学期	课程名称	班级	学时
2　近 5 年课程建设、专业建设、实验实训中心建设(含实训实习项目设计、实训实习条件改造)、教材及相关教学资源建设	名称	立项日期	排名	级别
3　近 5 年已结题的教学研究项目	项目名称		项目批准单位	排名

（续表）

	获奖名称及等级	级别	排名
4 近3年指导学生参加市级以上专业技能大赛获奖			
	项目名称及排名	资金到账金额	艺术专业获奖级别
5 近5年产学研成果 1）专业技术服务成果 2）艺术专业：个人创作获奖、作品收藏、采用情况			
	论文、主编教材、论著名称等	刊物及发表时间	
6 近5年发表的论文（第一作者）、主编教材、论著等			
	成果名称	评审单位及排名	
7 近5年成果奖励			
二级学院审核	审核结果 院长签字 年　月　日		单位盖章

二、候选人教学工作情况（候选人填写）

1. 因材施教做法及效果
2. 教学组织特点及效果
3. 教学考核方法及改革效果
4. 在教学团队建设中发挥的作用及效果
5. 候选人近期推进专业建设与教学改革的设想

（可另附页）

三、推荐、评审意见

二级学院（部）意见	
	负责人（签名）　　　（公章）年　月　日
人事处意见	
	负责人（签名）　　　（公章）年　月　日
学校意见	
	院长（签名）　　　（公章）　年　月　日

附件2　教学名师推荐表

排序	姓名	所在单位	备注

单位负责人签字　　　　　　　　单位盖章

　　　年　　月　　日

附录 5

江苏建筑职业技术学院学术带头人、学术骨干的选拔与培养办法

苏建院发〔2014〕30 号

为了充分发挥优秀科研人才的引领作用,大力加强学校高层次科技人才队伍建设,结合学校实际,特制定本办法。

第一条　学术带头人、学术骨干选拔范围

1. 学术带头人选拔范围

正高职称、博士学位、具有硕士学位的副高职称的在职教师。学术带头人每 3 年选拔一次,每次选拔 8～10 名。

2. 学术骨干选拔范围

具有硕士以上学位或中级以上职称的在职教师,年龄 45 岁以下。学术骨干每 3 年选拔一次,每次选拔 20～30 名。

第二条　学术带头人、学术骨干选拔条件及程序

1. 思想政治素质好,事业心和责任感强,学风严谨,作风正派,有较强的管理与协调能力。

2. 学术带头人应具备下列科研业绩条件之一(近 5 年):

(1) 主持省部级基金项目 1 项以上或国家级基金项目前 3 名;

(2) 主持市厅级以上科研项目 2 项以上,核心期刊发表学术论文 5 篇以上(文科类 7 篇以上);

(3) 主持科研项目 2 项以上,到账科研经费 30 万元以上;

(4) 省级以上学术带头人及培养对象。

3. 学术骨干应具备下列条件之一(近 5 年):

(1) 主持市厅级科研项目 1 项以上或省部级以上科研项目成员前 3 名;

(2) 主持校级以上科研项目 1 项以上,核心期刊发表学术论文 5 篇以上(文科类 7 篇以上);

(3) 主持科研项目 2 项以上,且到账科研经费 10 万元以上;

(4) 省级以上优秀科研骨干及培养对象。

4. 学术带头人、学术骨干选拔程序

个人申请、二级学院(部)推荐、专家评审、学校审定。

第三条 学术带头人、学术骨干的管理与考核

1. 对学术带人、学术骨干实行目标管理、定期考核和动态管理。对存在学术不端行为的,取消其学术带头人、学术骨干资格及相关待遇。

2. 学校对学术带头人、学术骨干实行中期考核与任期期满考核。学术带头人由学校直接考核,学术骨干由所在二级学院(部或科研平台)考核,学校审核。

3. 学术带头人在任期内需取得以下五项科研业绩之二:

(1) 主持市厅级科研课题 1 项以上或省部级课题 1 项(前 3 名);

(2) 核心期刊上发表学术论文 3 篇以上;

(3) 获授权发明专利 1 项或实用新型专利 3 项以上;

(4) 承担横向课题 2 项以上,到账经费 10 万元以上;

(5) 获市厅级科技成果三等奖 1 项或市厅级哲学社会科学三等奖 1 项以上。

4. 学术骨干在任期内需取得以下五项科研业绩之二:

(1) 主持校级以上课题 1 项以上或市厅级科研课题 1 项(前 3 名);

(2) 核心期刊上发表学术论文 2 篇以上;

(3) 获授权发明专利 1 项或实用新型专利 2 项以上;

(4) 承担横向课题 1 项以上,且到账经费 5 万元以上;

(5) 获校级以上科技成果二等奖 1 项或徐州市哲学社会科学三等奖以上。

5. 考核分优秀、合格、不合格三个等次。完成科研业绩要求的考核为合格,未完成的考核为不合格。优秀依据《江苏建筑职业技术学院科研业绩计算办法及标准》进行量化考核,按总人数的 30% 评定优秀。

第四条 学术带头人、学术骨干的待遇

1. 任期内及期满考核合格后,学校优先安排学术带头人、学术骨干参加国内外学习与培训;优先推荐学术带头人、学术骨干参评省级 333 人才工程培养、"青蓝工程"培养对象、"六大高峰"人才培养对象等;优先推荐市级、省级科研成果评选;优先校聘副教授、教授。

2. 学术假奖励 学术带头人、学术骨干任期届满考核优秀的,分别给予 10 000 元、5 000 元的学术假奖励。

第五条 本办法自颁布之日起执行。

第六条 本办法由科技处负责解释。

附录 6

高职院校师资队伍建设有序培养研究与实践调查问卷

尊敬的老师：

非常感谢您在百忙中参加江苏省高等教育教学改革研究重点课题"高职院校师资队伍建设有序培养研究与实践"调查。本调查是为了了解我省高职教育教师的工作学习情况和专业发展需求，为完善我省高职教育教师专业发展政策，提高教师培训工作的实效提供科学依据。

问卷采用不记名方式，请在［　］或（　　）内打钩或在＿＿＿＿上填写符合您的事实或看法，所有数据将用于科学研究。您的真实想法和您所反映的实际情况将对完善我省高职院校师资队伍建设和高职教师专业发展工作具有宝贵的参考价值！

再次感谢您的支持与配合！祝您工作进步、身体健康、阖家幸福！

高职院校师资队伍建设有序培养研究与实践课题组

江苏建筑职业技术学院

二〇一四年五月

第一部分　问卷调查

一、个人基本信息

1. 性别：男（　　）女（　　）职称_____,（非教授）距下次晋升职称还有_____年,目前专业_____最高学历/学位_____/_____懂何种外语/达到何种程度_____/_____您毕业的院校属于研究型大学（　　）应用技术型大学（　　）

2. 年龄/教龄：_____/_____

3. 岗位：任课教师（　　）班主任/辅导员（　　）教研组长（　　）中层干部（　　）校领导（　　）其他（　　）,授课名称（　　）

4. 如果您是公共基础课教师：课程教师（　　）骨干教师（　　）优秀骨干教师（　　）课程负责人（　　）优秀课程负责人（　　）学术带头人（　　）双师型教师（　　）

5. 如果您是专业教师：课程教师（　　）骨干教师（　　）优秀骨干教师（　　）专业负责人（　　）优秀专业负责人（　　）专业带头人（　　）学术带头人（　　）双师型教师（　　）

6. 任教学科：公共课（　　）专业课（　　）专业基础课（　　）实验课（　　）其他（　　）

7. 任教年级：大一（　　）大二（　　）大三（　　）其他（　　）

8. 所在学校：国示范（　　）省骨干（　　）普通（　　）其他（　　）,公办（　　）民办（　　）

9. 工作单位所在区域：徐州（　　）南京（　　）淮安（　　）镇江（　　）南通（　　）盐城（　　）泰州（　　）常州（　　）无锡（　　）连云港（　　）宿迁（　　）苏州（　　）扬州（　　）

10. 初始学历：大专（　　）本科（　　）硕士（　　）博士（　　）海外（　　）国内985院校（　　）国内211院校（　　）普通全日制（　　）成人教育（　　）其他（　　）

11. 目前学历：大专（　　）本科（　　）硕士生（　　）博士（　　）海外（　　）国内985院校（　　）国内211院校（　　）普通全日制（　　）成人教育（　　）其他（　　）

12. 近5年曾获得校级优秀骨干教师（　　）优秀教师（　　）等荣誉称号；市级荣誉称号（　　）省级教学名师（　　）青蓝工程（　　）333高层次人才

（　　）六大人才高峰培养对象（　　）中青年有突出贡献专家（　　）国家级教学名师（　　）国务院政府特殊津贴（　　）国家中青年有突出贡献专家（　　）省级教学团队成员（　　）或主持（　　）国家级教学团队成员或主持（　　）省级科技团队成员（　　）或主持（　　）。

二、教学学术、专业学术、科学研究

13. 基础数据

	0 个	1 个	2 个	3 个	4 个以上
（1）每学期平均任教科目数：	［1］	［2］	［3］	［4］	［5］
（2）每学期平均任教班级数：	［1］	［2］	［3］	［4］	［5］

	30	31～40	41～50	51～60	61 以上
（3）任教学生数	［1］	［2］	［3］	［4］	［5］
（3）您认为班额应控制在：	［1］	［2］	［3］	［4］	［5］

14. 备课形式

	从不	难得	有时	稍多	经常	频繁
（1）个人单独备课	［1］	［2］	［3］	［4］	［5］	［6］
（2）教研室集体备课	［1］	［2］	［3］	［4］	［5］	［6］

15. 常用教学方法

	从不	难得	有时	稍多	经常	频繁
（1）讲授为主	［1］	［2］	［3］	［4］	［5］	［6］
（2）练习为主	［1］	［2］	［3］	［4］	［5］	［6］
（3）提问	［1］	［2］	［3］	［4］	［5］	［6］
（4）自学	［1］	［2］	［3］	［4］	［5］	［6］
（5）个别辅导	［1］	［2］	［3］	［4］	［5］	［6］
（6）实践教学	［1］	［2］	［3］	［4］	［5］	［6］
（7）讨论课	［1］	［2］	［3］	［4］	［5］	［6］
（8）学做合一	［1］	［2］	［3］	［4］	［5］	［6］
（9）边讲边练	［1］	［2］	［3］	［4］	［5］	［6］
（10）探究教学	［1］	［2］	［3］	［4］	［5］	［6］
（11）上机训练	［1］	［2］	［3］	［4］	［5］	［6］
（12）专题教学	［1］	［2］	［3］	［4］	［5］	［6］
（13）翻转课堂	［1］	［2］	［3］	［4］	［5］	［6］

（14）录像教学　　　　［1］　［2］　［3］　［4］　［5］　［6］

16. 教材的使用

	从不	难得	有时	稍多	经常	频繁
（1）上级规定教材	［1］	［2］	［3］	［4］	［5］	［6］
（2）学校自选教材	［1］	［2］	［3］	［4］	［5］	［6］
（3）教师自选教材	［1］	［2］	［3］	［4］	［5］	［6］
（4）学校自编教材	［1］	［2］	［3］	［4］	［5］	［6］
（5）教师自编教材	［1］	［2］	［3］	［4］	［5］	［6］
（6）学生自选材料	［1］	［2］	［3］	［4］	［5］	［6］

17. 教学资源的利用

	从不	难得	有时	稍多	经常	频繁
（1）本校图书馆资料	［1］	［2］	［3］	［4］	［5］	［6］
（2）校外图书馆资料	［1］	［2］	［3］	［4］	［5］	［6］
（3）网络上的资源	［1］	［2］	［3］	［4］	［5］	［6］
（4）自备资料、藏书	［1］	［2］	［3］	［4］	［5］	［6］
（5）教师用教学参考书	［1］	［2］	［3］	［4］	［5］	［6］
（6）学生用教学参考书	［1］	［2］	［3］	［4］	［5］	［6］
（7）同事同行提供资料	［1］	［2］	［3］	［4］	［5］	［6］
（8）校外专家提供资料	［1］	［2］	［3］	［4］	［5］	［6］
（9）外国原版教材	［1］	［2］	［3］	［4］	［5］	［6］

18. 网络资源的利用

	从不	难得	有时	稍多	经常	频繁
（1）教育网	［1］	［2］	［3］	［4］	［5］	［6］
（2）谷歌	［1］	［2］	［3］	［4］	［5］	［6］
（3）百度	［1］	［2］	［3］	［4］	［5］	［6］
（4）网易公开课	［1］	［2］	［3］	［4］	［5］	［6］
（5）专业类网站	［1］	［2］	［3］	［4］	［5］	［6］
（6）学术论坛网	［1］	［2］	［3］	［4］	［5］	［6］
（7）中国知网	［1］	［2］	［3］	［4］	［5］	［6］
（8）国外网站	［1］	［2］	［3］	［4］	［5］	［6］
（9）江苏教育	［1］	［2］	［3］	［4］	［5］	［6］

（10）高职高专　　　　　　[1]　[2]　[3]　[4]　[5]　[6]

（11）图书馆　　　　　　　[1]　[2]　[3]　[4]　[5]　[6]

（12）国家精品课　　　　　[1]　[2]　[3]　[4]　[5]　[6]

（13）示范建设网　　　　　[1]　[2]　[3]　[4]　[5]　[6]

19. 教育信息技术的应用

	从不	难得	有时	稍多	经常	频繁
（1）上网查资料	[1]	[2]	[3]	[4]	[5]	[6]
（2）电子邮件	[1]	[2]	[3]	[4]	[5]	[6]
（3）写个人博客	[1]	[2]	[3]	[4]	[5]	[6]
（4）网络聊天	[1]	[2]	[3]	[4]	[5]	[6]
（5）制作使用多媒体课件	[1]	[2]	[3]	[4]	[5]	[6]
（6）文字与数据处理	[1]	[2]	[3]	[4]	[5]	[6]
（7）网络课程	[1]	[2]	[3]	[4]	[5]	[6]
（8）微视频	[1]	[2]	[3]	[4]	[5]	[6]
（9）浏览教育新闻	[1]	[2]	[3]	[4]	[5]	[6]
（10）论文写作	[1]	[2]	[3]	[4]	[5]	[6]

20. 阅读专业书籍情况

	从不	难得	有时	稍多	经常	频繁
（1）教辅材料	[1]	[2]	[3]	[4]	[5]	[6]
（2）所教学科的著作	[1]	[2]	[3]	[4]	[5]	[6]
（3）教育教学理论著作	[1]	[2]	[3]	[4]	[5]	[6]
（4）科研方法	[1]	[2]	[3]	[4]	[5]	[6]
（5）数据分析	[1]	[2]	[3]	[4]	[5]	[6]
（6）通识教育	[1]	[2]	[3]	[4]	[5]	[6]
（7）高职教育	[1]	[2]	[3]	[4]	[5]	[6]

21. 教学反思情况

	从不	难得	有时	稍多	经常	频繁
（1）写教学日记	[1]	[2]	[3]	[4]	[5]	[6]
（2）做教学档案袋	[1]	[2]	[3]	[4]	[5]	[6]
（3）整理教学反思	[1]	[2]	[3]	[4]	[5]	[6]
（4）学生作业分析	[1]	[2]	[3]	[4]	[5]	[6]

（5）教师间讨论　　　　　[1]　[2]　[3]　[4]　[5]　[6]

（6）教学学术　　　　　　[1]　[2]　[3]　[4]　[5]　[6]

（7）听取并分析学生反馈　[1]　[2]　[3]　[4]　[5]　[6]

（8）听取督学或专家意见　[1]　[2]　[3]　[4]　[5]　[6]

22. 能力自评

	非常差	差	一般	好	很好	优秀
（1）教学理论	[1]	[2]	[3]	[4]	[5]	[6]
（2）专业知识	[1]	[2]	[3]	[4]	[5]	[6]
（3）师生关系	[1]	[2]	[3]	[4]	[5]	[6]
（4）教学技能	[1]	[2]	[3]	[4]	[5]	[6]
（5）指导实践学习	[1]	[2]	[3]	[4]	[5]	[6]
（6）教学学术	[1]	[2]	[3]	[4]	[5]	[6]
（7）教师间合作	[1]	[2]	[3]	[4]	[5]	[6]
（8）教学反思	[1]	[2]	[3]	[4]	[5]	[6]
（9）高职理论	[1]	[2]	[3]	[4]	[5]	[6]
（10）科研能力	[1]	[2]	[3]	[4]	[5]	[6]
（11）学科专业研究	[1]	[2]	[3]	[4]	[5]	[6]
（12）管理研究	[1]	[2]	[3]	[4]	[5]	[6]
（13）思政研究	[1]	[2]	[3]	[4]	[5]	[6]
（14）论文产出	[1]	[2]	[3]	[4]	[5]	[6]

三、教师培训与专业发展

23. 教师培训与专业发展的基本情况

	从不	难得	有时	稍多	经常	频繁
（1）教学研讨会、会议、培训	[1]	[2]	[3]	[4]	[5]	[6]
（2）专业进修培训、讲座	[1]	[2]	[3]	[4]	[5]	[6]

（3）本校听课、评课、督学等教研活动

　　　　　　　　　　　　　[1]　[2]　[3]　[4]　[5]　[6]

（4）其他学校听课、评课等教研活动

　　　　　　　　　　　　　[1]　[2]　[3]　[4]　[5]　[6]

（6）高校进修机构的培训、讲座　[1]　[2]　[3]　[4]　[5]　[6]

（7）其他进修机构的培训、讲座　[1]　[2]　[3]　[4]　[5]　[6]

（8）自学为主　　　　　　[1]　　[2]　　[3]　　[4]　　[5]　　[6]

（9）通识教育　　　　　　[1]　　[2]　　[3]　　[4]　　[5]　　[6]

24．影响教师专业发展的潜力因子

	非常不同意	不同意	较不同意	较同意	同意	非常同意
（1）办学条件	[1]	[2]	[3]	[4]	[5]	[6]
（2）教师薪酬	[1]	[2]	[3]	[4]	[5]	[6]

（3）个人专业的地位

　　　　　　　　　　　　[1]　　[2]　　[3]　　[4]　　[5]　　[6]

（4）学校对专业人才的需求变化

　　　　　　　　　　　　[1]　　[2]　　[3]　　[4]　　[5]　　[6]

（5）师资培养政策

　　　　　　　　　　　　[1]　　[2]　　[3]　　[4]　　[5]　　[6]

（6）在校生数量的变化

　　　　　　　　　　　　[1]　　[2]　　[3]　　[4]　　[5]　　[6]

25．参与培训的举办机构

	从不	难得	有时	稍多	经常	频繁
（1）专门技能培训机构	[1]	[2]	[3]	[4]	[5]	[6]
（2）本校	[1]	[2]	[3]	[4]	[5]	[6]
（3）外校	[1]	[2]	[3]	[4]	[5]	[6]
（4）地市级	[1]	[2]	[3]	[4]	[5]	[6]
（5）省部级	[1]	[2]	[3]	[4]	[5]	[6]
（6）国家级	[1]	[2]	[3]	[4]	[5]	[6]
（7）国际级	[1]	[2]	[3]	[4]	[5]	[6]

26．近两年参与培训的层次及次数

国家级（　　　）＿＿次；省部级（　　　）＿＿次；地市级（　　　）＿＿次；校级
（　　　）＿＿次

27．参与教师培训对以下帮助

	非常不同意	不同意	较不同意	较同意	同意	非常同意
（1）现代教育理论与实践						
	[1]	[2]	[3]	[4]	[5]	[6]

（2）专业知识更新与提高

　　　　　　　　［1］　　　［2］　　　［3］　　　［4］　　　［5］　　　［6］

（3）思想政治和师德修养教育

　　　　　　　　［1］　　　［2］　　　［3］　　　［4］　　　［5］　　　［6］

（4）现代教育技术

　　　　　　　　［1］　　　［2］　　　［3］　　　［4］　　　［5］　　　［6］

（5）职业教育理论与实践

　　　　　　　　［1］　　　［2］　　　［3］　　　［4］　　　［5］　　　［6］

（6）外语强化　［1］　　　［2］　　　［3］　　　［4］　　　［5］　　　［6］

（7）教学研究　［1］　　　［2］　　　［3］　　　［4］　　　［5］　　　［6］

（8）科研　　　［1］　　　［2］　　　［3］　　　［4］　　　［5］　　　［6］

（9）国际化　　［1］　　　［2］　　　［3］　　　［4］　　　［5］　　　［6］

（10）领导力　［1］　　　［2］　　　［3］　　　［4］　　　［5］　　　［6］

（11）拓展人际关系

　　　　　　　　［1］　　　［2］　　　［3］　　　［4］　　　［5］　　　［6］

（12）为调动工作做准备

　　　　　　　　［1］　　　［2］　　　［3］　　　［4］　　　［5］　　　［6］

（13）缓解教学压力

　　　　　　　　［1］　　　［2］　　　［3］　　　［4］　　　［5］　　　［6］

（14）在学校,我作为个人有了认同感

　　　　　　　　［1］　　　［2］　　　［3］　　　［4］　　　［5］　　　［6］

（15）在学校,我作为个人有了归属感

　　　　　　　　［1］　　　［2］　　　［3］　　　［4］　　　［5］　　　［6］

（16）在学校,我作为个人得到了幸福感

　　　　　　　　［1］　　　［2］　　　［3］　　　［4］　　　［5］　　　［6］

还希望为您提供以下培训内容:

_____

_____

28. 教师参与培训的类型效果明显

	非常不同意	不同意	较不同意	较同意	同意	非常同意
（1）初任教师培训	[1]	[2]	[3]	[4]	[5]	[6]
（2）骨干教师培训	[1]	[2]	[3]	[4]	[5]	[6]
（3）职务培训	[1]	[2]	[3]	[4]	[5]	[6]
（4）教学学术培训	[1]	[2]	[3]	[4]	[5]	[6]
（5）职业教育理论培训	[1]	[2]	[3]	[4]	[5]	[6]
（6）教育技术培训	[1]	[2]	[3]	[4]	[5]	[6]
（7）专业进修	[1]	[2]	[3]	[4]	[5]	[6]
（8）科研培训	[1]	[2]	[3]	[4]	[5]	[6]
（9）专项培训	[1]	[2]	[3]	[4]	[5]	[6]
（10）海外培训	[1]	[2]	[3]	[4]	[5]	[6]
（11）省级培训	[1]	[2]	[3]	[4]	[5]	[6]
（12）国家级培训	[1]	[2]	[3]	[4]	[5]	[6]
（13）学校培训	[1]	[2]	[3]	[4]	[5]	[6]
（14）学历提升	[1]	[2]	[3]	[4]	[5]	[6]
（15）境外研修	[1]	[2]	[3]	[4]	[5]	[6]
（16）国内访学	[1]	[2]	[3]	[4]	[5]	[6]
（17）国外访学	[1]	[2]	[3]	[4]	[5]	[6]
（18）国内学术交流	[1]	[2]	[3]	[4]	[5]	[6]
（19）国外学术交流	[1]	[2]	[3]	[4]	[5]	[6]
（20）专题研究	[1]	[2]	[3]	[4]	[5]	[6]
（21）企业顶岗实践	[1]	[2]	[3]	[4]	[5]	[6]

（22）访问工程师　［1］　　　［2］　　　［3］　　　［4］　　　［5］　　　［6］
还希望为您提供以下培训：

_____

_____

_____

29. 教师参加网络培训效果好

	非常不同意	不同意	较不同意	较同意	同意	非常同意
（1）网络培训	［1］	［2］	［3］	［4］	［5］	［6］
（2）全国教师教育网络						
	［1］	［2］	［3］	［4］	［5］	［6］
（3）校园网	［1］	［2］	［3］	［4］	［5］	［6］

30. 培训动机与需求

	非常不同意	不同意	较不同意	较同意	同意	非常同意
（1）解决教学实践中的问题						
	［1］	［2］	［3］	［4］	［5］	［6］
（2）晋升职称	［1］	［2］	［3］	［4］	［5］	［6］
（3）学历达标	［1］	［2］	［3］	［4］	［5］	［6］
（4）晋升职务、成为领导						
	［1］	［2］	［3］	［4］	［5］	［6］
（5）提升个人素质与能力						
	［1］	［2］	［3］	［4］	［5］	［6］
（6）开阔视野、增长阅历						
	［1］	［2］	［3］	［4］	［5］	［6］
（7）拓展人际圈，认识同行、专家						
	［1］	［2］	［3］	［4］	［5］	［6］
（8）硬性规定，不得不参加						
	［1］	［2］	［3］	［4］	［5］	［6］
（9）成为骨干教师						
	［1］	［2］	［3］	［4］	［5］	［6］
（10）成为优秀骨干教师						
	［1］	［2］	［3］	［4］	［5］	［6］

（11）成为课程负责人
　　　　　　　　　　[1]　　　[2]　　　[3]　　　[4]　　　[5]　　　[6]

（12）成为优秀课程负责人
　　　　　　　　　　[1]　　　[2]　　　[3]　　　[4]　　　[5]　　　[6]

（13）成为学术带头人
　　　　　　　　　　[1]　　　[2]　　　[3]　　　[4]　　　[5]　　　[6]

（14）成为专业负责人
　　　　　　　　　　[1]　　　[2]　　　[3]　　　[4]　　　[5]　　　[6]

（15）成为优秀专业负责人
　　　　　　　　　　[1]　　　[2]　　　[3]　　　[4]　　　[5]　　　[6]

（16）成为专业带头人
　　　　　　　　　　[1]　　　[2]　　　[3]　　　[4]　　　[5]　　　[6]

（17）另有高就　　[1]　　　[2]　　　[3]　　　[4]　　　[5]　　　[6]

31. 希望获取的学习资源

	非常不同意	不同意	较不同意	较同意	同意	非常同意

（1）学科专业刊物
　　　　　　　　　　[1]　　　[2]　　　[3]　　　[4]　　　[5]　　　[6]

（2）著作　　　　　[1]　　　[2]　　　[3]　　　[4]　　　[5]　　　[6]

（3）教师培训教材
　　　　　　　　　　[1]　　　[2]　　　[3]　　　[4]　　　[5]　　　[6]

（4）名师示范课　　[1]　　　[2]　　　[3]　　　[4]　　　[5]　　　[6]

（5）专家讲座等音像资料
　　　　　　　　　　[1]　　　[2]　　　[3]　　　[4]　　　[5]　　　[6]

（6）各类电子学习资源
　　　　　　　　　　[1]　　　[2]　　　[3]　　　[4]　　　[5]　　　[6]

（7）文献追踪　　　[1]　　　[2]　　　[3]　　　[4]　　　[5]　　　[6]

（8）网络课程　　　[1]　　　[2]　　　[3]　　　[4]　　　[5]　　　[6]

（9）网易公开课　　[1]　　　[2]　　　[3]　　　[4]　　　[5]　　　[6]

（10）外文资源　　　[1]　　　[2]　　　[3]　　　[4]　　　[5]　　　[6]

（11）其他　　　　　[1]　　　[2]　　　[3]　　　[4]　　　[5]　　　[6]

32. 希望获得的培训内容

	非常不同意	不同意	较不同意	较同意	同意	非常同意
(1) 课程开发	[1]	[2]	[3]	[4]	[5]	[6]
(2) 专业开发	[1]	[2]	[3]	[4]	[5]	[6]
(3) 制定课程标准	[1]	[2]	[3]	[4]	[5]	[6]
(4) 国际教育新理念	[1]	[2]	[3]	[4]	[5]	[6]
(5) 教研方法	[1]	[2]	[3]	[4]	[5]	[6]
(6) 科研方法	[1]	[2]	[3]	[4]	[5]	[6]
(7) 育人方法	[1]	[2]	[3]	[4]	[5]	[6]
(8) 专业知识	[1]	[2]	[3]	[4]	[5]	[6]
(9) 信息技术应用	[1]	[2]	[3]	[4]	[5]	[6]
(10) 学生心理	[1]	[2]	[3]	[4]	[5]	[6]
(11) 教学方法	[1]	[2]	[3]	[4]	[5]	[6]
(12) 职业教育理论	[1]	[2]	[3]	[4]	[5]	[6]
(13) 师德	[1]	[2]	[3]	[4]	[5]	[6]
(14) 大学生就业指导	[1]	[2]	[3]	[4]	[5]	[6]

33. 希望的培训时间安排

	非常不同意	不同意	较不同意	较同意	同意	非常同意
(1) 入职前	[1]	[2]	[3]	[4]	[5]	[6]
(2) 入职后一学期	[1]	[2]	[3]	[4]	[5]	[6]
(3) 入职后一年	[1]	[2]	[3]	[4]	[5]	[6]

34. 希望的培训时间、形式

	非常不同意	不同意	较不同意	较同意	同意	非常同意
(1) 不脱产、利用寒暑假集中培训	[1]	[2]	[3]	[4]	[5]	[6]

（2）不脱产、短期分散培训

　　　　　　　　[1]　　　[2]　　　[3]　　　[4]　　　[5]　　　[6]

（3）不脱产、短期集中培训

　　　　　　　　[1]　　　[2]　　　[3]　　　[4]　　　[5]　　　[6]

（4）不脱产、网络远程培训

　　　　　　　　[1]　　　[2]　　　[3]　　　[4]　　　[5]　　　[6]

（5）脱产半年或一学期的培训

　　　　　　　　[1]　　　[2]　　　[3]　　　[4]　　　[5]　　　[6]

（6）脱产一年左右的培训

　　　　　　　　[1]　　　[2]　　　[3]　　　[4]　　　[5]　　　[6]

35. 什么时期最需要培训

	非常不同意	不同意	较不同意	较同意	同意	非常同意
（1）从教 1～2 年	[1]	[2]	[3]	[4]	[5]	[6]
（2）从教 3～5 年	[1]	[2]	[3]	[4]	[5]	[6]
（3）从教 6～8 年	[1]	[2]	[3]	[4]	[5]	[6]
（4）从教 9～11 年	[1]	[2]	[3]	[4]	[5]	[6]
（5）从教 12 年以上	[1]	[2]	[3]	[4]	[5]	[6]

36. 以下主体对我专业发展的影响大

	非常不同意	不同意	较不同意	较同意	同意	非常同意
（1）校级领导	[1]	[2]	[3]	[4]	[5]	[6]
（2）中层干部	[1]	[2]	[3]	[4]	[5]	[6]
（3）专业教师	[1]	[2]	[3]	[4]	[5]	[6]
（4）公共课教师	[1]	[2]	[3]	[4]	[5]	[6]
（5）同学	[1]	[2]	[3]	[4]	[5]	[6]
（6）爱人	[1]	[2]	[3]	[4]	[5]	[6]
（7）子女	[1]	[2]	[3]	[4]	[5]	[6]
（8）学生	[1]	[2]	[3]	[4]	[5]	[6]
（9）职称比我高的	[1]	[2]	[3]	[4]	[5]	[6]

（10）职称比我低的

[1]　　[2]　　[3]　　[4]　　[5]　　[6]

（11）职称和我一样

[1]　　[2]　　[3]　　[4]　　[5]　　[6]

（12）骨干教师　[1]　　[2]　　[3]　　[4]　　[5]　　[6]

（13）优秀骨干教师

[1]　　[2]　　[3]　　[4]　　[5]　　[6]

（14）课程负责人[1]　　[2]　　[3]　　[4]　　[5]　　[6]

（15）优秀课程负责人

[1]　　[2]　　[3]　　[4]　　[5]　　[6]

（16）学术带头人[1]　　[2]　　[3]　　[4]　　[5]　　[6]

（17）专业负责人[1]　　[2]　　[3]　　[4]　　[5]　　[6]

（18）优秀专业负责人

[1]　　[2]　　[3]　　[4]　　[5]　　[6]

（19）专业带头人[1]　　[2]　　[3]　　[4]　　[5]　　[6]

（20）优秀专业带头人

[1]　　[2]　　[3]　　[4]　　[5]　　[6]

（21）薪酬　　　[1]　　[2]　　[3]　　[4]　　[5]　　[6]

（22）身体健康　[1]　　[2]　　[3]　　[4]　　[5]　　[6]

（23）教学任务重[1]　　[2]　　[3]　　[4]　　[5]　　[6]

（24）生活成本高[1]　　[2]　　[3]　　[4]　　[5]　　[6]

37. 对促进教师专业发展的管理需求

　　　　　非常不同意　不同意　较不同意　较同意　同意　非常同意

（1）学校承担全部培训费用

[1]　　[2]　　[3]　　[4]　　[5]　　[6]

（2）学校承担部分培训费用

[1]　　[2]　　[3]　　[4]　　[5]　　[6]

（3）减免课时或工作量

[1]　　[2]　　[3]　　[4]　　[5]　　[6]

（4）保障培训时间

[1]　　[2]　　[3]　　[4]　　[5]　　[6]

（5）将培训记入工作量

　　　　　　[1]　　　[2]　　　[3]　　　[4]　　　[5]　　　[6]

（6）保留工资、津贴待遇

　　　　　　[1]　　　[2]　　　[3]　　　[4]　　　[5]　　　[6]

（7）保留职位　[1]　　　[2]　　　[3]　　　[4]　　　[5]　　　[6]

以下其他方面对我专业发展的影响大：

_____

_____

四、教师工作满意度

38. 对工作及其各方面的整体满意度：

　　　　很不满意（　　　）　不满意（　　　）　较满意（　　　）　很满意（　　　）

39. 教师对工作各要素的满意度

	非常不同意	不同意	较不同意	较同意	同意	非常同意
（1）经济收入	[1]	[2]	[3]	[4]	[5]	[6]
（2）教师地位	[1]	[2]	[3]	[4]	[5]	[6]
（3）学校关怀	[1]	[2]	[3]	[4]	[5]	[6]
（4）个人成就	[1]	[2]	[3]	[4]	[5]	[6]
（5）家人支持	[1]	[2]	[3]	[4]	[5]	[6]
（6）与同事关系	[1]	[2]	[3]	[4]	[5]	[6]
（7）与领导的关系	[1]	[2]	[3]	[4]	[5]	[6]
（8）与学生的关系	[1]	[2]	[3]	[4]	[5]	[6]
（9）与学生家长的关系	[1]	[2]	[3]	[4]	[5]	[6]
（10）工作条件、环境	[1]	[2]	[3]	[4]	[5]	[6]
（11）职评条件/程序/办法	[1]	[2]	[3]	[4]	[5]	[6]
（12）学校对教学、学术的要求	[1]	[2]	[3]	[4]	[5]	[6]

(13) 科研项目评审

　　　　　　　[1]　　　　[2]　　　　[3]　　　　[4]　　　　[5]　　　　[6]

(14) 学校对教师选拔与培养的政策

　　　　　　　[1]　　　　[2]　　　　[3]　　　　[4]　　　　[5]　　　　[6]

(15) 学校为教师提供的支持与发展

　　　　　　　[1]　　　　[2]　　　　[3]　　　　[4]　　　　[5]　　　　[6]

(16) 骨干教师待遇

　　　　　　　[1]　　　　[2]　　　　[3]　　　　[4]　　　　[5]　　　　[6]

(17) 优秀骨干教师待遇

　　　　　　　[1]　　　　[2]　　　　[3]　　　　[4]　　　　[5]　　　　[6]

(18) 课程负责人待遇

　　　　　　　[1]　　　　[2]　　　　[3]　　　　[4]　　　　[5]　　　　[6]

(19) 优秀课程负责人待遇

　　　　　　　[1]　　　　[2]　　　　[3]　　　　[4]　　　　[5]　　　　[6]

(20) 学术带头人待遇

　　　　　　　[1]　　　　[2]　　　　[3]　　　　[4]　　　　[5]　　　　[6]

(21) 专业负责人待遇

　　　　　　　[1]　　　　[2]　　　　[3]　　　　[4]　　　　[5]　　　　[6]

(22) 优秀专业负责人待遇

　　　　　　　[1]　　　　[2]　　　　[3]　　　　[4]　　　　[5]　　　　[6]

(23) 教学工作量大

　　　　　　　[1]　　　　[2]　　　　[3]　　　　[4]　　　　[5]　　　　[6]

(24) 学校薪酬分配公平

　　　　　　　[1]　　　　[2]　　　　[3]　　　　[4]　　　　[5]　　　　[6]

(25) 个人真正水平与薪酬匹配

　　　　　　　[1]　　　　[2]　　　　[3]　　　　[4]　　　　[5]　　　　[6]

(26) 教师薪酬比同类院校同类教师高

　　　　　　　[1]　　　　[2]　　　　[3]　　　　[4]　　　　[5]　　　　[6]

您对其他以下不满意：

_____

_____

您对其他以下满意：

_____

_____

40. 教师对教师发展的期望值

目前基础课教师人数

	非常少	不少	较少	较多	多	非常多
（1）课程教师	[1]	[2]	[3]	[4]	[5]	[6]
（2）骨干教师	[1]	[2]	[3]	[4]	[5]	[6]
（3）课程负责人	[1]	[2]	[3]	[4]	[5]	[6]
（4）学术带头人	[1]	[2]	[3]	[4]	[5]	[6]

目前专业课教师人数

	非常少	不少	较少	较多	多	非常多
（1）课程教师	[1]	[2]	[3]	[4]	[5]	[6]
（2）骨干教师	[1]	[2]	[3]	[4]	[5]	[6]
（3）专业负责人	[1]	[2]	[3]	[4]	[5]	[6]
（4）专业带头人	[1]	[2]	[3]	[4]	[5]	[6]

41. 教师对以下评选周期建议

基础课教师

	1 学期	1 学年	2 学年	3 学年	4 学年	4 学年以上
（1）课程教师	[1]	[2]	[3]	[4]	[5]	[6]
（2）骨干教师	[1]	[2]	[3]	[4]	[5]	[6]
（3）课程负责人	[1]	[2]	[3]	[4]	[5]	[6]
（4）学术带头人	[1]	[2]	[3]	[4]	[5]	[6]

专业课教师

	1 学期	1 学年	2 学年	3 学年	4 学年	4 学年以上
（1）课程教师	[1]	[2]	[3]	[4]	[5]	[6]
（2）骨干教师	[1]	[2]	[3]	[4]	[5]	[6]
（3）专业负责人	[1]	[2]	[3]	[4]	[5]	[6]
（4）专业带头人	[1]	[2]	[3]	[4]	[5]	[6]

42. 教师对教师待遇的期望值

基础课教师

	非常少	不少	较少	较多	多	非常多
(1) 课程教师薪酬	[1]	[2]	[3]	[4]	[5]	[6]
(2) 骨干教师薪酬	[1]	[2]	[3]	[4]	[5]	[6]
(3) 课程负责人薪酬	[1]	[2]	[3]	[4]	[5]	[6]
(4) 学术带头人薪酬	[1]	[2]	[3]	[4]	[5]	[6]
(5) 校外兼职频率	[1]	[2]	[3]	[4]	[5]	[6]

专业课教师

	非常少	不少	较少	较多	多	非常多
(1) 课程教师薪酬	[1]	[2]	[3]	[4]	[5]	[6]
(2) 骨干教师薪酬	[1]	[2]	[3]	[4]	[5]	[6]
(3) 专业负责人薪酬	[1]	[2]	[3]	[4]	[5]	[6]
(4) 专业带头人薪酬	[1]	[2]	[3]	[4]	[5]	[6]
(5) 校外兼职频率	[1]	[2]	[3]	[4]	[5]	[6]

43. 学校应引进补充下列人员

基础课教师

	急需引进	引进	不引进
(1) 课程教师	[1]	[2]	[3]
(2) 骨干教师	[1]	[2]	[3]
(3) 课程负责人	[1]	[2]	[3]
(4) 学术带头人	[1]	[2]	[3]

专业课教师

	急需引进	引进	不引进
(1) 课程教师	[1]	[2]	[3]
(2) 骨干教师	[1]	[2]	[3]
(3) 专业负责人	[1]	[2]	[3]
(4) 专业带头人	[1]	[2]	[3]

第二部分　访谈提纲

选取公共基础课教师（JC）：课程教师（JS）、骨干教师（GJ）、优秀骨干教师（YG）、课程负责人（KF）、优秀课程负责人（UKF）、学术带头人（XD）若干名；专业教师(ZY):课程教师(ZJS)、骨干教师(ZGJ)、优秀骨干教师(ZYG)、专业负责人(ZF)、优秀专业负责人(YZY)、专业带头人(ZD)、学术带头人(XD)若干名;优秀教师(YX)、省级教学名师(SJM)、师德模范(SD)、青蓝工程(QL)、333 高层次人才(333)、六大人才高峰培养对象(6D)、中青年有突出贡献专家(ZQNZJ)、国家级教学名师(GJMS)、国务院政府特殊津贴(GWYJT)、国家中青年有突出贡献专家(GZQNZJ)、省级教学团队成员(SJ)或主持(SJZC)、国家级教学团队成员(GJ)或主持(GJZC)、省级科技团队成员(SK)或主持(SKZC)若干名。团队分组对以下问题进行一对一访谈、录音。

结构性访谈(会议、座谈)和非结构性访谈(qq 聊谈)提纲如下:

一、对目前学校教师选拔与培养政策的看法(办学条件、培养数量、提供经费、专业发展需求、师生比限制等角度展开)。

二、对目前学校为教师提供的支持与发展满意度(从引进政策、待遇保障、个人专业发展需求等角度展开)。

三、对高职院校师资队伍建设的意见和建议(档案袋法、专家访谈等)。

四、希望教师发展中心提供哪些服务(图书、薪酬、时间、条件等)。

五、教师发展与学校发展如何协调和可持续(学校 5 年规划与成为诸如骨干教师等时间、教师流失、退休、招聘、岗位、年龄等协调情况)。

附件一：

《高职院校师资队伍建设有序培养研究与实践》调查访谈记录

观察者：　　　　　　　　　　访谈主持人：

一、访谈题目：

二、访谈时间：

三、讨论地点：

记录员：　　　　　　录音员：　　　　　　质性分析员：

访谈记录

编　码	行	访谈或观察内容	评　注
	01		
	02		
	03		
	04		
	05		
	06		
	07		
	08		
	09		
	10		
	11		
	12		
	13		
	14		
	15		
	…		

第八章　江苏建筑职业技术学院师资队伍培养案例

第一节　境内访问学者研修

一、整体概况

境内访问学者研修是学校选派教师到境内高校或科研院所在导师的指导下进行科研交流与学习的一种研修形式,时间半年至一年。通过研修跟踪和了解学术前沿动态和发展趋势,加深基础理论,拓展知识面,提高教学科研能力,促使教师尽快成为专业带头人和业务骨干。

学校每年下达研修计划,各教学部门结合专业(学科)发展现状和教学、科研整体需求,选择符合条件、有发展潜力的教师作为推荐人选,推荐人自行选择研修学校和导师,经学校批准后实施。境内高级访问学者的考核由选派学校与接受学校共同完成。

学校自2013年以来,5年间共选派境内访问学者30多人(见表8-1)。

5年来这些访问学者共发表核心期刊论文70多篇,出版教材、专著16部,主持或参与省部级课题40多项。有7人获得省级以上人才项目,有6位晋升教授职称,有15人成为专业负责人、专业带头人和学术技术带头人。

表 8-1　近 5 年境内访问学者情况统计表

访学单位	人数	访问时间	按年度选派人数
江苏师范大学	1	2013.09—2014.07	6
南京理工大学	1		
中国矿业大学（北京）	1		
武汉大学	2		
石家庄铁道大学	1		
中国矿业大学（北京）	1	2014.09—2015.07	14
中国科学院大学	1		
中国科学技术大学	1		
中国科学院寒区旱区研究所	1		
南京大学	1		
华东师范大学	1		
中央财经大学	1		
南京师范大学	1		
同济大学	1		
南京航空航天大学	2		
东华大学	1		
东南大学	1		
中国矿业大学	1		
山东科技大学	1	2015.09—2016.07	9
中国科技大学	1		
湖南大学	1		
南京大学	2		
南京师范大学	2		
北京体育大学	1		
武汉大学	1		
北京体育大学	1	2016.09—2017.07	4
南京理工大学	1		
同济大学	2		
合计		33	

二、个案展示

(一)"脑门亮"指导的财经学者

彭老师,教授(访学期间为副教授),2014 年 9 月至 2015 年 7 月赴中央财经大学进行访学。

1. 主要研修内容

课题研修方面。包括参加高级会计理论、高级财务理论、管理研究方法论、高级微观经济学等课程的学习,进一步夯实专业理论基础;参加会计学院和指导老师组织的学术研讨活动,进一步提升研究能力;利用中央财经大学图书馆的便利条件,阅读 Foster 的 *Financial Statement Analysis*,Scott 的 *Financial Accounting Theory* 等书籍,并系统地阅读部分会计、财务方面的经典文献;撰写江苏省哲社课题"基于委托代理理论的高校预算松弛成因及治理研究——以江苏省公办高校为例"相关的论文两篇。研修内容涵盖了现代会计理论、现代财务理论、现代研究方法论及现代经济学理论等内容。

课程教学方面。按照访学计划,跟随博士生学习如下课程,分别是:鲁教授的"高级会计研究"、吴教授的"会计学术论文撰写"、廖教授的"公司财务实证研究"、邹老师的"高级微观经济学"以及黄老师的"计量经济学基础与 STATA 入门",除此之外,还旁听了部分硕博连读生的课程。通过这些课程的学习,既提高了理论水平和科研能力,又领略了这些教授专家们渊博的知识和严谨的治学态度。此外,借阅了斯科特的《财务会计理论》、伍德里奇的《计量经济学导论》、朱·弗登博格与让·梯若尔合著的《博弈论》、George Foster 的 *Financial Statement Analysis* 等著作,通过阅读这些著作,进一步夯实了财务理论,同时增强了对 SPSS、STATA 等计量软件的操作运用能力。

学术沙龙研究。积极参加指导老师定期召集的博士生座谈会,就博士生在开题及课题研究过程中出现的问题进行讨论,并分析当前的研究热点。除此之外,指导老师还建立了一个"脑门亮"QQ 群,专门用于讨论在学习和研究过程中遇到的问题,并随时发布一些与专业相关的财务、会计或经济类的好文章供大家阅读。

在一年的访学过程中,彭教授完成了江苏省哲社课题"基于委托代理理论的高校预算松弛成因及治理研究——以江苏省公办高校为例"的研究,并撰写了两篇论文,其中《声誉机制对公办高校预算松弛的影响分析》刊登在《商业会计》2015年第 4 期;《公办高校预算松弛的形成机理与影响因素分析》刊登在《黑龙江高教研究》2015 年第 11 期。在参考一些近期相关文献的基础上,采用一些新的方法对原来的博士论文进行了必要的修改和补充,在 2015 年 5 月完成了专著《所得税税制变革、税盾价值与上市公司融资决策研究》的撰写工作,并于 2015 年 8 月由西南财经大学出版社正式出版。

2. 访学认识和感悟

时光荏苒,岁月如梭,一年的访学生活很快就结束了,回首这一年的访学生活,尽管平淡,但也觉得非常充实。既有经过努力后收获的喜悦,又有借宿舍、挤公交和地铁的烦恼。来到中央财经大学,结识了包括导师在内的多位老师和同学,不仅目睹了教授、学者的风采,也被他们的人格魅力深深吸引。通过与他们交流,对做研究有了更进一步的理解,也更加深切地理解了那句话:接触越多发现未知也越多。我将以崭新的精神面貌迎接今后的教学和科研工作,为学校的蓬勃发展奉献自我。

(二)"万金油"教师的思想"提炼"

赵老师,副教授,2015 年 9 月至 2016 年 7 月赴南京大学进行访学。

1. 主要研修内容

课题研究方面。按照研修计划,依托课题展开相关研究。首先,对来南京大学访学的同行进行有关兄弟院校和教育机构的教学理念、教学习惯、教学模式、教学能力等,以及学生目前参与教学的态度、习惯、学习方式和学习能力等学情调研工作,收集资料。在此基础上,分别从高职教学模式、专业建设与现代社会发展需求的偏离度以及高职教学模式、专业建设对社会现代化发展的贡献度等层面进行分析比较。在完成了相关调查研究后,分别从构建高职教育与社会发展的互动模型、高职教育现代性的呈现状态与发展趋势、高职院校教育现代性的现实性研究等三个方面深入开展理论研究。整个研究过程以马克思主义哲学与社会发展理论为主导性研究方向,立足于当代社会发展实际,针对高职教育发展现状,围绕传统与现代、国内与国外高等职业教育发展这一主题进行系统研究,从中抽象出具有现代价值、普世意义以及操作层面的有关现代化高职教育理念与运作模式,张扬优秀的现代传统,在社会性、民族性的基点上推进现代高职教育发展进程。

课堂教学方面。一年中,着重听取了"'马克思哲学'和'西方马克思学'专题研究"、"中国古代人生哲学"、"马克思主义哲学原著精读"、"毛泽东思想和中国特色社会主义理论体系概论"、"思想道德修养"等多门课程的课堂教学,在丰厚自我的专业知识的同时,更是学到了老师们各自独特的授课魅力。老师们的授课形式可分为讲课与研讨混合模式、演讲报告与讲课混合模式、研讨课模式。访学期间接触过的每位老师都非常重视教学。教学过程中，他们仍然会阅读大量文献、深入了解相关主题以备好课件。事实上，与学生沟通讨论的过程也是头脑风暴的过程，只要利用得当，可以做到教研相长、教学相长，更好地促进自身发展。如何引导学生思维、带动学生主动思考，不仅教会学生知识，更重视激发学生思考的能力，这是我们高职教育思想政治理论课特别值得借鉴的地方。

2. 访学认识和感悟

大学生思想政治理论课在传导社会主义核心价值观、塑造学生灵魂方面担当着主渠道职责。随着时代变化及人们观念的变化，大学生接收信息和表达思想的方式也发生了巨大变化。如何提高思想政治理论课的针对性、吸引力、实效性，如何把课讲到学生心坎上，这是新时代大学思政课教师最该关注的问题。

教师要有真学问，应该是学术型的。现实生活中，有一种带有普遍性的误解：思想政治理论课是各个专业学生都必须修的，因此讲此类课程的教师往往被戏称为"万金油"。然而，我的导师告诉我们，一定要将思想政治理论课当作一门学问，思想政治理论课教师要有真学问。思想政治课教师不是教书匠，是学问研究者，学问无处不在，不能让课程遮蔽真学问。思想政治课教师特别是青年教师，应该是学术型的。

南京大学特别注重研究型师资队伍建设，许多思想政治理论课教师在哲学、社会学、历史学、政治学、法学等领域都有深入研究，成果丰硕，多数教师都有国外学习、工作的经历。团队中的每位老师都有高水平的学术研究成果、丰富的人生阅历。在这样的团队里，才能结合自己的研究创造性地开课，针对学生的思想实际，提炼问题并设计好问题，在讲授知识的同时，讲授知识背后的逻辑、精神、价值、思想、艺术和哲学。通过研究型教学，带动学生将学习与自主性探索结合起来。在高度网络化的时代，知识随处可以获得，大学之所以还有存在的必要，是因为思想需要在师生讨论交流与互动中构建，给予学生自由探索研究的空间，更易于将国家的价值追求传导给学生。这样，也会增加教师的成就感。

南京大学的思想政治理论课教学尊重学生的主体性，重引导戒灌输，讲究三个要素，即：教师讲课谋求最大公约数、不讲过头话，注重课堂管理，调动学生的学习兴趣。我们应该积极改进教学方法，开展研究型教学，利用互联网等技术调动学生的学习兴趣。张亮老师开设了思想政治理论课"慕课"，在线教学的两个学期以来，进行小班上课，学生分组讨论，学生与教师一起成为课程参与者，激发了学生的学习兴趣。这完全可以作为我们高职院校思想政治理论课教师今后努力的一个方向。

(三)"只问耕耘,不问收获"的求索

张老师,副教授(访学期间为讲师),2014年9月—2015年7月赴南京师范大学访学。

1. 主要研修内容

课程学习方面。根据自己的兴趣和研究意向对学习的课程进行了认真的选择,积极深入本科生、硕士生乃至博士生课堂,跟随导师听课,重点研修比较文学与世界文学专业的课程,包括"外国文学史"、"20世纪英美文学史教程"、"西方古代、近代文学名著选读(20世纪以前)"、"英美女性作家作品选读"、"20世纪英美作家作品研究"、"古代西方文论"、"现代西方文论"、"文论经典选读"、"比较文学论著选读"等。

学术交流活动方面。积极参加相关讲座,如"布鲁姆斯伯里文化圈对中国现当代文学的影响"、"中国古代文学传承"、"《日瓦戈医生》曾用名研究"、"古今中外乌托邦小说书写:谈桃花源的演变"。积极参加相关的学术年会,如2014年11月由盐城师范学院承办的2014年度江苏省比较文学年会、2014年12月南京大学承办的2014年度俄罗斯文学年会。

在南京师范大学随园校区浓郁学术氛围的陶冶中,不断开拓着自己的学术研究事业,也尝试着通过学习实践,提升自己的学习能力与研究水平。访学期间,继续深入研究了硕士研究生学习阶段的议题——2010年诺奖获得者巴尔加斯·略萨与结构现实主义的研究,完成近2万字的申请博士入学考试的科学研究计划——《索尔仁尼琴的道德理想主义在反乌托邦书写中的嬗变研究》。

2. 访学认识和感悟

我感觉到自己所学专业基础知识不够扎实,没有形成一定的知识结构或理论框架,没有达到真正的内化。问题意识不够强,不能提出比较有意义和深刻的问题,不善于发现和捕捉问题。学习中的交流意识比较淡薄,不善于抓住机会和老师同学进行沟通、交流。在专业基础知识的学习上,进一步认识到,首先读书多与少并不是最重要的,能将一本书真正读深读透且能够在学习过程中随时调用才是最主要的,否则读书就成了一个边读边忘、散而乱的过程。其次,提问其实是一件比回答更难的事,要想提出有价值和有意义的问题,必须建立在对自己所学知识有深刻认识的基础上,因此,进一步丰富和拓展自己的知识基础是关键。此外,也要谦

虚地向他人学习,尤其是向那些能够提出好的问题的人学习。

听老师们讲课,总是觉得学术与生活相辅相成,以自己亲身的学习经历为大家点化学习的经验和技巧,尽管"世界上没有两片相同的树叶",我们也不可能经历如同教授们那样丰富的学习生活经历,但老师的经历为我们提供了鲜活的学习榜样,让我们深切感受到,学习的过程是不断经历苦难和反思的过程,但是这种苦并不是真正的"苦",它只是暂时的,它是潜伏着未来的希望和快乐的苦,只要我们执着地追求自己的学习理想,终究会获得或大或小的快乐和满足。

这宝贵的一年,我既做学生,也做老师,在学习中学习如何教学,在教学中感悟如何学习。尽管上课时间是有限的,但老师们上课的方式和风范留给我的是无限的思考:时而严肃的面孔,时而又有幽默与诙谐伴之,用简单易懂的语言和事例讲解复杂高深的理论,灵活多变的学习组织形式,对学生自主性和思考能力的不断激发,又时刻不忘教给学生做人做事的道理;目光深邃,和颜悦色,耐心而又坚定,学习是师生、生生互帮互助、互相交流的过程;和蔼可亲,乐观、浪漫、充满了古典美,教育中最应该摒弃的是矫揉造作。

(四)"专利金奖"铸造高起点

陶老师,讲师,2014 年 8 月至 2015 年 8 月,赴中国科学院寒区旱区环境与工程研究所冻土工程国家重点实验室访学,徐州市专利金奖获得者。

1. 主要研修内容

课题研究方面。主要参与人工冻融土物理力学特性试验方面的研究工作。计划用一年的时间完成:查阅文献资料、了解该方向最新研究动态以及拟解决的关键问题,开展相应研究工作,最后形成科研论文发表。在访学期间,参加《冰川冻土》、《高原气象》编辑部主办的"浅谈如何撰写科技论文及投稿注意事项"、"文后参考文献著录规则及标准"等学术讲座,参加 Cold Regions Science and Technology 期刊编辑部"SCI 投稿规则及技巧训练"学术讲座,参加 COMSOL 软件基本操作及功能案例介绍学术讲座,参加国家 973 项目"青藏高原重大冻土工程的基础研究"2014 年度年会系列学术讲座,参与哈大铁路公司项目"哈大高铁运营长期连续观测技术及冻胀整治技术研究"课题讨论,参与中国科学院西部行动计划"寒区道路工程稳定性及病害防治技术研究"课题"高温冻土路基潜在病害机理及处置措施研究"课题讨论,参加 UH 模型系列研究讲座。

科学研究能力提升方面。参与了导师研究生的学习和讨论,阅读了导师推荐的一些图书和国内外最新研究文献。参加冻土工程国家重点实验室 2014 年度院士讲座,对人工冻土融沉固结特性相关理论及试验有了较深的理解,对人工融土系数预测的理论研究方向和进展有了一定的了解,访问结束时完成了 2 篇学术论文和 1 篇教研论文。

访学成果。申报 2014 年度徐州科技局组织的徐州市专利奖,获 2014 年度徐州专利金奖(排名 1)。申报 2015 年江苏建筑节能与建造技术协同创新中心开放基金项目(课题名称"基于再生骨料装配式轻质墙体技术研究",SJXTQ1507)并获资助。完成徐州市科技局项目("基于建筑垃圾再生利用的泡沫砌体应用技术研究",XZZD1322),并于 2015 年 6 月结题(排名 1)。

2. 访学认识和感悟

陶老师表示,访问学习,不仅仅是知识层面的继续深化,更应该是一种研究思路、方法、理念和创新能力的提升,也是一种内在精神的洗礼和价值观的调整完善。而于我,访学初设定的目标基本达到,对我的影响远远超过发表一两篇论文的"显性成果",更多的是内心的成长和历练。无论学习什么知识,不能泛泛地学习,而是要掌握这些知识的本质和精髓,才能运用到实践中。通过一年的访学,不仅使我在业务能力上,同时在综合素质上都有了实质性的提高,对今后教学、专业学习,甚至为人做事都有了全面彻底的认识和提高。

(五)"不忘初心,砥砺前行"的博士后

王老师,博士,博士后,副教授(访学期间为讲师),2015 年 9 月至 2016 年 7 月赴湖南大学进行访学。

在风光旖旎的湘江河畔、钟灵毓秀的岳麓山旁,坐落着一座素有"千年学府"之称的全国重点综合性大学——湖南大学。湖南大学会计学专业创建于 1960 年,1987 年招收硕士研究生,1997 年被中国人民银行总行批准为重点学科,2002 年被湖南省批准为重点专业,2003 年获会计学科博士生培养资格。导师伍中信教授是财政部认定的会计名家、国内产权会计思想的奠基人,他提出的"产权流"、"财权流"、"财务治理"等理论已经成为国内财务学主流思想。

1. 主要研修内容

教学研究。认真听取了导师伍中信教授为会计学研究生开设的"现代财务理论"课程,目前国内高校开设财务理论研究方面的课程还比较少,伍中信教授的"财务货币起源论"、"财权流"、"财务治理"等观点是目前国内最权威、影响最广泛、学术界最主流、学术体系最完整的财务学理论,对于系统学习和掌握财务

学前沿动态具有十分重要的理论价值,伍老师在教学过程中语言幽默、旁征博引,从日常新闻到国家战略,从会计理论到财务治理,每一次听完课后都是心潮澎湃,受益匪浅。此外,旁听了湖南大学会计学其他老师的课程,如曹越教授的"税收学"、王善平教授的"审计学"、龚光明教授的"财务管理"等,他们的讲课同样精彩。受此启发,参加了2016年江苏省高职院校教师微课大赛,提交参赛作品"经营杠杆",最后获得江苏省高职赛区微课竞赛一等奖。

科学研究。首先,开展由我个人主持的中国博士后基金课题"政府干预、内部人控制与国有上市公司股权激励契约配置"课题研究,围绕该课题先后发表论文7篇,其中被CSSCI收录4篇、核心期刊收录3篇,最终形成专著于2016年在中国矿业大学出版社出版。其次,在《现代日本经济》杂志上发表学术论文《从东芝财务丑闻看日本公司治理改革存在的问题及出路》,日本东芝集团连续八年的财务造假事件震惊了全世界,被评为当年度第一大财务丑闻,该文被CSSCI收录。除了完成自己的课题之外,还参与了导师主持的"财政部会计名家培养工程"项目,对导师的学术思想和理论研究进行了梳理、归类、存档。此外,还参与了由导师牵头的对湖南省溆浦县伍家村的调研活动,对中国的三农问题有更深的了解,以此为基础,申请成功2016年江苏省教育厅课题"以供给侧改革引领江苏农业转型发展升级"。

学术活动。访学期间,利用湖南大学提供的学术平台,有幸聆听了很多会计大家的学术报告,包括财政部会计名家刘明辉教授的"公司治理理论与实务"报告,国家会计司司长刘玉廷教授的"中国会计准则"最新方面的改革报告,并参加了湖南省财务学年会等。此外,还定期与伍老师指导的博士、博士后进行学术交流,这些学术交流活动丰富了理论知识,开阔了学术视野,使我对学术研究有了更深的认识。

2. 访学认识和感悟

王老师表示,衷心感谢学校给我提供这次宝贵的访学进修机会,不仅学到了知识、开阔了眼界,同时圆了我的求学梦。记得2006年当时读大四的我正在积极备战考研,报考的院校就是湖南大学,立志要成为伍中信老师的研究生(伍老师是我国第一个财务学博士后,33岁就被评为博士生导师),然而很不幸最终以5分之差与心中的大学擦肩而过,这一直成为我心中的一道坎。然而,我始终没有忘记当初的誓言,一直在寻求机会渴望到"千年学府"学习,皇天不负有心人,最终我如愿以偿投入"精伍门",成为伍中信老师的博士后。

在访学和博士后在站期间,伍老师经常利用闲暇时间与我谈心,把自己多年来从事科学研究的经验和申请国家课题的心得毫不保留地传授于我,还关心我的工作和日常生活情况,告诫我要找到自己工作、学习、生活中的最佳平衡点,要有理想、有责任,为国家、为会计学科建设贡献自己的力量。事实上,他一直呼吁要把会计学科提升为一级学科。导师的这些言传身教深深感染了我、激励着我,不忘初心,砥砺前行。

第二节　境外访学研修

学校每年选派教师赴国外,香港、台湾等地区高水平大学访问研修。

一、选派教师赴国外高水平大学研修概况

学校每年选派 4～5 名专业基础扎实,教学科研业绩突出,外语基础好的骨干教师、专业负责人和专业带头人等赴国外高水平的大学访问进修、合作研究,访问期一般为 12 个月。国外接受单位一般由教师自行联系,学校和教育厅审定,国外接受单位为国际知名院校,研修的学科应排名世界前列。通过培养,造就了一批通晓国际规则和具有国际竞争力的优秀人才,提升了学校人才培养质量和科技创新能力,为学校加快推进科教与人才强校战略提供了支撑。

学校制定研修目标,回校三年内应达到以下要求之一:(1) 开辟一个新的研究方向并取得一定成果;(2) 发表论文被 SCI、EI 收录 2 篇以上;(3) 引进一本原版教材并能使用双语教学,或开设一门面向外国留学生的外文课;(4) 开设一门反映学科(专业)前沿的新课或讲座。

近 5 年来,学校选派国外访学研修教师 25 人(见表 8-2)。5 年来共发表被 SCI、EI 收录论文 15 篇,主持或参与省部级课题 36 项,出版专著、教材近 20 部,开设反映学科(专业)前沿的讲座 20 多次。有 4 人晋升教授职称,有 8 人成为专业负责人、专业带头人。

表8-2　近5年赴国外高水平大学研修情况一览表

序号	境外研修单位	人数	进修时间
1	新加坡南洋理工大学	1	2012.09—2013.09
2	美国加州大学伯克利分校	1	2012.09—2013.09
3	加拿大阿尔伯塔大学	1	2012.11—2014.07
4	新西兰梅西大学	1	2012.12—2013.12
5	美国爱达荷大学	1	2012.12—2013.12
6	芬兰坦佩雷大学	1	2013.09—2013.12
7	美国俄亥俄州立大学	1	2014.01—2015.01
8	加拿大麦克马斯特大学	1	2014.04—2015.04
9	加拿大滑铁卢大学	1	2015.01—2015.12
10	加拿大温莎大学	1	2015.02—2016.02
11	美国德州农工大学	1	2015.02—2016.02
12	美国马萨诸塞大学波士顿分校	2	2015.02—2016.02
13	波兰AGH理工大学	1	2015.02—2016.02
14	瑞典哥德堡大学	1	2015.03—2016.03
15	美国亚利桑那大学	1	2015.03—2016.03
16	美国哈特兰德社区学院	1	2015.08—2016.01
17	奥塔哥大学(新西兰)	1	2016.03—2017.03
18	德国不莱梅大学	1	2015.08—2016.03
19	美国密苏里州立大学	1	2015.08—2015.08
20	新加坡国立大学	1	2017.02—2018.02
21	日本名古屋大学	1	2017.03—2018.03
22	美国阿肯色大学	1	2017.09—2018.09
	合计	23	

二、选派教师赴香港、台湾地区高校研修概况

学校根据专业发展和师资队伍建设的需要,选择香港、台湾地区高校办学层次和专业设置相适应的高校,针对这些高校在教育教学、科学研究、管理方面的优势和特色,每年选拔一批有良好专业基础,教学业绩突出,外语基础一般的骨

干教师和专业负责人、专业带头人等进行为期半年或一年的访问研修。通过研修,同这些高校在教学标准开发、课程建设、学生培养、国际规则制定、科学研究等方面实现切实可行的交流与合作,培养能够承担国际教学的专业教学团队。

学校制定研修目标,要求参加研修的教师回校2年内要实施1~2项获得国际证照的教学项目,指导1~2项学生发明,开辟一个新的研究方向并取得一定成果。

近5年来,共选派研修教师24人(见表8-3)。5年来研修教师共开发了13项获得国际证照的教学项目,指导多项学生发明并取得专利。发表论文40多篇,出版专著2部,主持或参与省部级课题10多项。有4人晋升副教授职称,2人晋升教授职称,有9人成为专业负责人、专业带头人。

表8-3 近5年赴香港、台湾地区高校研修情况统计表

访学单位	人数	访问时间	按年度选派人数
台湾艺术大学	1	2013.12—2014.12	1
香港理工大学	1	2014.02—2015.02	10
台湾建国科技大学	9	2014.08—2015.12	
台湾建国科技大学	11	2015.08—2015.12	13
台湾环球科技大学	2		
合计		24	

三、个案展示

(一)徐博士的再深造

徐老师,博士、副教授,2014年3月19日至2015年3月19日赴加拿大麦克马斯特大学计算机科学学院访问交流。

1. 主要研修内容

加拿大麦克马斯特大学(McMaster University)创立于1887年,坐落在加拿大安大略省汉密尔顿市,以其独特的创新性和求实理念成为加拿大最著名的公立大学,在泰晤士报高等教育2013世界排名榜上位列第88位。在加拿大一流大学评比中,麦克马斯特大学连年被誉为最富有创造力与革新精神的学府,其毕业生中包括1994年诺贝尔物理学奖获得者、1997年诺贝尔经济学奖获得者、1999年诺贝尔和平奖获得者。

导师 Rong Zheng,在美国伊利诺伊大学厄巴纳—香槟分校计算机科学学院获得博士学位。现任加拿大麦克马斯特大学计算机科学学院终身副教授;发表了超过 23 篇期刊论文,50 篇以上的会议论文,谷歌学术引用次数超过 1 600。访学所在团队为无线系统研究团队(WiSeR)。团队的研究项目涵盖核心系统构建,数据和网络管理工具及服务,数据原理,无线通信与网络科学,工业和医疗保健及应用。团队的研究项目取得加拿大工程研究理事会(NSERC)、美国国家科学基金会(NSF)资助,并先后获得美国国家科学基金会职业奖、WCNC'13 最佳论文与大学研究奖。

徐老师在国外高访期间,参与的项目为基于热舒适度的智能楼宇能源管理系统。针对目前楼宇中央空调系统的温度设定仅从环境温度、湿度、风量几个方面来考虑,项目研究主要充分考虑物理因素、生理因素和心理因素对人体热舒适度的影响,并兼顾不同个体对环境适应的差异性,基于大量的人体实际观测数据,为每个用户建立独立的"环境温度—皮肤温度—心理感受"的数据模型,并利用该模型优化空调参数,以达到降低能耗的效果。

参加的高规格学术会议主要包括 2014 年 4 月 25 日 Mohawk Collage 主办的健康与教育软件国际会议。会议针对目前西方国家医疗资源有限、患者就医等待时间长的问题,力求利用互联网技术优化医疗资源,减少患者等候时间,降低医疗成本,扩大就医渠道;另外,会议还就青少年的网络教育、游戏开发等议题进行了广泛的讨论。参与其中,徐老师深刻感受到了网络技术在医疗与教育方面的广阔发展前景。

在国外访学期间,徐老师积极参加国际知名专家的专题讲座,如香港理工大学的王丹教授有关香港公共建筑节能方面的讲座,黑莓手机软件开发 CEO Anand Sinha 有关团队开发技巧与领导才能的讲座等。

此外,访学期间,徐老师结合所从事的专业,对加拿大的煤矿行业现状、煤矿企业产品、先进开采技术进行了系统性的调查研究。与多伦多 MRS 公司建立了长期合作关系,该公司致力于井下无线通讯设备的研发,其生产的漏泄电缆设备可广泛应用于煤矿井下各区域的远距离无线通讯过程中。

2. 访学认识和感悟

徐老师表示,通过一年的研修,不仅开阔了眼界,而且提高了自身的素质。思想方面深刻感受到祖国在海外留学生心目中的重要地位,深刻感受到中国对于世界发展的重要性,同时也深知作为一名教师自身所需要肩负的使命。教学方面对于国外大学的教学方法有了较深入的了解,其中知识构架教学与项目化任务相结合的方法具有很强的可操作性,可将符合我校情况的部分吸收并进一步创新后用于课程教学。在参与导师科学研究的过程中,深入了解了国外科研活动的组织与开展过程,增强了自身的科研素养。在今后的工作中,将不辜负各级领导的厚望,将国外所学的知识与经验更好地运用到教学和科研中,为学校的人才培养和科学研究贡献更大的力量。

(二) 在 TAMU 体验 BIM 的高端研究

赵老师,副教授,2014 年 1 月至 2015 年 1 月赴美国德州农工大学建筑学院交流学习。

1. 主要研修内容

美国德克萨斯 A&M 大学(Texas A&M University, TAMU),是一所著名的四年制公立大学。成立于 1876 年,有学生 4 万多人,占地 5 142 英亩,另外还有 6 000 多英亩土地供研究工作之用,是全美校园最大的学府之一。该校授予了 150 多个学科的 320 000 个学位,其中包括 70 000 个研究生和职业学位。德州 A&M 大学拥有极高的学术成就,在美国与国际上皆享有盛名,一直以来皆名列各大权威学术评鉴机构所列世界百大名校之一。大学共分十大学院,据《纽约时报大学指南》的评语,一直以来,德克萨斯 A&M 大学都是工程和农科最好,但商科管理发展也很迅速,尤其是会计学声誉日隆。其他优秀学科,还包括海洋研究、建筑、环境设计、传播、政治、经济和心理学。

我访学期间的导师是德州农工大学建筑学院建筑科学系的 Julian H. Kang 教授,联合指导老师是建筑系的 Yan Wei 教授。Kang 教授的研究方向主要包括信息技术应用,如建筑信息模型,4D 虚拟化建筑,建筑工程和项目管理中的射频识别技术。Yan Wei 教授的研究内容包括计算机辅助建筑设计,建筑信息模型,多目标的建筑能耗优化等内容。所在的 CRS 研究团队成立于 1948 年,该团队的研究内容涵盖建筑设计、能耗优化、计算机辅助建造、虚拟现实技术等内容,研究中心有教授 2 名,副教授 1 名,博士生 15 名,与 AutoDesk、Arup 等多家世界知名公司保持稳定合作,多项研究成果获得美国国家科学基金会(NSF)和中国国家自然科学基金的资助。

国外研修期间,我主要进行了基于 BIM 的建筑能耗多目标优化研究。目前国内基于 BIM 的建筑节能研究尚处在起步阶段,还没有相关研究将 BIM 技术用于定量和定性的计算建筑能耗、评价,大多研究是通过不同的 BIM 软件来判断建筑物的能耗情况,这种研究方法具有一定的局限性。即建筑模型已经存在或者基本成形,设计师、施工方、项目经理只能通过微调使能耗达到国家相关标准。在大数据、云计算高速发展的信息社会,如果可以借助计算机软件和优化算法,在设计初期,通过设定优化目标,给出建筑物的最小化能耗集合,那么设计师和项目管理人员将可以更科学、更有效地进行决策与规划,实现节能环保的目标。

国外访学期间我参加了诸多学术会议及交流活动,如:(1) Apex of Architecture 的学术讲座。Arup 公司从历史演变和建筑师职业角色的改变等角度,详细讲解了建筑设计的发展和演变过程,并对目前建筑领域的发展前沿、热点进行了解读和探讨。(2)BIM Cave 学术交流活动。该研究主要围绕 BIM 技术的应用进行开发,采用 3D 技术建立虚拟化建筑模型,完成了建筑设计、设备安装、碰撞检测等全过程,并研究虚拟化技术对工程质量、成本和进度的影响。(3)建筑学院学期汇报活动。德州农工大学建筑学院在秋季学期结束前,都会举办一个全学院的学术交流活动。活动为期一天,全院教师逐一汇报自己这一年来的研究成果和进展。活动还会聘请 2～3 位建筑领域专家做专题报告。举办活动当天全院学生放假,学术会场欢迎本校学生和其他专业教师参与。通过这种活动,增加了教师科研交流与合作的机会,增进了多学科的融合,促进了教师科研工作的开展。

另外还全过程参与了 Yan Wei 老师一门课程的系统学习。通过课程学习,不但学习到了 BIM 方向的先进知识和前沿研究内容,还对美国大学课堂的教学模式和教学方法有了深入的了解。(1)开放的课程考核方法。这门课程,在课程结束前,每个学生要根据课程所学知识和自己的研究方向做一个学术报告(Presentation),这门课给我最大的感受是美国学生的思维很发散,每个学生做的学术报告都不一样。(2)自由的课堂教学组织。美国的课堂教学氛围比较自由宽松,学生随时可以就不理解的问题向教师提问,课堂上师生间的教学互动较多,学生学习时的主动性较强。教师在授课过程中常常布置很多学生课后要阅读的材料,随课程进度将讲义、作业和解答发布在校内的网络平台上。有的教师在上课时会让上次作业完成得较好的同学分享研究思路,然后对其中的关键点进行点评。

2. 访学认识和感悟

赵老师表示,衷心感谢省教育厅、学校及学院提供的这次宝贵的访学进修机会。美国一年的学习和研究生活,使我开阔了眼界,了解到先进国家的高等教育发展情况。我想,教育是立国之本,我们应该积极借鉴发达国家先进的高等教育经验,同时立足国情,积极投身于当前的高等教育综合改革,尽到每位教师应尽的职责,不断提高自己的教学和科研工作水平。在教学方面,国外高校开放的教学模式、先进的教学方法、现代化的教学手段为我校项目化教学的深入开展和实施提供了参考;教师结合自身科研情况对课程内容进行更新和梳理,不但可以让学生接触到本专业的研究前沿,而且可以吸纳学生参与科研工作,通过专业实践大赛,提升动手能力和就业竞争力。在科研方面,德州农工大学建筑学院对于BIM 的研究在国际领域尚处于领先阶段,斯坦福大学和 Autodesk 公司也积极与其合作开展基于 BIM 的优化设计、研究,通过参加小组会议和学术交流,了解了国外科研活动的开展情况,开拓了研究思路和研究领域,为以后进行多学科融合的科研工作打下了一定的基础。在今后的工作中,我将充分利用国外学习的先进知识和经验,提升专业课程开发能力,积极参与教学、科研活动,为专业建设、学生培养和学校发展贡献自己的一分力量。

(三)"职教专家"的诞生

周老师,副研究员,受国家留学基金委员会资助,2015 年 3 月到 2016 年 3月在德国不莱梅(Bremen)大学技术与教育研究所(Institut Technik und Bildung,ITB)以访问学者的身份从事一年的研究和学习。

1. 主要研修内容

德国不莱梅大学为德国当今学科最多、研究机构最全的高等学府之一。2012 年,不莱梅大学成为 11 所德国精英大学之一。不莱梅大学属于德国综合大学行列中的新大学,不过它的发展丝毫不逊色于其他老牌综合大学,是不莱梅城市邦联州内规模和实力最大的综合性高等院校。不莱梅大学技术与教育研究所(ITB)是欧洲领先的职业教育和培训研究机构,该研究所拥有 60 多名员工,其研究工作的目标是在工作、技术及教育之间建立架构。ITB 的重要目标是在职业教育与培训改革同工作和技术领域的创新实践之间建立紧密联系,因此,ITB 不仅开展跨学科交流研究,而且在当前全球化迅速发展时期明确寻求实施国际化研究方法。ITB 工作重点具体如下:课程开发、企业和职业院校职业教育与培训人员专业化;职业教育与培训创新、人力资源开发及区域发展;信息技术和能力;工作和就业指导。ITB 还与中国、印尼、马来西亚以及阿曼、巴林、约旦等中东国家的亚洲合作伙伴共同建立网络,开展项目。该研究所还负责协调德国政府资助的大型研究项目。目前,ITB 开设两类学习课程:学士课程和硕士课程，涵盖电气工程、机械工程、汽车技术及信息技术，学生学完项目后能够承担德国体系内职业技术教育与培训方面的教学工作。技术与教育研究所长期招收职业技术教育学博士。ITB还开展绿色技术工作，监督风力和近海技术项目、电动汽车技术以及服务和维修技术。

导师 Michael Gessler 教授是德国不莱梅大学技术与教育研究所所长，欧洲研究网络中的职业教育与培训（Vetnet）主席，欧洲教育研究协会主席。在玻利维亚、哥伦比亚、哥斯达黎加、瑞典、危地马拉、墨西哥多所大学和我国同济大学担任客座教授。主要研究领域是：工作系统及技术发展与教育教学之间的关系；职业资格和能力与教育教学的互动；双元制职业教育模式的对外辐射和迁移。

学习德国技职教育，听德国教授讲课是一个重要内容，这样可以在高起点上学习专业前沿知识。专题讲授和课堂讨论结合的教学方式极大地激发了学生专业学习和研究的兴趣。我努力克服语言困难，全方位旁听了 Michael Gessler 教授的课程：Human Resource Management，Research Methods and Research Design，Larissa Freund 老师的课程：Handlungsfelder des Bildungsmanagements 等相关课程。通过职业技术教育专业课程的学习，了解了职业教育微观层面的教学、学习和教学的组织，掌握了德国职业教育宏观层面的关联知识。

学习了 BAG 法和 DACUM 的区别。BAG［德文"典型职业工作任务"（Berufliche Arbeitsaufgaben）的缩写］，核心内容是"典型职业工作任务分析"和"实践专家研讨会"。一般来说，BAG 强调工作任务的整体性和系统性分析，针对综合化学习，对于系列岗位技能的内容梳理有很大的借鉴意义，在职业技能教育和培训中应用较广。而 DACUM 一般针对工作任务的局部，针对某岗位任职资格中的某些能力要求或活动进行分析与梳理，从而确认该岗位的能力要求和知识要点。

此外，学习了芬兰职业教育的相关材料，掌握了芬兰职业教育的整体框架和基本情况。在芬兰，职业教育培训机构包括初级职业教育机构、多科技术学校以及继续职业教育机构。芬兰的职业资格认证体系包含职业资格（Vocational Qualifications）、继续和专业职业教育培训资格（Further and specialist VET qualifications）、学徒培训（Apprenticeship training）。

研修了德国的网络开放课程平台。iversity 是德国人创立的免费 MOOC 平台，2013 年 10 月于德国柏林正式推出，iversity 虽也与学校及企业合作，但更常与个别的教授合作，这和主流美国网络学习平台不同。秉持着德国人的严谨精神,iversity 对品质的要求是有目共睹的,目前 iversity 课程主要以英文及德文授课为主,内容涵盖职业教育各个不同的领域。

此外还关注了美国职业信息网,关注职业科学研究和职业分类,了解德国的职业教育创新循环行动,了解各国职教法律,关注中国现代学徒制度法律建设问题。关注德国的职业教育的过渡系统,德国的双元制教育与工商协会(IHK)和手工业协会(HWK),关注 vetnetsite、BIBB、BMBF、GOVET、AGBFN 等网站。重点关注国际现代学徒制与创新网络、德国文教部长联席会议,关注德国联邦职教所国际合作中心、德国联邦职业教育研究所、德国教育协会职业教育与经济教育学委员会和德国劳动市场与职业研究所联合发起成立由各类职业教育研究机构组成的"职业教育研究网共同体"(AGBFN)。关注《中国战略——与中国研究、科学、教育合作战略框架》文件,这是德联邦政府针对教科研国际合作发布的首个国别战略文件,确定了 2015 年至 2020 年期间德国在相关领域开展对华合作的政策框架。

参加了多项国际学术会议,如(1) ITB 的 Kolloquium,题目是"Workforce Skill Formation and Innovation on the Shop-Floor-Level" in China and in den USA。核心问题是:海外的德国企业,在当地文化背景下,如何让员工保持生产和创新的技能水平。(2) International VET Conference Crossing Boundaries in Vocational Education and Training:Innovative Concepts for the 21st Century。并在会上作发言。(3) ITB 的 Kolloquium,题目是"Arbeits-und berufsorientierte Übergän-ge,Bildungsverläufe und Diversität",主要研究德国的职业教育过渡系统。(4) ITB 的 Kolloquium,题目是"Allgemeine und berufliche Bildung für eine Postwachstumsökonomie?",讨论会的主要问题是:从经济增长的角度,如何做到可持续发展和创新? 如何做人的教育和培训?(5)马来西亚和 ITB,Faculty of Computer Science 的联合培养博士毕业论文答辩会,等等。

在德国访学期间,还积极深入德国经济社会生活的各方面,以加深对其职业教育等方面的认识。2015 年 4 月参观了每年一次的 Hannover Messe(汉诺威世界工业展),访问了 BBS,这是位于 Syke 的一所职业学校,提供双元制和全日制职业教育,双元制学生占三分之二。参观了位于 Dingolfing 的宝马全球最大生产基地,参观了奔驰不莱梅公司。

积极参与项目研究:(1)苏州博世学徒培训。2007 年博世在苏州建立了中国第一个学徒培训中心,在中国环境下如何操作德国企业的学徒制,如何突破中国制造业升级转型的困境,以及德国学徒制对中国企业的借鉴意义。博世系统通过纯正的德国教育体系在中国培养出具备"德国水准"的职业化产业工人。

(2)职业能力测评。这是德国技术教育研究的重点,测评学生的能力需要大规模诊断模型。KOMET能力模型和测评模型的理论基础是设计导向的职业教育思想、行动导向教学、发展性任务、职业成长的逻辑规律、工作过程知识等先进的职业教育理论。测评不但能够了解不同地区和不同类型职业院校学生职业能力的发展水平,也为职业教育课程和教学改革提供了有价值的参考数据,并能为教师的教学设计提供直接支持。

此外,积极参加其他活动:每周参加不莱梅大学国际交流办公室组织的国际访问学者座谈会。国际访问学者办公室每周一次咖啡沙龙,有退休教授参加,不莱梅大学副校长经常参加交流。不莱梅大学有来自世界上绝大多数国家和地区的留学生,遇到过萨尔瓦多、不丹等国留学生。了解和接触中德职教合作机构,关注中德高等职业教育合作联盟。每周和德语语伴交流两个小时。积极参加不莱梅孔子学院相关活动。参加大学校园开放日,参加不莱梅电视台的德国人学中文节目等。

2.访学认识和感悟

职业教育在德国属于高、大、尚。德国发达的工业体系离不开完善的职业教育体系,德国制造业有着强有力的技术技能人才支撑。职业教育在德国大学是独立的学科,德国思辨的传统对职业教育的科学研究产生了极大影响,诞生了极具职业教育特色的理论成果,凸显了职业教育自身的规律。德国职教立国的政策大计,来自理性分析,来自崇拜技能的文化背景,来自实践经验的成功,来自深刻的哲学思辨。德国的职技教育是学得来的,是可以学习的,但需要进行从政策到课程的宏观到微观层面的大改革。

职业教育不能只遵从教育规律、认知规律,还要遵循职业发展、职业成长的规律。职业教育的发展与改革,要"跳出学校看学校,跳出教育看教育"。如果高等职业教育与普通高等教育在培养目标、教育内涵以至于课程体系等方面没有区别,那就意味着高等职业教育可以被取而代之,从而失去其存在的理由。高等职业教育要走出层次和类型的困境,要有自己的核心竞争力:课程模式。课程内容的选择和序列要做革命性的改变。这个问题应该迎难而上。因此,只有清醒地把握自己的类型定位,使高等职业教育在系统特征上成为无法替代的教育类型,高等职业教育才能够得以生存。

创新中外合作办学方式。学习德国应用科技大学和职业学院的双元制专业建设,结合我校"三学期工学交替"人才培养模式,寻找合作点。推进专业课程与国际通用职业资格证书衔接。职业教育的国际化趋势,要求我们教师和学生要熟练地掌握至少一门外语。学校应该多渠道提升教师和学生的语言水平,把语言能力作为选拔出国进修人员的最重要的先决条件,通过多种渠道切实提高管理干部和一线教师的外语应用能力。

(四)教学生涯的"加油站"和"新起点"

苗老师,副教授,2015 年 2 月 1 日至 2016 年 1 月 31 日在波兰 AGH 理工大学采矿与地质工程学院进行为期一年的访问交流。

1. 主要研修内容

波兰克拉科夫 AGH 理工大学(波兰语 Akademia Górniczo-Hutnicza,英语 AGH University of Science and Technology)位于波兰克拉科夫市,始建于 1919 年 4 月 8 日,是波兰最早、最大和最好的科技类院校。该校学科范围广泛,是一所多院系多专业的高等学府,拥有 15 个学院、28 个学科、160 多个专业,拥有 32 000 多名学生,本国排名第五。

导师斯塔尼斯瓦夫·纳乌拉特(Stanislaw Nawrat),AGH 理工大学采矿与地质工程学院教授,博士生导师。曾任煤矿总工程师、矿长、煤炭集团公司副董事长等职务。现任 AGH 理工大学雅思山别日德鲁伊分校校长,AGH 理工大学校长全权代表,负责与中国合作事务。主要研究领域为煤矿瓦斯抽采及利用、隧道通风与安全、矿井降温等。已发表学术论文 139 篇、出版著作 7 部。

我在波兰访学期间,通过课程学习、企业参观、课题研究和学术交流等多种形式,顺利完成了一年的访学计划。其间深入了解了波兰的教育、科研、工业、人文情况,并就"清洁能源的开发与利用"与导师团队进行了联合研究。在一年的时间里,共选学旁听 6 门课程约 100 个学时;为波兰科研人员、学生、工程师做了约 8 场学术报告;参加 10 余次学术研讨会和国际会议;在 6 所学术和科研机构进行了培训和学习;在 7 家煤矿集团及工业企业进行参观学习;5 次下井了解波兰煤矿实际情况;学习了 2 种国外科研软件;参与了多项导师主持的科研课题;同时阅读了大量的英文科技文献和书籍。

在一年的访问期间,共参加了煤矿开采技术、煤矿安全技术、煤矿机械、环境保护、瓦斯利用、煤矿地质等 6 门课程的旁听,共约 100 个学时。访学期间,每周三上午 10 点到 12 点是纳乌拉特教授单独为访问学者授课和讨论时间,从波兰的煤矿地质到波兰煤矿通风与开采技术,从波兰的人文历史到波兰的风土人情都进行了详细的介绍和讲解,使我在访学期间对波兰的工业、人文历史、风土人情有了一定的认识。(1)系统地学习了波兰的煤矿开采技术。在一年时间里,纳乌拉特教授和 Sebastian 助理为我提供了很多关于波兰煤矿开采技术、瓦斯控制技术、瓦斯利用技术的书籍和文献,用于平时的学习和研究。(2)深入学习了 Ventsim 通风系统软件。Ventsim™ 是一款矿井通风网络计算软件,可以模拟井下风流流动、压力、湿度、温度、瓦斯浓度、火灾烟雾流动路线等内容。(3)系统学习了 FDS 软件。FDS 是流体动力学模拟软件,在导师纳乌拉特教授的推荐下,对 FDS 软件进行学习和使用,模拟工作面上隅角瓦斯浓度的分布规律与运移特征,为回国后继续进行该方面的研究打下良好的基础。

　　积极参与导师纳乌拉特教授的低浓度瓦斯利用技术项目课题研究,通过实验室大量的实验,研究瓦斯吸附与温度、风速、压力、瓦斯浓度等参数之间的关系。赴波兰科学院力学研究所(IMG PAN)进行培训和学习,参观了力学、瓦斯吸附、煤矿通风参数测定等实验室和先进的仪器设备。学习了他们的研究成果,并收集了很多著作和文献资料。在研究所领导的邀请下,为研究所的员工做了一场关于中国煤炭资源及安全现状方面的报告。赴波兰工业研究中心(GIG)进行学习和培训,该研究中心的研究领域主要涉及采矿工程、环境工程、员工教育和培训等工作。该中心是洁净煤技术领域领军机构,在煤层气开发、高瓦斯煤层、CO_2 捕捉和储藏领域有突出成果。培训期间,参观了 Babara 煤矿,观摩了煤矿粉尘爆炸实验,参观了瓦斯爆炸参数测量实验室、粉尘爆炸数值模拟实验室等。

　　在波兰一年的访学期间,共为波兰的老师、学生、研究机构科研人员、企业员工和煤矿工人做了 8 场不同主题的学术报告,内容涉及中国煤炭行业发展现状与前景、瓦斯利用现状、中国煤矿救护现状、矿井通风、火灾治理、中国人文历史等方面。

　　2. 访学认识和感悟

　　一年的访学,不仅使我对从事的职业有了全新的认识,也锤炼了我的专业素养,拓展了我的知识视野,提升了我的教科研能力,同时认识到了自身的不足。我将带着收获、带着感悟、带着信念、带着满腔热情,投入到今后的教育教学和科研工作中。这次的访学经历是我教学生涯的"加油站"和"新起点"。我也相信在倾听、反思、实践中,我的教学之路会趋于成熟。在今后的教学工作中,我将不断地吸取和借鉴先进的教育经验、理念,把学到的知识应用于自己的教学中,做一名学习型、科研型、开拓型的优秀教师。

(五) 获得发明金奖的研修学者

沈老师,副教授,2014 年 9 月至 2014 年 12 月赴台湾建国科技大学访问研修。

2014 年 9 月到 2014 年 12 月江苏建筑职业技术学院 9 名骨干教师在学校统一安排下,结合专业带头人、骨干教师培养计划,赴台湾建国科技大学访问研修,这是学校第一次成批选派境外访问学者。为了达到研修目标,学校和老师双方都做了充分的准备,台湾建科大也非常重视此项工作,行前来校接洽,并根据要求给每位教师安排了专业对口的导师。我更是认真准备了丰富的资料,如台湾、台中和彰化概况,更多的是建国科技大的资料和具体的研修计划。

台湾建国科技大学位于台湾彰化市,其前身为 1965 年成立的“私立建国商业专科学校”,1974 年 5 月改制为“建国工业专科学校”,1991 年 11 月更名为“建国工商专科学校”,1999 年 8 月升格为“建国技术学院”,2004 年 8 月正式更名为建国科技大学。全校用地约 24 公顷,独立于翠绿山丘之上,景致优美,是邻近社区民众散步休闲的美丽花园。

建国科技大学秉承“活力(Spirited)、优质(Exceptional)、杰出(Outstanding)”的办学理念,贯彻“学力(Professional)、实力(Competent)、愿力(Dedicated)”的教育方针,以“术德兼修、手脑并用”及“德智体群美”五育并重为教育宗旨,培养具有高度专业性与实用性、具备运用科技信息解决问题的能力以及富有社会服务之奉献精神,并为产业界所乐用之人才,使其进而成为社会之栋梁。

学校现有工程学院、管理学院、设计学院、生活科技学院(原为人文学院,现改为生活科技学院,因其发展定位更趋向于人的发展,包括应用外语系、运动健康与休闲系、美容系)4 个学院,机电光系统研究所、电机工程系、机械工程系等19 个系所。在校生数达 11 000 余人,分为硕士班、日间部、进修部、进修学院等多种形式。

1. 主要研修内容

(1) 深入课堂。到建科大后我搜集了不同专业的培养方案及班级课表,斟酌选取了三门本科专业课程与一门研究生课程:谢振辉教授的“伺服技术”、蔡吉胜教授的“机器人技术”、郑耀辉教授的“发明与创新概述”,董四维教授的研究生课程“电力系统设计”,我深入课堂全程参与听课和课堂讨论,既学到了专业知识与技术,又学到了不同的教学方法与思路。此外,旁听了"数学发展与数学史"、"佛教与文化"、"电工电子技术"等课程,感触较深,受益良多。

(2)参与科研。科研反哺教学,建科大很重视教师的科研,我参加了多个科研项目小组。有蔡吉胜教授指导的四自由度抓取包装流水线专用机器人项目、谢振辉教授指导的伺服控制多功能传感器控制机智能小车组装与调试,智能与节能照明小发明项目等。借助该校工程学院热力学工程实验室,独立完成了一个节能改造小项目——节能水壶的研制与热效能测定,该项目获得2014年度全台地区海报发明金奖,并在台北接受颁奖。结束访学返回学校后,指导学生继续深化设计,并申请了一项实用新型专利。

(3)参与指导学生。在台期间还参与指导了建科大三年级电气专业学生的国际证照考试——"伺服控制机器人编程技术员证书",包括理论考试和实操实调考核,由美国机器人工程师协会颁发资格证。其间应谢振辉教授、蔡吉胜教授的邀请给台湾建科大电技专业和电控专业做了两场专题讲座——"变频器的原理与选型"和"步进电机的脉冲分配器的参数与原理",以专题讲座的形式,和建科大的师生交流互动。

(4)参加教科研交流活动。建科大的校际交流研讨很频繁,先后参加了多地多次教科研交流活动。规模较大的有台北国际发明展览会、台中机器人技术交流研讨会、台南科大交流研讨会、云林科大及虎尾科大等校际交流研讨,开阔了眼界。

(5)体验丰富多彩的社区文化活动。学习之余参观了台湾的名胜古迹、自然风光和台湾知名学校,台北"故宫博物院"、佛光山、日月潭、阿里山,拜访了台湾大学、桃园"清华大学"、台湾科技大学、逢甲大学、台南大学,彰化私立精诚中学等。深入彰化二水乡、田中乡,鹿港区、微热山丘等地的农会、医院,体验丰富多彩的社区文化活动。

2. 访学认识和感悟

(1)环境育人——丰富多彩的校园文化给我们留下深刻的印象

台湾建国科技大学地处彰化,依山而建,校园虽然不大但非常精致,校园建筑错落有致、色彩典雅大方,丰富的雕塑将学校的办学理念等全面展现出来。学力、实力、愿力和全人化教学石刻给参训老师带来深刻的感受,处处张扬的口号能让人真切感受到台湾建国科技大学所主张的活力大学的氛围。在参观校园及院系所实验室的过程中,我们普遍感受到其精致小巧之美,同时又蕴含着探索求知的环境育人之理念。

我校地处徐州,有着自己独有的气候特征,虽在某些季节比不上台湾地区常绿的校园植栽,但校园环境也非常美丽。校园内的文化石等小品景点也很多,但我们应当进一步丰富可见的校园文化符号,同时以丰富的表现形式宣传我校厚生尚能的理念,特别是东校区更应注重增设有关的文化符号,充分体现我校特有的办学理念、教学特色。作为本社区的早晨锻炼场地,我校开放了东操场供周围居民使用,这是一个良好的展示窗口,我们应当积极围绕早晨校园以开放包容的心态去加强宣传,我们很多的资料和荣誉都是藏在深闺人未知,优秀的教学科研成果也极少向社会展示,这不利于我校软实力的构建。尤其是通过开放包容的心态向社会展示我校各方面的实力,可以与周围社区群众融为一体,充分发挥群众宣传的口碑,促进我校招生、教学、就业等工作的开展。在职业教育服务地方和建设学习型社会的过程中,这些看似微小甚至无人注意的细节,将大大提升我校的软实力,彰显我校先进的办学理念,使我校成为其他学校的榜样。

(2)校企合作——提升层次,凸显教学特色

台湾建国科技大学在教学上注重增强校企合作的机会,副校长在介绍该问题时特别谈到,其通过配合台湾地区经济建设与科技发展,加强了产学交流与技术上的合作,贯彻理论与实务并重及科技整合的精神,要求本校专业科目的教师均须有业界经验,学生实习或者实务专题制作均符合业界需求,同时要经过业界确认。如此深化的校企合作给该校的教学和科研以及学生学习都提供了宝贵财富。

在参与科研和指导学生的过程中,可看到其校企合作的深度,让我们感受到了丰富的业界动态和学校校企一体的理念,这为学生动手能力的培养和零距离接触业界提供了更多的机会。该校还鼓励本校师生踊跃互动,尤其是教师积极完成业界委托的工作,在台湾中部的产业界获得较高评价,在现阶段更有许多企业与该校合作,该校同时成立了创新育成研发中心,协助提升产业的竞争力。

我校在校企合作的进展上也有许多值得骄傲的地方,尤其在我校的主干专业上体现得更加明显。我校多数教师都有或多或少的业界实务经验,与业界也保持着紧密的联系。我们应当增强校企合作的认识,深化合作模式,探索新的校企合作领域,紧跟经济和科技发展的最新态势,成为培养人才的前沿阵地。其中更为重要的是增强广大专职教师的实践技能,通过修订完善现有的一师一企制度,使广大教师深入一线实践,加强过程考核和显性成果评鉴,推动教师积极参

与到实务中去,同时注重兼职教师的聘任管理。通过走出去和请进来两种方式,加强专兼职教师队伍建设,锻造高素质的教学主体。

(3)全人教育——文理并重,理论与实务共进步

建科大随处可见全人教育的理念和实践。在校园内专门树立了一款全人化教育雕塑来彰显其教育理念,在图文大楼中,展示着该校教师的各种艺术作品,据管理人员介绍,类似的展览全年是不间断举办的。通过艺术的熏陶和持续的展示来提升学生审美的感受。同时该校作为科技大学,不仅有常见的工程和管理类学院,更有诸如生活科技学院这样的学院,美容系成为其办学的一大亮点。除了传授给学生相关工程与管理科技、设计和人文等专业知识之外,台湾建国科技大学也非常重视生活通识教育,以培养具有社会责任道德心的现代公民,养成劳动与团队合作的精神,使其成为敦品励学、人格健全之人。

在该校通识教育中心,下设自然科学组和社会科学组,自然科学组包括数学、物理、化学、生活通识,社会科学组包括国文、社会、史地、艺术,囊括了基础课程、自然科学、社会科学等多样化的学科,浏览其开设的课程,可以发现上至天文下至地理,包括国际形势、历史发展等多学科知识,教师的教学科目也体现出多样化特点,不仅谨守本专业的教学,也涉猎很多的其他专业学科。

该校还通过美化校园及周边环境,增建与改善校舍,增加人文活动,充实教学研究设备,以及合理的制度改革和执行,实施高效率的服务管理,提倡师生间的爱心关怀与尊师重教、同事之间的和谐情谊,来彰显校园伦理。

全人化教学理念给我们以深深震撼,作为同样的以理工科为主的学校,我校应当注重学生全面发展的素质培养,不仅教会其基本的职业技能,同时应该为其后续发展提供更多的学科知识储存,如管理学、人际交往、创新、继续学习新知识等能力,这需要我们转变传统的思维,将更多的软性的暂时难以体现效果但对学生后续职业发展和生活有重大影响的知识通过专业计划或者第二课堂或者选修课等加以补充,同时避免学生随意选课,应当明确相应的课程包,分别针对不同的方向,如职业发展的知识深化学习包,可以开设本专业有关的前沿知识讲座、最新研究动态等;创新教育学习包,参加创新大赛、社团大赛、选修课程、教师科研团队等;管理协调学习包,针对我校毕业生最终发展多是未来的管理岗位和中高级技术岗位,应当有意识储备管理知识,培养其管理能力,为未来职业发展提供基础等。

（4）国际化视野——实力大学必需之眼光

台湾建国科技大学积极用国际化的视野指引办学，教员大多具有国际知名大学的教育背景，学生也有来自其他国家和地区的，近年来海峡两岸交流增多，台湾建国科技大学积极参与大陆交换生计划，并在大陆成立了台湾建国科技大学大陆校友会，定期举办各种会议，以增进校友和母校之间的联系。

台湾建国科技大学的合作伙伴分散在多个国家和地区，通过这种开放的办学理念和国际合作的模式，积极推行校际交流，实现资源共享、产学配合和互利双赢，以提升教学与研究品质。通过与境外大学的学术交流，增加国际上的知名度，增进学校的竞争力。

同时，台湾建国科技大学不断加速改善师资结构，增聘助理教授级以上与实务导向的教师，建立并落实了完善的师资评鉴制度，全面提升教学、研究、辅导和服务的品质。提高经费资助标准，鼓励更多教师进修，以提升整体师资素质。通过提供经费奖励帮助老师发表研究文章、专著等，鼓励教师参加研讨会。同时定期举办论文发表与学术研讨会，和各校进行学术交流。

我校应当扩大对外合作办学，增加相互交换生的数量，以加快我校国际化的步伐。同时选派更多的优秀教师赴境外留学、研修、访学等，通过多样化的方式，使教师队伍扩充国际化视野，提升办学理念，凝聚师资队伍向心力。

（5）高校也需要行销——随处可见用心经营的宣传

台湾建国科技大学非常重视学校的声誉，积极提升学校各项实力。特别重视运用行销手段来经营学校，其体现在各个方面，既有积极承办召开国际会议或者本岛高级别会议，也有如互联网、《建国科大》每月一期杂志的宣传，组建职业高中和普通高中的联谊会议等，同时据其网站消息，还通过邀请专业人才参与教师培训，力争运用专门的行销手段来推广学校，提高学校的知名度和美誉度等。

通过举办各种较高层次的会议来提升学校的校誉是值得我们借鉴的，这不仅可以通过较少的投入获得更多的业界交流机会，更可提升对本校的直观认识，尤其是我校在图文信息中心、建筑技术馆等特色功能建筑建成后，更应当重视对外宣传。

台湾建国科技大学的校园网站首页简洁、明快，中英文版本凸显其国际化视野。在校园网首页中主要展示的是科技和研发实力，进入中文版后，横栏以欢快的风格和精细度极高的图片展现学生各种活动的场景，给人一种积极向上朝气蓬勃的感觉，尤其是对高校招生时的主要客户群体——广大高中毕业生更具有吸引力,多样化的大学生活成为广大高中毕业生向往的内容,同时体现了该校所倡导的活力大学的目标。我们应当充分发挥校园网对外宣传的窗口作用,以欢快、清新的风格推荐和展示学校,以吸引更多有意报考我校的学生。

值得一提的是台湾建国科技大学向我们赠送了多册《建国科大》刊物,该刊物 16 开本,每月 1 期,详尽展示了学校方方面面的当月资讯。该刊物不仅向本校学生和来访贵宾赠阅,更赠送给高中和职业高中的招生学校,通过这样系统介绍台湾建国科技大学的教学、科研、学习、生活等情况,吸引更多的高中生报考。该刊物并不是单纯的学术杂志或信息汇总,其印刷色彩丰富,版式设计新颖,内容多样。具体栏目设计更是以学生为中心,也有校友讲述自己的故事,也有学生的感恩留言等丰富的内容。让人爱看乐看,其宣传应该说取得了很大的成功。同时该校还有很多的载体来推动招生和宣传工作:以学校景观、学生展现青春一面的动静态照片,每年出版"建国之美"对开大型月历,分送全台湾各相关单位学校,彰显活力之建国、优质学府、杰出大学,提升学校优良形象。每年定期举办绿岗文艺奖评选,除本校学生参加外,还扩大到以与该校结盟的高中职业学校的学生为征稿对象。

我校在当前生源萎缩的大形势下,应当借鉴这一做法,办出有特色、反映学生丰富多彩的校园生活的特色刊物,发送给普通高中、职业高中、职教集团、校企合作单位和校友会等,刊物比报纸或者宣传册更能获得读者的青睐,这无形中也就宣传了学校。

台湾建国科技大学采取专业技能与人文素养并重的模式,注重培养学生理论与实务结合的能力,培养发掘、分析与解决问题之能力。注重人文与生活的需求以及教育环境改变的各种因素,努力落实技职教育的精神,将校园营造为教学、研究、工作、学习与生活的快乐园地,使其成为提升小区文化的源泉,使学校在技术人才培育与创新育成上成为台湾中部地区的重镇。

"活力建国、优质学府、杰出大学"的台湾建国科技大学给我们留下了深刻的印象,希望学校能组织更多的优秀教师走出去,以助益我校的教学科研。

(六)我的思想和行动指南:理论—实践—理论

商老师,副教授,2014 年 2 月 18 日赴香港理工大学进行为期 1 年的访问学习。

1. 主要研修内容

香港理工大学(The Hong Kong Polytechnic University),1937 年建校,坐

落于香港九龙红磡,是一所既充满活力又拥有骄人历史及卓越成绩的大学。学校致力于应用与基础研究、专业教育和国际协作,并矢志为香港、内地和世界做出贡献。香港理工大学毕业生的实用价值,更被雇主视为同侪之冠。学校在追求卓越学术水平的同时,不断推陈出新,提供富有实用性的专业课程、培训、应用研究及专业顾问等服务,支持工商企业长远发展。在 2014 年 QS 亚洲大学排名中,香港理工大学位居亚洲第 27 位,香港第 5 位。学校工程学科领域的成就享誉世界,根据 2015 年《美国新闻与世界报道》,学校在工程学排名位列全球大学第 9 位,全港第 1 位。香港理工大学工程类专业毕业的硕士和博士更是遍布国内各大高校任教或从事科研工作。

研修所在的屋宇设备工程学系,QS 排名位列全球第 16 位,有着优秀的科研传统和雄厚的科研实力。学系有三个科研团队,分别是邓仕明教授团队、牛建磊教授团队和王盛卫教授团队。我所在团队是邓仕明教授团队,邓教授 1991 年毕业于英国 Refrigeration Engineering from South Bank Polytechnic 空调及制冷工程专业,获得博士学位。

全程听取了硕博士研究生课程"Energy Efficient Buildings"。香港理工大学采用的是完全学分制,授课的方法采用传统的多媒体教学,基本理论部分依然是普通教学方法,但是新技术和相关设计研究部分就会把全体学员分成很多个组,课堂和课后都会有很多小的知识点留给大家学习、研究。学生允许带电脑进课堂,可以随时上网查询资料,这些知识点会让每个组利用课堂和课后时间准备成果汇报材料,组里每个人都有分工,都有自己要做的事情,完成后在小组会上汇报,接受教师和全体同学的质询。这是一种交互式学习方法,老师起到的作用是引导知识学习的方向,学生以交流学习和自学为主,老师的重点是答疑,这确实是提高教学质量和增强学生自学能力的好方法。

全程参与本科课程"Air conditioning and ventilation"的学习。项目教学法在这门课程中体现得非常明显。课程以香港某综合建筑为案例,从香港室外计算参数的选取、负荷的详细计算、管道计算与布置、设备选型计算、系统方案选取、系统设计与实现六个方面进行讲解,每个部分讲完后要求学生利用课堂和课后时间对该综合楼进行空调系统设计的相应计算,课程完结后,每人做的设计基本上就形成了一套空调系统设计计算资料。考试都是开卷,基本是设计类的计算或分析题。考完后接着进行课程设计,这时课堂上和课下的计算设计资料就能用上了,同学们会再次整理这些资料,修改有问题的地方,最后绘图形成完整的设计图纸。这其实是更完整的项目教学方法的体现。课程考核更加注重学生平时学习和完成作业、学习交流等部分的成绩比重,真正的项目教学和引导式教学在这门课当中体现得相当明显。

研修期间主要参与 DX A/C 系统模糊控制技术对系统性能影响研究和卧室工位空调夜间舒适性与能耗应用研究。在一年的研修时间里,全程参与每周一次的 Group Meeting。每周四上午的 Group Meeting 是一个相互学习、相互帮助提高和共同解决科研问题的平台,每位成员都会对上一周自己研究项目的情况进行汇报和总结,把一周来研究中遇到的问题提交出来和大家讨论研究。

通过参与两个项目的研究,收获了很多,虽然不能直接使用他们的相关数据,但也了解了很多的实验方法、技术和手段。同时,详细了解了 CFD 和 Energy Plus 两个软件对于暖通空调研究的重要作用与价值。

全程参与了 BSE 的 Laboratory of DX Air Conditioning Technology 的建设。该实验室设计了一个温度范围可从 $-5℃$ 至 $40℃$ 的环境室,在环境室内可自由分割空间。此外还参加了 Group 两位博士生的毕业论文答辩活动。通过上述研究项目的参与实施、学习讨论,在直膨式空调系统温度和湿度控制方面有了深入的了解,同时对于睡眠状态下应用工位空调系统后的空调舒适性研究和节能性能研究有了新的认识,提高了自己的业务水平,也掌握了本专业比较先进的科学研究方法。一年的各种交流学习,体会到科研对教学的重要性,科研与教学是相辅相成的,作为高校教师,应该让科研和教学做到相互促进提高。

2. 访学认识和感悟

在思想上更深刻认识到理论——实践——理论的重要性,这是我思想和行动的指南。成为一名优秀的教育者,需要从理论到实践再回到理论这样一个过程,团队成员无论是老师还是博士们对学习和知识的精益求精很触动我,也提醒我学习和科研要在量上积累,到一定程度后去努力寻求本质与精髓,最后才能运用到科研、返回实践。

导师在教学上非常严谨,一丝不苟,对待博士研究项目要求极其严格,从细微之处到思维方法以及研究方向都严格把关。对研究生和本科生的课程教学细致深入,认真和学生进行交流,课后留出足够时间答疑。在学术上对博士们的要求近乎苛刻,容不得一点不足,在生活上却对他们关爱有加。我想为人师表就应该是这样。其他老师上课也同样严谨生动,他们对科学及知识的钻研探索给我留下深刻印象,也是我的榜样。

　　通过与博士们共同参与科研项目,从中掌握了很多研究与学习的思维方法和技巧,提高了自己的专业业务水平和科研能力,增强了自己的学术研究的素养,拓宽了研究视野,为今后学习和研究奠定了扎实的基础。

　　一年的访问学习,不仅使自己在业务能力水平上,同时在综合素质上都有了提高,对我今后教学、专业和课程建设、科研甚至为人处事都有了很好的促进和提高,也认识了一批非常优秀的同门师兄弟,这些都是无形的宝贵资源。非常感谢教育厅、学校和学院领导给了我这次访问学习的机会,这是我一生中受益非常大的一次经历,我也将以崭新的精神面貌,高姿态、高起点迎接今后的教学、科研和其他各方面工作。

(七) 获得国际证照的研修学者

　　张老师,副教授,2015 年 8 月至 2015 年 12 月,赴台湾建国科技大学进行一个学期的进修学习。

1. 主要研修内容

　　研修期间,选取了十几门课程进行了全程旁听学习。这些课程主要分为四类:一类是与我专业紧密相关的课程,比如国际礼仪、应用中文、接待礼仪与解说技巧、美姿美仪、时尚造型设计等,这类课程也与我的重点建设课程"职业形象塑造"紧密相关;一类是通识类课程,比如通识教育中心在全校开设的博雅课,包括生活技能、茶艺、插花、保健养生等诸多内容,还有计算机概论课程,这与 BAP 国际证照考试紧密相关,是管理学院学生的基础课程;一类是与台湾民俗文化相关的课程,比如"台湾原住民社会与文化"等;一类是与本人在台开展的研究方向紧密相关的课程——社会调查统计与分析,这门课程是与我对接的吴明勋老师开设的,通过课程的学习,与吴老师共同带领学生开展对当地企业及社会问题的调查研究工作。台湾建国科技大学的课堂教学管理比较松散,但老师的学历层次普遍比较高,大多博士毕业,不少还有留学经历,很多老师都有企业和社会实践经验。所选取的"美姿美仪"课程的丁老师是模特出身,曾是某大型化妆品公司的高层管理人员,同时曾担任台湾著名林姓艺人的造型师。教"国际礼仪"课程的邓老师,年近八十,美国军校毕业,在美国曾开过餐厅,有丰富的社会经历,现仍在一些社会机构担任职务,擅长主持,非常活跃。他们的课堂教学形式灵活,课堂轻松活泼,有自己独特的特点与风格。

　　研修期间,考取了 2 个证照。于 2015 年 11 月 29 日参加了微软公司的 BAP 考试,以满分获得 Business Application Professionals 的国际证照。还考取了由三星统计公司颁发的证照:调查与研究方法分析师。在考取证照的过程中,了解了台湾建国科技大学国际证照的认证体系,向建国科技大学的老师学习了课证融通的教学方法改革。

研修期间,参加了丰富多彩的活动,拓宽了眼界。第一,以团队的形式分别参加了台湾彰化国际青少年发明展暨海报竞赛(台湾建国科技大学承办)、2015台北国际发明展暨技术交易展和高雄国际发明和设计展。这些展会让我们大开眼界,其中的很多发展和设计都与现实生活紧密结合,很接地气,一种敢想敢做的氛围给我们留下了深刻的印象。第二,参加学术型活动,如深化在地产业文化认识:产业论坛暨学术研讨会,这个研讨会邀请了当地的企业名流来开展学术研讨活动,受益匪浅,当地企业家的社会责任感和担当以及对教育的关注可圈可点。台湾建国科技大学的一些老师也都带着与当地产业相关的研究项目在这次会议上进行交流讨论。还定期参加了台湾建国科技大学的教师读书会和行销系举办的每两周一次的学术研讨活动,加强了与他们的沟通和交流,更加深入地了解了老师们的研究方向、研究思路和研究方法。第三,参与学生的一些活动,参加了2016BAP国际电脑技能竞赛、电影导读活动、亲善服务团、2015年国际美容美发大赛等,深入了解了建国科技大学以及台湾诸多大学学生活动运作模式、学生管理的方式方法,尤其是青春护照的认证体系与方法。第四,赴台北其他高校参加交流活动。在铭传大学为企业管理系的学生开展了一次演讲和交流活动,同时与铭传大学主讲“秘书实务”的老师进行了深入交流。此外,跟随建国科技大学的文化研究所主任到政治大学参加某课题研究的推进会,参观了全台湾最大文科资料中心,其治学的严谨细致令人敬佩。第五,与团队成员一起共同关心我校选派至台湾学习的学生,与他们共同参加由当地学校组织的联谊活动,并专门和他们进行了一次座谈活动。

研修期间,与导师共同开展了关于海峡两岸教学环境的调查研究工作,主要负责我校选派至台湾学生的问卷设计、数据收集和整理分析工作。此外,我利用当地图书馆等丰富资源收集了很多研究资料,潜下心来读了一些书,围绕课题开展研究工作,撰写相关论文。着手“职业形象塑造”课程教材的编写工作,就台湾地区与文秘相关的专业及市场需求进行调研。

2. 访学认识和感悟

台湾地区的学校对通识课程都比较重视,台湾建国科技大学在通识课程的设置上有自己的一套体系:一方面设置基础知识类课程,比如中文、历史、地理类等；一方面设置生活技能类课程，比如博雅课（包含咖啡、茶艺、水龙头修理、养生保健等），同时设置素养提升类课程，比如文学史、原住民文化等。教学形式非常灵活，以博雅课程为例，一学期的课程，划分模块，由十几位老师共同完成，老师一半都是外请相关行业的教师。建议我校可以借鉴对方的经验，对通识类课程进行整合管理，多开设一些能够提高学生生活技能和生活情趣的课程。

老师学历普遍较高，社会经验丰富，相比较而言，在台湾生源危机日趋严重的形势下，学生的整体素质略显低下。在这种对比十分鲜明的情况下，老师对学生的耐心十足，丝毫感受不到对学生的歧视，老师们的心态良好，表现出足够的涵养，这一点让我汗颜。能够做到从内心深处尊重学生并关心他们这是在当前形势下做好一位教师的根本所在。

台湾建国科技大学的学生活动尤其是竞赛类活动非常繁多，形式非常多样，奖励力度也是比较大的。学生如果愿意几乎人人都有参赛的机会，学校以及社会比较乐于对学生活动给予投入与支持。很多都是全台湾的比赛甚至是国际性的竞赛，比如各种国际发明展和海报竞赛、各类策划类比赛、国际美容美发比赛、BAP 计算机活动竞赛等。赴台学习期间，结识了很多台湾朋友，感受了台湾的风土人情和美丽的自然风光，深切地感受到了台湾与我们一脉相承的传统文化，台湾的人民是友好善良的，民众的生活是充满艺术气息的，一学期的进修生活给我留下了美好的回忆，静心读书、思考人生，愿以这段美好的回忆为契机来开启新的人生篇章。

（八）教学是精神和文化的传授

王老师，讲师，2015 年 8 月至 2015 年 12 月赴台湾环球科技大学进行一个学期的学习交流。

1. 主要研修内容

台湾环球科技大学（Trans World University，TWU），位于台湾云林县斗六市，1989 年，前中国医药学院院长郭荣赵先生应当时云林县长许文志先生之邀，于该县设校。其间历经环球商业专科学校，于 2000 年升格为环球技术学院。2010 年改名为环球科技大学。现设有研究所、硕士在职专班、二技、四技、二专、进修推广部、进修学院及进修专科学校等多种学制。学校以"存诚、务实、创意、乐活"的理念，不断地发扬爱心、追求卓越，并以"做中学、学中做"的精神，培育学生成为"技能专精、务实致用"的人才。

研修所在学院为设计学院，该学院配合台湾文创发展重点，积极培育优秀的文化创意产业设计与整体造型设计人才,导师刘怀伟在台湾"清华大学"获得计算机工程科学博士学位。现任环球科技大学校长特助、副教授。

在台湾环球科技大学期间,初步了解了台湾的职业教育体系结构。台湾职业技术教育体系包括高级职业学校、专科学校、技术学院或科技大学、研究所。台湾环球科技大学基于存诚、务实、创意、竞争的精神理念,以"设计创意"及"地方文化产业特色"为主轴,同时结合几个系的核心能力(流行生活商品设计、视觉形象设计、设计创作、多媒体动画科技整合、整体造型暨形象设计、整体形象塑造及行销),建构了一套完整的设计产业架构。

通过本次学习交流,从环球科技大学校园到整个台湾地区,都能感受到创新、创意的氛围。教师的知识更新与时俱进,注重培养学生主动积极的学习态度,鼓励学生采用各种方式获取信息。正因为老师的倡导和示范引领,学生勇于创新,环球科大的学生更是在世界级设计大赛中取得优异成绩。环球科技大学在整个教育师资方面,拥有博士学位的教师占据大部分,并且都具有留学经历,教师的知识储备非常丰富,对学生非常关爱、细心指导。强大的师资力量为职业人才的培养提供强有力的保障。学校还会聘请大量企业师资力量,没有学历要求,在设计教育方面充分运用了包豪斯学院的双师制。

台湾高校的教学管理有很大的弹性,主要表现在对教师的评价、教师工作量考核、课程建设方式、教师授课方式、学生考核评价方式等方面。首先对老师的评价是从教学、研究、服务和辅导四个方面进行,除了对新进教师有要求外,学校并不要求四项均衡发展,可以先自我评估,按照个人喜好进行发展。其次,教师的基本工作量,以副教授为例,要求一学期每周两门课,约 6 学时,但若与企业有合作计划或要发表论文、出版著作等,可以减少基本工作量,这样,就有更多的时间做科研了。另外,对教师的授课方式,学校没有硬性规定,每个老师根据所授课程性质及自身和学生的实际情况来定。对于实训课程,每个学生所做项目,是老师给出几个课题,学生可以采用招标的方式自由组合,也可以是学生根据自己的兴趣爱好,自己找课题来做,这样学生在做项目的过程中会有很高的积极性。

2.访学认识和感悟

一学期的访学不仅开阔了眼界,而且提高了自身的素质,收获很多。导师在教学上给予我悉心指导,使我懂得教学不但是知识的传授,更是一种精神和文化的交流,要深入学生的灵魂深处,才能激发学生创作优秀的设计作品。作为一名设计专业的教师,我感到这不但是思维方式的改变,更是指导我行为方式的改变和发展目标的提升。在学术上,通过参与导师的科研,了解了环球科技大学的"设计产业构架"和导师科研项目的组织与开展过程,我获得的不仅仅是学术能力的提升,更重要的是学到了导师严谨的治学精神和实事求是地做学术的态度。但是由于自身能力和其他客观原因所限,我感觉距离导师的要求和自我的目标还有差距,导师已经给我指明了正确的教学、科研和个人成长的方向,今后我要继续努力。

在今后的工作中我要博览群书,不断充实、更新自己的专业知识,理论联系实际,使课堂教学生活化、情境化,不断学习、积累、反思,在总结和反思中形成自己的教学风格。深入持续开展课题研究,不断拓宽延深自己的研究方向。

有人说,人要常与高人交往,闲与儒人相会,每与亲人休闲。是啊,今后在工作中要经常与老师交流,既能互通有无,又能增加友谊。多与学生交流,这样才能了解学生、服务学生,因为这是我们教育的根本。还有,多关心家人,家是我们疲惫时候的港湾。

我衷心地感谢学院给我深造的机会,感谢台湾环球科技大学导师刘怀伟教授对我的帮助和关心,是你们让我在职业生涯中有进一步提升的平台,今后我将继续在我的职业生涯中努力工作,回报社会!

第三节　教师企业实践研修

一、整体概况

教师企业实践是提高"双师型"素质的重要途径。学校每年选派一定数量的教师深入大中型企业进行专业实践。针对教师企业实践,学校制定一系列激励机制促进教师企业实践的实施。重点选派近三年内入职的新教师,跟踪了解生产一线新技术、新材料、新工艺及先进的工程管理方法,提高教师的专业实践能力;选派骨干教师、专业负责人、专业带头人赴企业参与技术攻关和合作研发,促进产学研合作,提高教师解决工程实际问题的能力。通过连续不断地选派教师企业实践,全方位提升教师的专业素质。企业实践由教师个人申请,学校、二级教学部门和职能部门(科技处、人事处等)联系落实访问企业。接受访问的企业是具有行业代表性或有影响力的企业,在科技创新、人才队伍建设、技术设备等方面优势明显,能为教师专业实践提供较好的学习和工作条件。

学校每年选派专任教师总数 5% 左右的教师全脱产半年进行企业实践,近 5 年有近 130 人次的教师赴企业实践(见表 8-4)。5 年来,全校教师编写企业工法 28 项,承担横向科研课题 200 余项,到账经费合计 1 000 余万元,获 45 项发明专利,获批实用新型授权专利近 620 项。

表 8-4　近 5 年部分教师专业实践情况一览表

序号	姓名	专业实践单位	专业实践内容	实践时间
1	朱老师	中煤隧道工程有限公司	隧道支护结构、隧道施工工艺、隧道施工辅助作业	2017.02—2017.08
2	涂老师	徐州市公路工程总公司海启高速公路项目	道路施工工艺、施工管理技术	2017.02—2017.08
3	翟老师	龙信建设集团有限公司	装配式施工、横向课题研究	2017.02—2017.08
4	巩老师	徐州通域空间结构有限公司	结算、成本核算、财务软件系统管理	2017.02—2017.08
5	毕老师	徐州黑马映像文化有限公司	产品设计	2017.02—2017.08
6	李老师	徐州原动力文化有限公司	原创动画片策划与制作	2017.02—2017.08
7	张老师	中建安装工程有限公司上海公司	暖通空调设计安装	2017.02—2017.08
8	袁老师	江苏国盛华清环保科技有限公司	水处理运行管理、横向课题研究	2017.02—2017.08
9	张老师	徐州市政建设集团	工程造价文件编制、工程招投标、市政工程施工	2017.02—2017.08
10	刘老师	江苏国盛华清环保科技有限公司	水处理运行管理	2017.02—2017.08
11	石老师	天正建筑装饰江苏有限公司	建筑装饰工程施工技术	2017.02—2017.08
12	李老师	徐州市发改委	经济管理	2016.06—2017.06
13	杜老师	中建八局第三建设有限公司 徐州华润橡树湾项目部	技术员岗位实践	2016.03—2016.09
14	岳老师	中煤五建三处	地质、测量技术员顶岗	2016.03—2016.09

(续表)

序号	姓名	专业实践单位	专业实践内容	实践时间
15	张老师	江苏建筑学院审计处	跟踪审计、结算审计、招标控制价的编制、合同备案	2016.07—2017.01
16	涂老师	南通通博设备安装工程有限公司	建筑设备安装工程施工技术、安装计价	2016.07—2016.12
17	黄老师	上海鲁班软件有限公司	鲁班 BIM 软件应用、构建库二次开发	2015.11—2016.07
18	肖老师	中煤航测遥感集团有限公司	航空摄影测量	2016.07—2016.12
19	刘老师	中煤航测遥感集团有限公司	航空摄影测量	2016.07—2016.12
20	李老师	龙信建设集团有限公司	BIM 技术应用、装配式施工	2016.03—2016.08
21	王老师	徐州海华液控科技有限公司	液压系统设计	2016.02—2016.08
22	李老师	徐州徐工基础工程机械有限公司	生产技术	2016.02—2016.08
23	曲老师	龙信建设集团有限公司	土建施工测量	2016.02—2016.08
24	刘老师	江苏省江建集团有限公司（深圳前海国际金融中心项目部）	施工技术	2016.03—2016.09
25	李老师	江苏省江建集团有限公司安装分公司（深圳怀德峰景项目部）	施工技术	2016.03—2016.09
26	张老师	北京城建集团有限公司智慧城项目部	水暖电设计安装	2016.01—2016.08
27	黄老师	徐州博声汽车零部件有限公司	模具设计开发	2016.07—2016.11
28	王老师	徐州博智工程咨询有限公司	城市轨道交通工程造价、预算书编制	2016.05—2016.10
29	张老师	徐州国科嘉宇软件科技有限公司	大数据应用	2016.05—2016.10
30	孙老师	龙信建设集团有限公司	建筑工业化及 BIM 技术应用	2014.01—2015.01 2015.10—2016.01

（续表）

序号	姓名	专业实践单位	专业实践内容	实践时间
31	张老师	徐州大恒测控技术有限公司	计算机测控系统设计维护	2015.07—2016.03
32	刘老师	江苏集慧建设集团有限公司江苏建院共享型生产实训基地项目部	建筑施工技术	2016.05—2016.12
33	郭老师	中国建筑第八工程局徐州市铜山新区万达广场项目部	建筑施工技术、水电暖施工安装	2015.02—2015.08
34	陈老师	鲁班软件有限公司	BIM技术应用	2015.03—2015.08
35	喻老师	鲁班软件有限公司	BIM技术应用	2015.03—2015.08
36	刘老师	深圳金鑫钢结构建筑安装工程有限公司	钢结构施工技术	2015.04—2015.08
37	黄老师	龙信建设集团有限公司	建筑工业化及绿色节能建筑	2015.04—2015.08
38	宋老师	龙信建设集团有限公司	建筑工业化及绿色节能建筑、横向课题研究	2015.03—2015.08
39	盛老师	山东鑫通建设集团有限公司部城街K1＋770跨老航道河桥项目部	河桥施工技术	2015.01—2015.06
40	鲍老师	江阴一建建设集团有限公司张家港市镇山路大桥项目部	自锚式悬索桥施工组织设计编制	2015.01—2015.06
41	年老师	同策房产咨询股份有限公司（合肥）	房地产营销策划	2015.03—2015.08
42	陈老师	徐州市水利工程建设监理中心	工程监理	2015.03—2015.08
43	霍老师	深圳市斯维尔科技有限公司	BIM技术应用、搭建建筑信息化模型	2015.03—2015.08
44	赵老师	广联达软件股份有限公司	BIM技术应用	2015.07—2015.12

（续表）

序号	姓名	专业实践单位	专业实践内容	实践时间
45	崔老师	徐州信达信息技术有限公司 南京地铁运营有限公司	通信技术	2015.08—2016.01
46	陈老师	广联达软件股份有限公司	BIM 技术应用	2015.07—2015.12
47	万老师	龙信建设集团有限公司	暖通空调设计和装配式建筑 PC 技术实践	2015.03—2015.08
48	夏老师	中建八局安装工程有限公司上海分公司	暖通空调设计安装	2015.06—2015.12
49	李老师	江苏苏安科置业有限公司	房地产营销全程策划	2016.03—2016.08
50	范老师	龙信建设集团有限公司、徐州博声汽车零部件有限公司	建筑模具设计与制造、冲压模具设计	2014.01—2014.08
51	邱老师	中国建设西南勘察设计研究院有限公司 上海国际旅游度假区项目部	核心区场地整理及桩基施工	2014.02—2014.08
52	高老师	龙信建设集团有限公司	BIM 技术应用、装配式施工	2014.02—2014.08
53	王老师	淮北矿业集团公司信息开发分公司	楼宇自动化、室内供配电设计安装	2014.02—2014.08
54	白老师	中煤隧道工程有限公司合肥望湖城盾构项目部	地铁区间盾构施工	2013.02—2013.08
55	赵老师	浙江工程建设监理公司	基础施工	2014.02—2014.08
56	李老师	南京市创纬测绘技术有限公司	基坑施工监测、地铁施工监测	2014.02—2014.08
57	程老师	徐州永昊项目管理咨询服务有限公司	建筑工程计量与计价、广联达软件应用	2014.07—2014.12
58	陈老师	龙信建设集团有限公司	PC 构建的生产与现场施工	2014.01—2014.08
59	武老师	南通市戴庄建筑安装工程有限公司	施工管理、工程造价控制	2014.07—2014.12
60	贾老师	江苏华海建筑设计有限公司	建筑设计	2014.02—2014.08

（续表）

序号	姓名	专业实践单位	专业实践内容	实践时间
61	吴老师	上海万荣园林工程有限公司	园林景观设计与施工	2014.02—2014.12
62	毛老师	龙信建设集团有限公司	装配式建筑 PC 技术	2014.01—2014.08
63	宋老师	龙信建设集团有限公司	装配式建筑 PC 技术、课题研究	2013.07—2014.07
64	张老师	常州常泰建筑装潢工程有限公司徐州四院项目部	室内设计	2013.02—2013.08
65	李老师	江苏华晟建筑设计有限公司	建筑设计、建筑节能设计	2013.01—2013.08
66	崔老师	江苏盛华工程监理咨询有限公司	地铁工程施工监理	2013.02—2013.08
67	吴老师	徐州北斗机械科技有限公司	矿山设备研发	2013.02—2013.08
68	张老师	江苏盛大建设工程有限公司	施工员岗位实践	2012.11—2013.08
69	周老师	龙信建设集团有限公司	施工员岗位实践	2013.03—2013.08
70	张老师	龙信建设集团有限公司	施工员岗位实践	2013.03—2013.08
71	王老师	徐州金蝶软件有限公司	ERP 系统软件升级开发	2013.03—2013.08
72	安老师	徐州徐工液压件有限公司	液压系统设计改造	2013.02—2013.08
73	郝老师	建业恒安工程项目管理有限公司	工程造价文件、跟踪审计、招投标、施工方案的编制	2013.08—2013.12
74	梁老师	徐州中矿云威电器自动化有限公司	新矿集团内蒙古能源供水调度自动化项目设计	2013.03—2013.08
75	徐老师	大屯煤电集团孔庄矿	机电技术员岗位实践	2011.07—2012.02
76	朱老师	中煤第一建设有限公司第二工程处	矿建时期通风措施	2013.12—2014.08
77	岳老师	中煤集团第二工程处	矿建技术员、地质技术员岗位实践	2013.03—2013.08

二、个案展示

（一）双赢的校企合作

宋老师，教授，专业带头人（专业实践期间是副教授职称、专业负责人），2013年7月至2014年7月赴龙信建设集团挂职锻炼。龙信建设集团有限公司是房屋建筑工程施工总承包特级企业，先后获得"全国工程建设管理先进单位"、全国集体建筑企业全面质量管理优秀企业（金屋奖）、"全国优秀施工企业"、江苏省建筑业"最佳企业"、"AAA特级资信企业"等荣誉称号；还连续五年获"鲁班奖"。龙信建设集团在住宅产业化领域实行全装修总承包管理模式，在"科技研发、房产开发、总承包施工、工业化生产"四大产业板块取得了显著的成绩。

宋老师在龙信建设集团的一年里，通过参与、学习及研究，在住宅工业化设计、拆分、构件生产、构件运输及吊装以及 CSI 住宅体系等方面均得到较大收获和提高。

1. 专业实践内容

参与课题研究。参与龙信建设集团江苏建筑产业有限公司的省住建厅课题"CSI 住宅体系关键技术研究"，主要负责课题资料收集整理、成果资料整理、总体结题报告的撰写。该项目主要是针对国内外工业化 CSI 住宅的内隔墙、架空地板、架空顶棚、管线铺设及设备体安装等方面的设计及施工工艺。跟随龙信建设集团科研中心的领导赴南京住建厅进行答辩验收，并现场做了项目汇报，最终鉴定委员会认为，该课题达到国内领先水平，一致同意通过鉴定。参与龙信建设集团承担的"十二五"国家科技支撑计划项目"绿色建筑评价体系与标准化技术研究"的子课题"标准化绿色建筑研究与工程示范"研究，为其撰写绿色住宅工业化研究报告、低碳技术创新及产业化示范——江苏海门生产基地实施方案、轻钢轻混凝土结构住宅技术创新及产业化示范工程基地实施方案等。

参与工程质量验收标准的编辑。参与《装配式混凝土构件及安装工程质量验收标准》的编辑工作，参与起草了该标准的第八章"装配式构件分项工程"，主要包括：一般规定、预制构件、构件性能检验、装配式结构施工、构件子分项安装施工五个部分，其中构件子分项安装施工是重点，包括 13 个分项，分别对每个分项的安装施工流程及质量验收标准进行详尽表述。

参与企业的示范项目申报。三个项目分别为江苏海门龙馨家园老年宾馆项目、海门龙信广场 5 号楼项目、装配式建筑混凝土构件产业化示范基地，均从人员组成、技术力量、设备条件、固定资产、年产值、负债以及对建筑产业现代化示范项目实施的贡献、承担的工作内容、项目创新点、推广价值和综合效益分析等方面进行申报阐述。撰写的三个项目申报书均获得批准立项。

跟随外籍专家深入现场学习交流。跟随龙信建设集团聘请的日本鹿岛住宅产业化专家深入 PC 工厂和施工现场学习交流。学习了预制装配式框架结构体系构件的生产线设计、预制构件生产线的模具组装、构件生产施工工艺、预制构件吊装、套筒灌浆等关键技术。

2. 认识和感悟

宋老师表示通过在龙信建设集团住宅产业化有限公司的学习和工作,对住宅工业化整个流程和各流程间步骤的衔接有了更加准确的把握,同时进一步明确了住宅工业化关键技术方面存在的不足和难点,为下一步江苏建院和龙信建设集团针对住宅工业化关键技术方面的产学研奠定了基础。

通过挂职锻炼,增长了见识,提高了科研水平,磨砺了意志,激发了潜能,提升了综合素质。通过本次专业实践,在住宅产业化结构体系选型和模数化、标准化设计,构件及装配式节点的深化设计方面,构件生产流水线及构件运输吊装现场施工流程等专业技术方面都有了显著的提高。

工作中,与龙信建设集团的领导和同事们结下了深厚的友谊,同时深刻感受到了公司领导的支持和关怀。在工作过程中也感受到了龙信建设集团全体职员无私敬业、艰苦奋斗、努力拼搏、精益求精的优良工作作风。在今后的工作中,我将会一如既往地严格要求自己,把所学到的专业知识、好的经验及好的方法应用到今后的工作中。

(二) 技能大赛优秀指导教师的企业实践

夏老师,2013 年 6 月毕业于西安建筑科技大学,硕士学位。2013 年 7 月就职江苏建筑职业技术学院,从事暖通空调专业的教学和研究工作。2015 年 7 月至 12 月赴中建安装工程有限公司上海分公司浦东世纪汇广场工程项目部挂职锻炼,经过半年的专业实践,动手能力得到了很大提高。指导学生参加 2016 年"松大杯"全国中央空调系统职业技能大赛,获得三等奖,并获评优秀指导教师;2016 年第三届高职高专院校建筑设备专业说课竞赛二等奖,发表论文 6 篇。

1. 专业实践内容

上海市世纪广场工程是中建安装公司 2015 年度在沪重点工程,也是中建安装上海公司的品牌工程(申报"白玉兰"奖)。在我专业实践期间,正值该项目进行下列施工项目：冷水机房、锅炉房、二次泵房等重要机房的设备、管线安装；裙楼暖通系统安装；裙楼机房及屋面设备安装；塔二楼暖通系统安装；地下3层至地下5层暖通系统安装。这些项目能够很好地满足暖通专业的教师在设备安装、调试和运行方面的专业学习。

学习暖通空调图纸的二次深化设计。在参与施工图纸的二次深化设计的过程中，掌握了机电深化设计的范围、内容、流程及注意的问题，熟悉了暖通空调专业相关的设计规范和合约、技术规格说明书、合约过程中所涉及的技术性文件及设计交底的相关知识，提高了CAD制图的技能，能够熟练利用CAD绘图软件进行暖通空调图纸的二次深化设计。系统了解了暖通空调专业的相关规范，能准确理解规范条文的内涵，解决了之前对大部分规范条文只知其形、不解其意的问题，遇到工程实践问题能够熟练灵活地找到相应的规范条文解决问题。在参与设计的过程中搜集了大量一线、主流设计院的暖通空调施工图纸，为后期教学积累了丰富的教学案例。

学习通风与空调设备的安装、调试与运行。跟随企业的项目经理董工，深入暖通空调系统的施工现场，跟踪了现场空调和防排烟风管系统的安装、空调末端设备的安装、空调及消防水管的安装、空调设备及主机设备的安装、风管道及水管的保温等一系列现场施工安装工作。通过深入施工现场，对暖通空调安装施工的新工艺和新技术有了进一步的感性认识，录制了大量施工影像，收集了施工图纸，为今后的教学和科研储备了丰富的专业资料。对建筑施工现场的复杂性和团队合作的重要性有了更深刻的认识：在建筑施工现场有机电安装，土建、装饰、消防等多支施工队伍，不同队伍之间相互协作与沟通，才能保证工程的质量与施工进度。

学习BIM技术在暖通空调的设计、施工及运营中的应用。在挂职锻炼期间，还关注了BIM技术在暖通空调的设计、施工及运营中的应用。BIM技术建立可视化模型，方便观察，便于各专业间的交流；同时可以对建筑中各种管线进行碰撞检查，实现管道优化，从而利于施工；此外，该技术还提供协同工作，可根据建筑模型的修改而实施暖通方案的修改，大大提高生产效率。2015年，国内BIM技术在暖通空调的设计、施工及运营中的应用处于起步阶段，该技术在设计及施工领域有着巨大优势，在以后的工作中，我要抓紧时间掌握该项技术。

2. 认识和感悟

努力做一名合格的教师。通过为期6个月的企业专业实践，我了解了企业对人才的需求状况和企业对人才的知识、能力、素养的要求,为此,我对现有的人才培养方案、课程体系、教学内容有了新的认识,对如何设置教学内容、如何教学有了进一步的认识,要按知识结构分模块,按能力结构分项目,按认知规律分任务,采用工学交替、教学做一体化模式进行教学,切实提高学生实际动手能力。同时,在教学中要注重培养学生的团队合作能力、沟通协调能力、服务意识和敬业精神,树立正确的人生观、价值观,加强自身修养。做到以上这些,需要自己不断学习、探索和实践。

专业实践是提高教师实践教学能力的有效途径。教师通过专业实践参与企业生产、管理、经营的经历和经验,有利于其以专业知识为基础,将理论知识运用到实践中。因此,定期进行专业实践能够促进青年教师运用自身知识技能解决生产实际问题,有助于提高教师的研究能力、技术开发和社会服务能力。

树立安全意识,提高职业修养。建筑施工属于事故发生率较高的行业,其特点是高处作业多、露天作业多、手工劳动及繁重体力劳动多、立体交叉作业多、临时人员多等。因此在工程施工过程中,提高施工管理人员和工程施工人员的安全意识非常重要。有了安全意识,才有安全行为,有了安全行为才能保证工程施工的安全进行。作为一名高职院校教师,在教育工作中帮助学生树立安全意识是非常重要的。能够在施工中按照施工计划做好安全措施,安全施工,是一名施工人员的职业素养,在安全生产实践中,关键的问题是让每个施工管理人员和参与施工人员树立安全意识,理解安全规则,并自觉地遵守安全规则。在以后的教学中,将注意提升学生的职业素养,培养学生遵守安全规则,为企业负责,为自己的生命负责。赴企业专业实践的教师首先要熟悉施工企业的安全规章制度,遵守企业的管理条例,履行自己的安全职责,提升自身的职业修养。同时建议学校为每一位深入企业专业实践的教师购买意外伤害保险。

在浦东世纪汇广场工程项目部半年的挂职锻炼,我受益良多。这段经历拓展了专业视野,使我的专业技能和职业素养得到提升,也让我结交了很多企业界的朋友,为今后产学研合作打下了良好的基础。感谢学校及学院领导在我挂职锻炼期间对我的关心、支持。感谢中建安装工程有限公司上海分公司浦东世纪汇广场项目部各级领导在工作和生活中给予我的关心和照顾。祝愿他们身体健康、事业有成。

(三)增加了"一桶水"分量的青年教师

张老师,讲师,2016年7月至2017年1月在江苏建筑职业技术学院审计处挂职锻炼,期间正值学校进行共享型实训基地和学校电缆铺设的审计工作。

1. 专业实践内容

主要从事的工作包括跟踪审计、结算审计、招标控制价的编制以及合同备案等日常办公室工作。

(1)跟踪审计

其间主要对共享型实训基地以及学校暑期工程的电缆铺设二标段进行了跟踪。

在对共享型实训基地跟踪审计的过程中主要协助江苏大洲事务所完成了以下工作:

跟踪审计过程中的工程变更与现场签证。随着《中华人民共和国招投标法》的颁布实施、政府投资项目招投标制度的实行,通常工程结算的方式采用工程结算价等于中标合同价加设计变更、签证增加费用及合同规定允许调整的有关费用,因此设计变更及签证已成为工程最终结算时增减工程造价的重要途径。而且当前工程报价竞争激烈,承包人报价中的利润不足,因此在施工过程中,承包人一般充分利用工程变更来增加其利润。故此工程变更审计成为工程项目审计的一个关注焦点。为了减少施工单位恶意变更的行为,作为跟踪审计单位——审计处主要做了以下工作:一是完善工程变更及签证的手续。在项目建设过程中,根据实际情况确需变更的,涉及变更内容的相关单位应在变更签证中签字盖章,必要时要签署意见,然后方可送到审计处。二是对工程变更的内容严格把关,如:在审查工程变更签证时应注意依据是否充分,内容是否全面、详细、准确,认真分析签证内容,看数据是否客观公正,有无重大偏差现象,签证事件的责任方是谁,是否属于合同允许调整的范围,等等。工程中虽然有时发生了变更及签证,但并不意味着一定有费用发生。另外,因施工方管理不善所增加的工程量,即使三方会签手续齐全也不能给予增加费用的计算。在工程结算中,隐蔽工程的签证也常引起争议,因为签证人员往往在重视技术及时间的前提下,或者由于现场管理人员的本身素质,忽视了计费问题,结果签证中出现了在原分项工程内包括的内容重复签证的现象,对隐蔽工程应要求施工单位提供施工简图作为签证的附件。三是明确工程变更签证时限。对工程变更签证应做到"随做随签、一项一签、一事一签、工完签完",杜绝先做后签的现象。四是对工程变更内容计算准确性的审核,包括审核工程变更部位的工程量增减是否正确、审核工程变更部位的增减变化是否得到了如实反映等。

工程价款支付审计。主要检查工程计量、工程款支付程序是否按照合同的约定实施，主要分部分项工程量计量结果是否真实，工程预付款是否按照合同约定扣回，工程款支付价格是否与投标报价相符，新增项目价格确定程序和方法是否合法合规，工程进度款额度是否与合同约定一致，是否存在超付现象等。

参加工地例会并做好会议记录。每周五上午9点为工地例会时间，通常工地例会由项目总监理工程师或总监代表主持，是现场参建各方沟通情况、交流信息，协调处理、解决合同履行中存在问题的一种会议方式。通常由施工各参与方汇报本周完成情况以及下周工作计划，然后由监理方指出本周工作中施工方存在的问题，跟踪审计人员汇报工作进展，业主就大家的问题进行协调解决。

在电缆铺设二标段的跟踪审计中完成了以下工作：

该项工程主要协助鼎城工作室完成的，鼎城工作室成立于2016年，是隶属于建筑工程管理学院工程造价专业的大学生创新创业组织。工作室在建筑工程管理学院和校外企业江苏德通工程咨询有限责任公司徐州分公司的技术支持下，各项工作得到了良好开展。目前工作室有成员15名，来自工程造价专业三个年级，校内外指导教师4名，我作为指导老师带领三名学生主要完成了电缆铺设二标段的跟踪审计工作。

电缆铺设工程是学校暑期重点工程之一，工作室审计组自2016年6月22日进驻现场以来，对工程进行了全过程跟踪审计，主要从事以下工作：记录审计日志；现场巡查，一般1~2天现场巡查一次，并做了现场部分的拍照工作；根据施工计划，有计划地对施工现场进行重点跟踪，并做好审计备忘录；针对工程跟踪审计中的实际工作情况，与各部门相关人员进行多次交流和谈话；结合施工现场进度进一步了解正在施工的图纸，根据施工图纸和现场数据的测量，进行工程量统计。

由于电缆铺设二标段采用的是费率招标的方式，因此跟踪审计过程中现场数据的测量以及相应影像资料的留存、跟踪日志的记录工作就显得特别重要。将收集的资料以及一周工作总结，每周按时提交审计处。

跟踪的过程中也发现了一些施工单位在施工过程中存在的问题，列举如下：施工过程中混凝土未及时进行养护，并且未凝结硬化就进行上面土方的回填工作；施工方施工过程中出现局部先进行土方回填，再浇筑混凝土，再回填土方的情况；施工过程中出现不按事先承诺的方案——先进行管道的包封再回填土方——的情况，而是直接进行土方的回填；桥架施工过程中出现托架掉落现象，经告知后施工方进行了整改;部分路牙石用砖外涂水泥砂浆砌成;回填土方时有些直接用碎石以及建筑垃圾进行回填;挖完沟槽未及时进行沟槽清理就放置管道;部分沟槽挖土深度严重不满足要求;雨后,检查井未进行清除淤泥;管道与管道连接未按规范要求进行。

此跟踪审计工作对最终的结算起到了很大的作用。由于施工单位前期工作安排存在一定失误,导致后期的结算工作进行缓慢。施工单位最终上交结算价为 238 万元,初审结果为 209 万元,结合跟踪审计日志以及现场发生的实际情况,扣除实际未做部分,比如部分混凝土的包封、原土打底夯、包封混凝土工程量、大部分土方无外运,最终审计结果为 174.8 万元,此项审减额将近 64 万元。

由于该项工作是师生共同完成的,此跟踪审计意义重大,通过这几个月的工作,学生和老师的实践能力都得到了很大提高,学生对于造价专业也有了更深层次的理解。要做好跟踪审计,把握好该工程的实际造价,要对整个工程的竣工图纸、设计变更、施工记录及工程量有全面的掌握。

为了进行先期的工程量计算工作,特别是在土建项目上,我带领的小组以书面建议、工作汇报等多种形式要求施工方对已完工的工程项目,尽早报送完工项目中所有资料(设计变更资料、竣工图、隐蔽工程记录、施工日志、工程下料单及材料进场验收单,等等),以检查其资料的真实性、完整性及规范化,提前进行资料整理工作。

(2)结算审计

挂职期间参与了学校部分修缮工程和图书馆一楼智慧城市馆修缮的审计工作,并协助江苏大彭事务所完成了宿舍楼电气改造的审计工作。参与的审计工程主要有:体育馆联机空调结算审计、图书馆防排烟工程结算审计、二食堂南厅改造结算审计、二食堂大门真石漆维修结算审计、行政楼木门维修结算审计、教三楼 A 座挂片吊顶更换结算审计、老图书馆心理咨询室工程结算审计、装饰学院录播室结算审计、质管办办公室结算审计、智慧城市馆工程的结算审计等工作。

挂职期间协助传媒学院完成了传媒学院实训楼工程量清单的编制以及招标控制价的编制工作;协助审计处领导完成合同备案等工作,参与讨论了江苏建筑职业技术学院合同审核管理办法、2017 年度零星工程协议供应商采购资格项目招标公告等。

2．认识和感悟

通过这次在审计处的学习,我不仅了解了审计处工作的主要职责范围、机构构成,而且逐渐熟悉了审计处的工作流程以及关键步骤,体会到审计处管理职责的重要性。无论从社会发展还是企业生存看,完善的财务制度都是至关重要的,而作为审计人员必须具备良好的个人品质,同时应具备较好的业务能力和身体素质,这样才能很好地适应并胜任这一重要工作。此次挂职锻炼,不仅提高了自身的专业实践能力,而且对人才培养的改革也有了进一步的认识。尽管近年来毕业生就业难,但企业选择符合要求的造价人员并不容易。造价专业的教学应当做如下改进:

(1) 加强职业素养的培养。在教学过程中除了培养学生的专业能力,还要加强对学生职业素养的培养。具体来说应更侧重以下几方面的培养:搜集、获取、提炼信息的能力;分析问题和解决问题的能力;组织、协调、沟通和合作的能力;严格遵守劳动纪律的习惯。

(2) 专业实践是教师长期的不间断的任务。高职教育必须重视实践课程的教学,课程体系更需具有应用性和实践性,必须加大现场教学和模拟实训,开展"工学交替"等实践教学。实际上,学校、任课教师无法安排全部学生到企业实训、顶岗实习,那么造价专业实践教学注定要走"以仿真教学为主,企业实训为辅"的路。而教师对企业实际工作的了解程度直接影响到仿真教学的"仿真"程度,也直接影响到专业教学与企业实际需求的贴合程度。因此,挂职锻炼是培养"双师型"教师的有效途径,应当是长期的任务。

(3) 以岗位能力为核心构建课程体系。围绕造价专业核心能力模块,以人才培养基本规格和职业岗位预算能力要求为依据,构建课程体系,确定专业核心主干课程。形成有利于教学组织、符合高职教育理念的新的课程体系,为企业和社会培养生产、经营、管理、服务第一线的高技能应用型人才。

感谢学院与系部领导,让我有一个这么好的学习和提高的机会,感谢审计处领导在工作中给予的各种帮助。在挂职期间,我严格遵守审计处的各项规章制度,尤其是考勤制度,积极独立完成结算审计的工作,遇到不明白的地方,主动请教。虽然这几个月的挂职不能解决工作中的所有问题,但这是专业课教师很好的一种培训形式,是我今后继续加强实践锻炼的开端,也是增加我们教师"一桶水"分量的一个很好的途径。

图书在版编目(CIP)数据

高职院校师资队伍建设有序培养研究与实践 / 贾平
著. — 南京 : 南京大学出版社,2018.10
　　ISBN 978 - 7 - 305 - 21144 - 7

　　Ⅰ. ①高… Ⅱ. ①贾… Ⅲ. ①高等职业教育—师资队
伍建设—研究—中国 Ⅳ. ①G715

　　中国版本图书馆 CIP 数据核字(2018)第 251285 号

出版发行　南京大学出版社
社　　　址　南京市汉口路 22 号　　　　　邮　编　210093
出 版 人　金鑫荣
书　　　名　**高职院校师资队伍建设有序培养研究与实践**
著　者　贾　平
责任编辑　荣卫红　　　　　　　　编辑热线　025 - 83685720

照　　　排　南京南琳图文制作有限公司
印　　　刷　江苏凤凰数码印务有限公司
开　　　本　718×1000　1/16　印张 18.25　字数 318 千
版　　　次　2018 年 10 月第 1 版　2018 年 10 月第 1 次印刷
ISBN 978 - 7 - 305 - 21144 - 7
定　　　价　58.00 元

网址:http://www.njupco.com
官方微博:http://weibo.com/njupco
官方微信号:njupress
销售咨询热线:(025) 83594756